经世济民

诚信服务

德法兼修

"十四五"职业教育国家规划教材

职业教育国家在线精品课程配套教材

高等职业教育创新创业人才培养系列教材
高等职业教育在线开放课程新形态一体化教材

创新创业实务（第三版）

主编 由建勋

中国教育出版传媒集团
高等教育出版社·北京

内容提要

本书是"十四五"职业教育国家规划教材,首批国家精品在线开放课程配套教材、首批职业教育国家在线精品课程配套教材,也是高等职业教育在线开放课程新形态一体化教材、高等职业教育创新创业人才培养系列教材之一。

创新是创业的基石,创业活动中处处体现着创新思维。本书贯彻党的二十大精神,以创新创业人才培养为主线,以提高学生的创新创业素质和创新创业能力为目标,将课程思政理念贯穿全书,从立德树人的角度科学地构建了包括创意、创业素质、创新思维、创新技法,以及创业机会、创业计划、创建企业、创业融资、创业管理等在内的丰富实用的内容体系。同时,为了将创新精神、创新意识全面融入学生创业实践,突出学生创业能力培养,编写团队还制作了大量启发思考、引人入胜并具有应用指导性的动画、微课、案例等数字化教学资源,以二维码形式标注在教材边白处。教材内容前瞻实用、简明易学,案例选取中国民族企业创新创业优秀实践成果,创业指导深入浅出,使学生能快速掌握基于创新的创业技能,为未来创业打下坚实的基础。

"创新创业实务"在爱课程(中国大学MOOC)平台、智慧职教平台均建有在线开放课程。此外,本书还配有PPT、习题答案等教辅资源,具体资源获取方式请见书后"郑重声明"页的资源服务提示。

本书既可作为高等职业院校、职业本科院校、应用型本科院校创新创业教育的教材,又可作为社会青年创业者的参考用书。

图书在版编目(CIP)数据

创新创业实务/由建勋主编. --3版. --北京:
高等教育出版社,2023.7(2024.7重印)
ISBN 978-7-04-060535-8

Ⅰ.①创… Ⅱ.①由… Ⅲ.①创业 – 高等职业教育 –
教材 Ⅳ.① G647.38

中国国家版本馆CIP数据核字(2023)第095562号

创新创业实务(第三版)

CHUANGXIN CHUANGYE SHIWU

策划编辑	梁 木	责任编辑	梁 木	封面设计	王 琰	版式设计	张 杰
责任绘图	易斯翔	责任校对	窦丽娜	责任印制	刁 毅		

出版发行	高等教育出版社	网 址	http://www.hep.edu.cn
社 址	北京市西城区德外大街4号		http://www.hep.com.cn
邮政编码	100120	网上订购	http://www.hepmall.com.cn
印 刷	北京市鑫霸印务有限公司		http://www.hepmall.com
开 本	787mm×1092mm 1/16		http://www.hepmall.cn
印 张	14.75		
字 数	290千字	版 次	2016年7月第1版
插 页	1		2023年7月第3版
购书热线	010-58581118	印 次	2024年7月第3次印刷
咨询电话	400-810-0598	定 价	46.80元

"智慧职教"服务指南

"智慧职教"（www.icve.com.cn）是由高等教育出版社建设和运营的职业教育数字教学资源共建共享平台和在线课程教学服务平台，与教材配套课程相关的部分包括资源库平台、职教云平台和 App 等。用户通过平台注册，登录即可使用该平台。

● 资源库平台：为学习者提供本教材配套课程及资源的浏览服务。

登录"智慧职教"平台，在首页搜索框中搜索"创新创业实务"，找到对应作者主持的课程，加入课程参加学习，即可浏览课程资源。

● 职教云平台：帮助任课教师对本教材配套课程进行引用、修改，再发布为个性化课程（SPOC）。

1. 登录职教云平台，在首页单击"新增课程"按钮，根据提示设置要构建的个性化课程的基本信息。

2. 进入课程编辑页面设置教学班级后，在"教学管理"的"教学设计"中"导入"教材配套课程，可根据教学需要进行修改，再发布为个性化课程。

● App：帮助任课教师和学生基于新构建的个性化课程开展线上线下混合式、智能化教与学。

1. 在应用市场搜索"智慧职教 icve"App，下载安装。

2. 登录 App，任课教师指导学生加入个性化课程，并利用 App 提供的各类功能，开展课前、课中、课后的教学互动，构建智慧课堂。

"智慧职教"使用帮助及常见问题解答请访问 help.icve.com.cn。

创新创业实务

由建勋

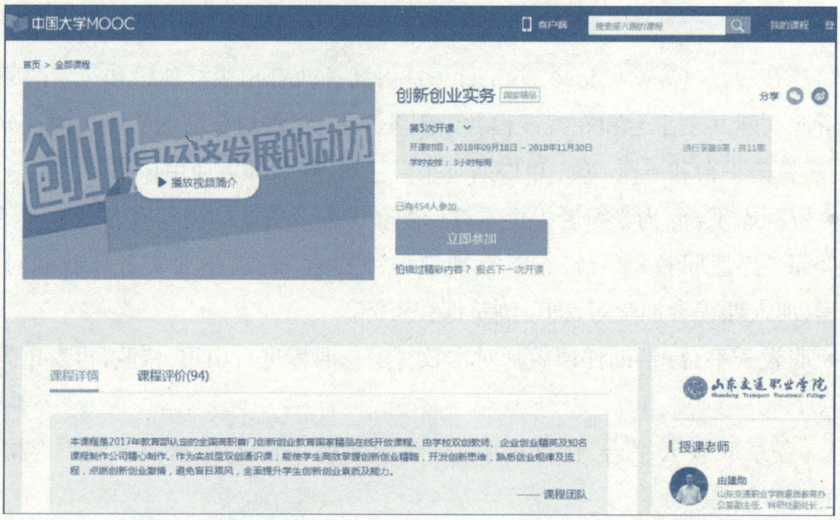

爱课程（www.icourses.cn）

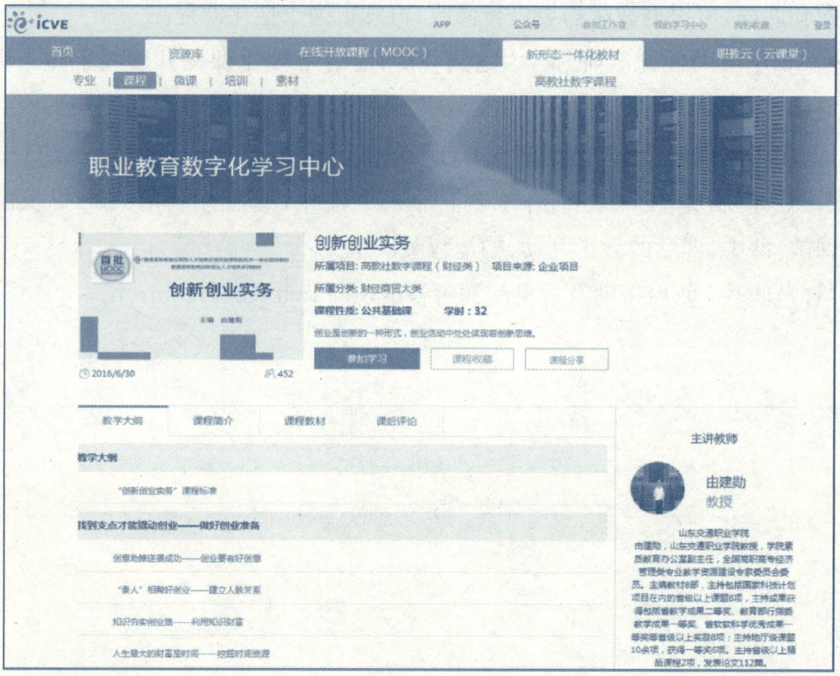

智慧职教（www.icve.com.cn）

主 编 简 介

　　由建勋,山东交通职业学院教授,教育部"三区三州"职业院校职业指导工作专题培训专家。主编教材 7 部,其中多部教材获评"十三五""十四五"职业教育国家规划教材,其中《创新创业实务》获全国学校共青团优秀成果二等奖。主持省级以上课题 7 项,获得包括山东省教学成果一等奖、全国交通运输职业教育教学指导委员会教学成果一等奖、山东省软科学优秀成果一等奖等省部级以上奖励 8 项,其中"五元一体的创新创业教育教学模式创新与实践"获山东省教学成果一等奖。主持地厅级课题 10 余项,获得一等奖 6 项。与本书同步建设的一体化课程"创新创业实务"2017 年被认定为首批国家精品在线开放课程,2022 年被认定为首批职业教育国家在线精品课程。发表核心期刊论文 36 篇。

第三版前言

本书自 2016 年第一版出版以来深受师生欢迎,曾获评全国学校共青团优秀研究成果二等奖,第三版被评为"十四五"职业教育国家规划教材。本书配套的在线开放课程"创新创业实务"也获评首批国家精品在线开放课程和首批职业教育国家在线精品课程称号。现借本书第三版出版之际,谨向关心和支持本书的广大师生和读者表示真诚感谢!

本书以党的二十大精神为指导,根据创新创业生态环境及大学生创新创业实践发生的变化,深度挖掘及总结数字经济时代具有代表性的中国民族企业创新创业成果,深度融入课程思政,并与创新创业理论融会贯通,形成以下鲜明特色:

1. 坚持价值引领,落实立德树人根本任务

教材以习近平新时代中国特色社会主义思想为引领,将党的二十大提出的"必须坚持科技是第一生产力、人才是第一资源、创新是第一动力,深入实施科教兴国战略、人才强国战略、创新驱动发展战略,开辟发展新领域新赛道,不断塑造发展新动能新优势"与"实施就业优先战略"深度融入,全面倡导新思维、新模式、新技术,突出"以创新引领创业,以创业带动就业"的育人本质;以正确的价值引领深挖课程思政元素,将改革创新、诚信经营、遵纪守法、社会责任等融入教材内容,实现思政育人、润物无声。

2. 体例框架结构科学,选取内容鲜活实用

本书按照"体现先进、立足实用、结合实际、兼顾适应"的原则,将创新创业理论、实践与创新创业精神有机融合,科学构建八个项目的框架体系。每项任务都以"引导案例""身边的创业导师""知识研修",以及"创新素养""拨云见日"等栏目串联学习内容,以通俗易懂、深入浅出的语言阐释创新理论,以真实精彩的创业内容吸引学生沉浸式学习,引导学生以创新思维找到解决问题之道,培养创新能力,提升创业素养。

3. 萃取创新创业案例精华,凸显中国特色和时代特色

本书萃取新时代中国民族企业致力创新、助力中国经济高质量发展的典型案例,并融入 5G、人工智能、互联网等数字经济场景的创新创业趋势,激励当代大学生以创新引领创业、以创业带动就业,为建设创新型国家而努力奋斗,也为个人的未来发展埋下成功的种子。

4. 教材与在线课程一体化设计，助力"三教改革"

按照"一本教材就是一门课程"的目标，将教材建设与信息化教学资源建设等进行统筹规划。赋能教师、升级教材、改革教法，依托职业教育国家在线精品课程，精心建设了大量精美的动画、微课、案例等数字化资源。每个 MG 动画都结合学生常见的创新创业问题，沿"情境引入＋启发思考＋指导启示"的路径进行设计，富有吸引力，易学实用。数字化资源以二维码的形式在知识点边白处进行标注，实现在线课程与教材内容有机融合，支持线上线下混合式教学。

本书由由建勋担任主编，负责制定修订方案、实施系统修订并定稿，王镇江、禚鹏、王海霞参与编写。教材编写过程中参阅了大量资料，并得到了山东青创网络科技有限公司等企事业单位的指导与帮助，在此一并表示感谢！

由于编者水平及时间有限，不妥之处在所难免，欢迎广大读者批评指正。

编者

2023 年 6 月

　　创新是人类社会发展与进步的永恒主题,而创业是检验创新价值的重要环节。创业离不开创新型创业人才,创业人才的培养离不开创新创业教育。为此,教育部于2010年发布《关于大力推进高等学校创新创业教育和大学生自主创业工作的意见》,2015年5月4日,国务院办公厅发布《关于深化高等学校创新创业教育改革的实施意见》,2015年12月14日,教育部印发《关于做好2016届全国普通高等学校毕业生就业创业工作的通知》,要求从2016年起所有高校都要设置创新创业教育课程,对全体学生开发开设创新创业教育必修课和选修课,并纳入学分管理。

　　为实现李克强总理提出的"大众创业、万众创新"的目标,将国务院、教育部、关于高等学校创新创业教育的相关文件精神落到实处,受高等教育出版社委托,我们组织全国优秀教师团队,以开发创新思维、点燃创业激情为理念,科学地重组教学内容,编写了纸质教材与在线学习资源于一体的新形态一体化教材。本书求真务实,从素质教育与创新创业实践能力融合的角度科学地建设了包含动画、漫画、微课、视频、课件、实训平台等资源丰富的优质数字课程,并择取具有启发性、实用性的优质资源做成二维码在书中进行了标注。纸质教材与配套资源相辅相成,充分突出教材的指导性、应用性与实践性。本书编写突出了以下鲜明特点:

　　第一,将素质培养、创新精神、创新意识融入学生创业实践,实现素质教育、创新教育与创业实践的一体化。本书根据大学生创新思维培养与创业能力发展的规律,在结构上集中关注和支持大学生成长,突出创新方法和创业能力培养,力求使学生形成创新思想,树立科学的创业观,掌握创业所需的基本知识与应用实践技能,培养创新创业精神素养,能够运用知识、技术和智慧构思创意去探索新的商业模式,以此去获取市场机会和价值,让大学生在追求个人事业发展的同时,为创新型国家和"中国制造2025"培养合格建设人才。

　　第二,概念简明、清晰易懂,紧密联系实际,符合高技能人才培养规律。本书内容翔实、系统、前瞻、简明、易学、实用,资源丰富,表现形式精美,不仅关注机会导向,而且审视创新和发展,引导学生在融会贯通创新创业基本知识和练就创业技能的基础上,形成基本的创业能力;在体例安排上,引导学生用创新思想逐步提升对创业现象、创业过程的认识和理解,根据创业规律,选择理性创业,避免盲目性和减少风险;在案例选择上,注重引入能引起大学生共鸣的最富有代表性、启发性及实用性的创业案例,并通过启发和引导,感染、教育大学生,培养大学生敢于用创新思维积极主动创业的精神;在实践环节设计方面,通过线上虚拟实训与实践训练结合,配置适合大学生创业学习的一体化在线课程资源,将大学生引导到全面锻炼的实践中。

第三,内容先进、实用,特色鲜明,适合大学生创新创业学习特点。本书作者长期从事企业管理及创新创业教育领域教学实践和教学改革研究,教学经验丰富,吸收借鉴国内外最新创新创业的实践成果。创业指导既高屋建瓴,又贴近生活,符合大学生的个性特征、思维特点、创业愿望、创业文化和创业活动实际,结合精辟案例点评分析和易于入脑的在线知识学习,给学生以启迪,方便学生结合自身实际选择自己的创业之路。在创新思维开发上,有针对性地开发学生的发散思维、逆向思维和联想思维,并通过课内互动式内容安排和强化训练,培养其思维的流畅性、灵活性、独特性、激活学生的创新潜能和创新的主动性。实践训练安排得当,应用训练实用性强,有利于学生把理论和实践紧密结合起来,提高创新技能和创业学习效果,符合教育规律。

总之,为解决大学生创业生涯经常碰到的一些棘手问题,我们集合全国优秀创业教师团队,从大学生创新创业的实际需求出发,编写了这本书。这对广大大学生以及有志于创业的年轻人和正在创业的创业者们学习创新创业知识,练就创新思维,培育创业精神,提升自身素质和创业技能,应对未来创业挑战会产生重要的促进作用。

由建勋担任本书主编,负责制定编写方案、编纂修改并审校定稿,编写分工为:项目一、项目八由由建勋编写,项目二由张端贵编写,项目三由孟爱霞编写,项目四由由元乾编写,项目五由王晓红编写,项目六由赵静编写,项目七由王文华编写,黄琪等多位老师参与了教材编写讨论。教材编写过程中参阅了大量相关资源,在教材中无法逐一列出,在此一并表示感谢!

由于编者水平有限,不妥之处在所难免,欢迎广大读者批评指正。

编者

2016 年 4 月

目 录

项目一

找到支点才能撬动创业——做好创业准备

【学习目标】

知识目标

了解创意的含义及产生过程

熟悉创业可以把握的人脉资源

掌握创业需要具备的基本知识及获取途径

能力目标

能够从日常生活中发现创意、挖掘创意及完善创意

能够建立创业所需人脉资源

能够科学地进行时间管理

素养目标

以与人为善和助人为乐的良好美德建设创业人脉资源

树立惜时如金的时间观,珍惜并高效利用时间

【思维导图】

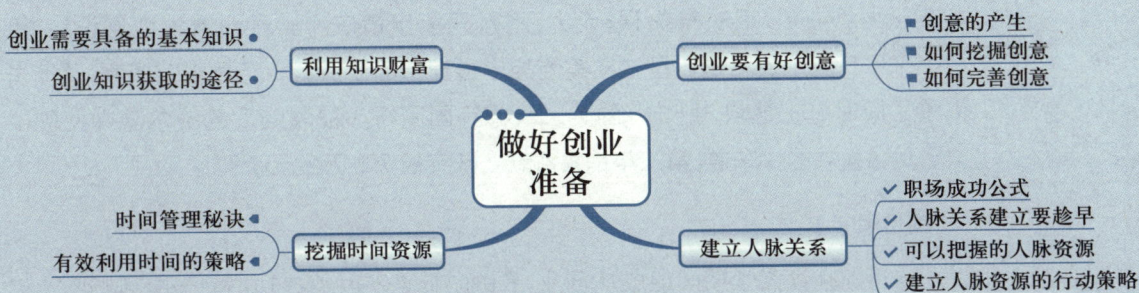

任务一　创意助推逆袭成功——创业要有好创意

【引导案例】　背着书包收购德国老牌企业

　　蒋洲还在德国海德堡大学经济管理专业读四年级的时候，就收购了德国具有80多年历史的著名钢瓶制造企业，开创了中国留学生收购德国企业之先河，当时被舆论界公认为中国人在德国的创业典范。

　　蒋洲1975年出生在上海。他上初中画几何图时，因带橡皮头的铅笔太短，就随手扔掉了。父亲捡起来，抚着笔头问："你知道这带橡皮的铅笔值多少钱吗？""不就一角多嘛。""不，它的价值是55万美元！"看着儿子吃惊的目光，父亲告诉他，美国佛罗里达州有位穷画家叫李浦曼，因铅笔与橡皮分离，使用时不便，就用丝线将橡皮缠在铅笔的尾端，可擦了几下就脱落了。他琢磨了好几天，终于想出一个"创意"，剪下一小块薄铁皮，把橡皮擦和铅笔尾紧紧绕住包牢。后来，经过改进，李浦曼将这一发明申请了专利，并被一家铅笔公司以55万美元的价格购买，这家铅笔公司从中获取了巨额利润。蒋洲从此立志长大后也要用创意去赚钱。

　　蒋洲在德国留学期间，除了努力学习功课外，还积极调研德国商情。大三时，他在汉堡注册了一家名为"华鹏"的贸易公司。刚开张就遇到一个商机，德国家庭普遍使用的直饮机内部有一个制造二氧化碳的小钢瓶，这种钢瓶在德国需求量很大。经调查，上海就能生产，且成本低廉。蒋洲积极参与竞标，因报价比当地企业低，顺利拿到总额100万欧元的订单。

　　柏林以西80公里的勃兰登堡州，有一家德国著名的钢瓶制造企业——威尔茨压力钢瓶厂，因决策失误，无力还贷，只能申请破产。蒋洲清楚地意识到，机会来了！威尔茨将是自己在欧美商战中最理想的桥头堡。经过艰苦谈判，蒋洲击败了同时盯上这块"肥肉"的美、日、德等国同行。被收购后的威尔茨从此驶上了迅猛发展的快车道，第三年销售额就一跃突破700万欧元。

【项目思考】

　　蒋洲在读大学期间能成功创业，靠的是什么？收购成功后会一帆风顺吗？你认为此后蒋洲还会遇到哪些麻烦？如果换作你会怎么去化解？蒋洲的创业故事对你有何启示？

【项目启示】

　　德国人是非常严谨的，能及时抓住商机只是关键的第一步，要想获得持久的发展，还需要了解当地环境并将中德文化结合，这样才能让机会变成现实。创业中既要善抓机遇，满怀信心地迎接挑战，又要保持谨慎乐观的态度。

创业关键靠创新,没有新名堂,风投怎么会投资? 没有新创意,怎么能击败强大竞争对手而成为市场宠儿? 没有新产品、新服务、新模式、新用户体验,怎么会因得到消费者的青睐而让他们心甘情愿地买单?

自 2000 年中国互联网进入高速发展时期开始,满脑子创意、头脑灵活的人,利用互联网开创了全新商业模式,快速崛起。以阿里巴巴、京东商城、拼多多、唯品会等为代表的电子商务平台企业勇立潮头,而一些忽视、抵制互联网的传统企业,却在较短的时间内被边缘化,甚至黯然陨落。

随着"数字化时代"开启,每个产业又遇到了新的"数字化"产业变革"风口",传统产业会因为"数字化"而变得更先进。面对正处于创业新风口的"数字化", 当代大学生要紧跟时代步伐,深度理解并贯彻党的二十大精神,以创新推动形成并创造更好的数字化生活。

党的二十大报告指出:"必须坚持科技是第一生产力、人才是第一资源、创新是第一动力,深入实施科教兴国战略、人才强国战略、创新驱动发展战略,开辟发展新领域新赛道,不断塑造发展新动能新优势。"面对即将形成的竞争性创新生态,要获得创业成功,必须以创新引领创业,要善于将互联网与创新创业结合在一起形成新创意,用互联网的理念和数字化思维去创造新的技术和商业模式,这样才能抓住绝佳商业机遇。

【知识研修】

创业成功的关键在于创意,创意是创造意识或创新意识的简称,是基于现实存在事物的理解以及认知所衍生出来的一种新的抽象思维和行为潜能,是具有新颖性和创造性的想法与构思,是不同于寻常的解决方法,表现为产品、工艺、技术、营销、管理、体制、机制等方面的突破。

一、创意的产生

创意作为一种开创性的想法,是从事创业的一种启示。好的创意会让一切成为可能。现代社会,不仅科学研究、工程建设和艺术设计需要创意,任何人工作都需要创意,只有持续不断地让创意想法变成现实,才能更好地服务我们的生活,让社会更美好。而奇特的创意一旦具有积极价值,契合市场需求,并被付诸实践,就会因抢占先机,变成重要的创业资本。

好的创业创意是怎样产生的? 这个神秘的过程其实不全在脑子里,从来没有一个好的创意是在大脑里十全十美地生成,付诸实践就能开花结果的。世上也没有绝对的"创新",一切都是相对的。创新并不是突如其来的一个创意,而是在旧的模式基础上脱颖而出的,创新是知识的积淀、经验的积累和灵感的顿悟。创新是能落地的创意,为使创意落地,既需要手脑配合,苦思冥想,又需要动手实践,在动脑和动手的不断交织运动中,创意才能逐渐成长、成熟,直至瓜熟蒂落,成为创新成果,赋能创业实现从 0 到 1 的质变。

二、如何挖掘创意

创意有多方面的来源。个人生活经历和工作经历、个人爱好、平时观察、偶然发现、有目的地深入调查研究、他人建议、教育经历、亲友从事的行业和家庭企业等都是创意来源渠道。

(一) 从熟悉的地方和事情入手

生活需要创意,创意源于生活。日常生活中灵光一现的想法所带来的灵感,或许就是一个好的创意。同时,要获得好的创业创意,需要创业"激情",需要长期"坚持",更需要相关"知识"带来的创业"灵感"。这种"知识"要在书本知识基础上,通过工作或生活中的积累沉淀形成。没有切身经历过的知识,很难产生与市场结合的"接地气"的真正创业创意。

从身边熟悉的事情入手,从和自己发生有机联系的事件入手,从实践经验的总结升华入手,更容易获得第一手的"灵感"和别人没有发现的"创新点",有自信去解决现实问题,有信念去创造价值,有动力去改变世界,有毅力找到成功的创意。为找到真正能付诸创业实践的好创意,请从自己所学、所接触、所熟悉和所疑惑的身边事物中去寻找,从消费者偏好的变化、政策的变化、未被满足的需求、社会生活中遭遇到的麻烦、周围人意外的成功与失败中去找。

一家茶厂的老板,看到库房里堆积如山的夏秋茶,愁得不行。一天,妻子回家后高兴地说:"我给你买了一双除臭的袜子。"这种袜子价格比普通袜子贵好几倍不说,除臭功效还一般。世上难道没有能除臭的东西吗? 他忽然想到茶叶中所含的茶多酚有杀菌作用,如果用它来做袜子,除臭效果是不是会好? 据此,他联系农科院茶叶研究所人员,历经数月研发出真正的抗菌防臭茶叶袜,不仅解决了茶叶滞销问题,而且创新出了新市场。

(二) 从小处入手

纵观世界上成功的创新,真正好的创意一般并不来自宏大的愿景,而是源于一些小实验或者偶然的发现。很多创业者的宏大创新项目都失败了,究其原因是因为大项目需要大预算、大团队,以及大创新成果。因此,创意要从小处着手,实际上,创新过程中的一些细微创意常常具有改变整个产业的力量。

万事开头难,再大的事业也是从小事做起的,如果能把小事情理出清晰的脉络,挖出其中闪光的地方,把它做得有声有色,就不用担心能否把它做大,做大只是时间问题。"麻雀虽小,五脏俱全",大事小事道理相通,一通百通。

（三）从做加法或做减法入手

一些创业者有贪大求全的潜意识，总觉得拥有得越多越好，故市场上的电视、计算机、手机等都在做加法，产品性能越来越高、功能越来越多。此时不妨在加法做不动时，反其道行之，去做减法，结果可能大不一样。如有人做搜索网站，越做内容越多，先加上免费邮箱，再加新闻，又想加上财经消息，加了财经消息又想加IT动态，还有视频、空间、微博、相册、社区、共享、下载、游戏等，于是就打造出一个门户网站。那么，如果把这个过程倒过来，找一个门户网站，把它的游戏剪了、视频剪了、新闻剪了、邮箱剪了……最后只剩下一个搜索功能，如能集中精力把搜索功能做好做透，也会非常成功。

（四）从边缘部分入手

无论是在高科技领域创业还是在传统行业创业，无论是在数智化赛道发展还是做实体产业，无所谓哪个更好，哪个领域有机会就做哪个。在高质量发展阶段，缺乏新技术的大学生创业者要想成功，最好从大企业不太关注的边缘化市场切入，注意关注日常生活中的小事，发现生活中的"小麻烦"和"小痛苦"，把它当作一个很好的商机，打破思维惯性，用逆向思维思考如何解决这个问题，从而成功占据边缘化市场。

三、如何完善创意

好的创意只是创业的一个火花，若被过高地估计，而忽略了创业更为关键的市场需求，就会为失败埋下伏笔。具有吸引力、较为持久和能为客户创造价值或增加价值的创意才有商业价值。

（一）批判是最好的老师

好的创意产生后需要反馈、推敲，反反复复不断锤炼，甚至推翻重来，才能使创意变成真正的创新。创意可以通过头脑风暴、德尔菲、畅谈会等方法讨论，要集团队集体智慧，从创意中找出真正的商业价值，进而设计与商机相匹配的商业模式，群策群力逐步完善，让创意与创新乃至创业越来越近。

例如，小米在MIUI系统优化的过程中，利用互联网使所有的用户参与进来，每一个人都是MIUI系统的设计师，在用户体验意见的指导之下，小米MIUI基于安卓系统的优化变得无比成功。

（二）盈利才是硬道理

创意不是在象牙塔里为创意而创意，更不是纸上谈兵的模拟练习，要把创意放在"实战"市场环境里，与消费者链接在一起，把创意和"盈利"联系在一起去评价，把盈利多少作为衡量创意是否成功的重要标准。盈利的创意要进一步改进；不盈利的创意要么扔掉，要么继续锤炼，把它一直锤炼成可以盈利的创意。

"大哥大"刚进入中国时，一块手机镍镉电池价格上千元。比亚迪创始人发现商机后，立刻辞职从事镍镉电池创业。当时，如果选择进口全自动生产设备一台就要 20 万美元。经过反复权衡,他仅投入资金 100 多万元人民币就建成了一条日产 4 000 块镍镉电池的半自动生产线。把原本需要一次性投入的设备价值,化解为分月支付的人员工资等可变成本,形成了巨大的成本优势,提升了产品竞争力,走出一条自主创新创业之路。创业三年,公司就成为中国第一、世界第四大电池生产商。此后,又与时俱进地研发出锂电池及其生产线,成为全球第二大手机电池生产商。

判断一个创意盈利的可能性,既可用"自下而上"的评价方法:先计算出诸如产品单价、单个产品成本、毛利、净利润,再测算什么时候能卖出第一个产品,什么时候公司能盈亏平衡;也可用加减法,将客户一个一个加上去,销量一件一件地加出来。注意要以月为单位来计算,以底线思维来计算公司第一年、第二年、第三年的销售量和利润增长。

此外,也可以用"自上而下"的方法评估,先到网上查一下所经营产品的市场总规模有多大,然后以"年"为单位设定目标,如第一年目标是占领 15% 的市场份额,设定每年增长 30%,用 Excel 表就可以轻松计算出来。

(三)持续迭代完善

创意都是不断完善的结果,需要不断修正,不断改进,要做到从创意 1.0,做到创意 2.0、创意 3.0 等,一版比一版完美,越改进越好。例如,手机操作系统曾一度是我国手机生产企业的"软肋",为填补我国手机操作系统的空白,华为决定研发鸿蒙系统。此前,苹果的 IOS 操作系统、安卓的开源操作系统已很完善且世界知名。面对外界的质疑,华为顶住压力,历时三年研发成功。此后,又一步步进行升级迭代,从 1.0 版升级到 3.0 版,通过鸿蒙系统,让华为手机成为物联网的一个节点,连接家电、计算机、虚拟网络、平板等,打造出一个完善的生态链。

数字化时代的创业生态瞬息万变,创业者每一次的产品(服务)更新都不会是完美的,但只要坚持"小步快跑,快速迭代",每天发现、修正一两个小问题,用不了几年,产品(服务)就会打磨成精品。所以,产品(服务)推出后要允许不完美,但要通过主动颠覆自己,快速迭代,向完美逼近。成功的创意往往是因为有勇气、有热情、有胆量,一直坚持在实践中迭代更新完善。

(四)与机会窗口吻合

好的创意存在于一定时间范围之内,稍一迟疑,创意就会被别人发现,并率先转化成好的创业项目。创业者的创意要超越时代、引领大众,在别人还没有看到、别人还没有认识到该创意的价值时,就发现它,并在"适当的时间段"内启动创业、进入市场。这个适当的时间段就是创业的机会窗口,只有在这个时间段内启动创业、进入市场,才能获得相应的市场回报。好的创意要获得商业成功,一定要在"正确的时间做正确的事",在恰当的机会窗口内先下手为强。

动画:小创意大财富

【拨云见日】

迎接数字化　抓住机会窗

数字化与人的生产生活息息相关，且正在深刻地改变人们的衣食住行等社会生活方式。衣着方面，依靠虚拟现实（VR）技术，人们可以在网上通过3D视觉挑选服饰，通过机器人模特穿戴来观看效果；增强现实（AR）技术让人们通过网络能直接感受身穿服装的效果。服装与鞋帽还可依托数据库和3D模型库用批量化的方式实现个性化定制生产，大幅降低生产成本。食品方面，农业信息化可及时检测与发现土壤墒情、肥力以及病虫害；大数据提供精准市场信息，引导农民调整结构；物联网与区块链结合，能监控从农田、牧场到餐桌的整个过程，让消费者吃得放心，使农民增产又增收。在餐厅后厨可由机器人配菜、前台机器人送餐，防止传染病。居住方面，物联网、大数据和人工智能技术正综合应用在建筑物的设计、运行、维护和管理中。智能家居则在持续提升人的生活质量，家用电器联网后可远程遥控，灯饰和空调可识别环境自动开关，电冰箱储存的食品保质期一目了然……人们正在从"住有所居"向"住有优居"转变。行的方面，摄像头与红绿灯控制系统结合，可实现红绿灯的智能化转换；5G通信技术则为高铁提速和无人驾驶创造了条件；智能交通即将走进现实。

信息化在深度改变生产及生活方式的同时，还在向人们的其他需要延伸和拓展。安全方面，遍布道路卡口的传感器和摄像头，可有效检测套牌车、超载车、超速车等，维护交通安全；人脸识别系统有助于寻找丢失的儿童和走失的老人。健康方面，人工智能可加速药物研制，5G技术能支撑远程医疗。社交方面，语音与文字可互相转换，文字可一键实现即时翻译，轻松与外国朋友交流；慕课则为人们了解世界、学习知识打开了一片新天地。此外，传感器嵌入手机可扩展人的感官能力，实现环境感知等功能。

【启示】互联网为大数据、云计算、物联网、人工智能等技术的应用提供了广阔平台。互联网与数智化技术结合，深刻影响着人们的生产生活方式，推动形成了数字化生活。创业者要积极抓住全球数字经济快速发展的机遇，提升"技术服务＋数据运营"能力，在服务我国经济高质量发展的同时，成就自己的创业梦想。

任务二　朋友相助利创业——建立人脉关系

【引导案例】 职场"友情"助创业

蘑菇物联创始人研究生毕业时，并没有急于自己创业，而是决定先去企业求职锻炼。他收集就业信息、跑招聘会、投简历。通过招聘，他选择了心仪的格兰仕公司就职。成为格兰仕的一名市场研究员后，与很多其他员工想法不同，他认为"企业就是我的企业，我不是来打工的。"

蘑菇物联创始人发现了企业管理中一些不曾被注意的细节问题：计算机显示器 24 小时开着、公司没有 OA（办公自动化）系统，公司发文用纸质版传递，一个部门的秘书跑上跑下……电、纸、人力资源等都存在浪费。凭借"主人翁"意识，他反复提案反馈，最终建议通过总监到达总裁办。计算机显示器得到管理，他也被提拔为项目负责人，用超低成本推动了集团 OA 和 CRM（客户关系管理）系统建设。在解决一个个企业管理问题的过程中，他与很多职能部门的管理者成了朋友，他的能力越来越得到认可，进而得到总裁的信任和指导，进入格兰仕第 3 年，就被提拔为集团执行委员会秘书，很快又成为冰箱洗衣机事业部的副总经理。

27 岁就从集团职能部门"空降"下来，事业部任何一位同事，都比他更熟悉业务，得不到理解与尊重是难免的。他认定尊重"求"不来也"强迫"不来，更不能甩给总裁，唯一的办法就是拼命学习、迅速成长，用能力获得团队的认可和接纳。经过半年多的磨合，同事发现他业务越来越精，有一位比他大 20 多岁的格兰仕老功臣都认可了他的为人及能力，成了知心朋友。解除团队"内忧"后，形成了团队合力，生产和销售一线的问题也相继得以解决。

格兰仕的工作经验，使他蜕变为一位善于找到行业共赢点、团队共识点，并用自己的专注和执着感染并带动产业链上下游企业的"友情"管理者，从而为离职自主创业蘑菇物联并形成不断精进的企业核心竞争力创造了条件。

【项目思考】

蘑菇物联创始人为什么选择先就业？职场上积累的经验对自主创业能带来什么好处？他的成功对你创业有何启示？

【项目启示】

领导、同事是什么？他们是你职场人脉关系网织造的极为重要的凝结点，这些凝结点足以对你整个职业生涯产生巨大影响。正因为蘑菇物联创始人紧紧抓住了这一点，才使他无论是在职场工作，还是自主创业，都游刃有余。

创业者的人脉关系对创业融资和创业绩效有直接的促进作用。社会学家费孝通认为,社会关系网络以自身为中心,以血缘、亲缘和地缘等"五缘"为纽带,就像把一块石头丢在水面上所产生的一圈圈的波纹一样不断扩展。在数字经济时代,网络的发达使人际交往更加直接、自由,也更有利于创业者积累人脉资源。

美国卡内基理工大学在对 1 万个人的调查记录进行统计分析后发现:15％的成功者具有良好的人际关系。对立志于创业成功的人士来说,以真诚、守信、仁厚、积极、博学、多才等构建的人际关系就是生产力,是一笔弥足珍贵的无形财富。人脉资源需要长期积累,创业者一定要做好自己,靠自身的学识、智力、人格等魅力去感染身边的每一个人,包括家人、亲友、同学、乡党、师长和同事。

在现代社会,人脉就是竞争力,就是机会,创业的成功就赢在人脉中!

微课:朋友多了好创业

【知识研修】

创业不是引"无源之水",栽"无本之木"。创业者如果想在短时间内创业成功,必须懂得珍惜和利用人脉资源,获得师友的指教、帮助与支持,要学会建立自己最广泛的人际网络,要善于利用别人的时间、别人的知识、别人的智慧和别人的人际关系,来助推创业成功。

一、职场成功公式

职场成功公式:成功 = 知识 + 人脉。

人脉是创业者最大的财富。人脉关系包括战友、同事、同行、上下级、客户等业缘关系;有同学、师生、师徒等学缘关系;有邻里、同乡等地缘关系;偶然接触而相识、建立友谊的机缘关系。基于正常的社会经历建立的诸如师生、同学、朋友、同事等人际关系,在创业过程中会带来有用的信息、资源。因此,在校大学生要善于建立良好的同学关系和师生关系,勤于参加社团活动和社会实践,建立健康、有益的人脉关系,创造和积累基于同事关系、师生关系和亲友关系的社会资本,为创造财富人生、实现自我奠定基础。

动画:创业需要人脉

二、人脉关系建立要趁早

人脉关系的建立应该尽早起步。起步越早,越能排除利害关系,形成的人际关系越真实可靠,维系的时间越长久。有人说,20 岁时积累的人脉关系网是人一生中的珍贵财富。20 岁时建立的人际关系网与三四十岁时建立的人际关系网有着明显差异。因此,人脉资源积累要从 20 岁开始,这个时期是年轻人选择未来之路的关键时期,此时建立的人脉网会在创业之路上显示出其独特价值。只有较早地拥有比他人更广博的人脉，才能及时、准确地获知信息，在机会窗口打开时进入创业蓝海。

三、可以把握的人脉资源

（一）同学人脉资源

同学之间彼此熟悉，性格、脾气也相互了解，较少存在利害冲突，同学之间的友谊一般较可靠，纯洁度较高，是最值得珍惜的外部资源之一。同学是人际沟通的纽带，从大学到社会，我们无论是在遇到困难时，还是在寻找新的就业机会及创业机会时，同学资源都具有良好的辅助作用。同学会具有整合同学资源的价值，可使不同领域的参与者聚合在同学的身份认同之下，通过情感、经验交流及人脉拓展，找到新的机会、新的模式及新的商业合作伙伴，能使创业活动变得更高效、更容易接近目标。

【拨云见日】

幸运的"霸蛮米粉"创始人

霸蛮米粉的创始人尚在北京大学读书时，就拉着三位同学，凑了10万元钱，找到环球金融中心地下室拐角，创立了"伏牛堂"（后改名为"霸蛮米粉"），主营湖南常德牛肉米粉。创业之初，"伏牛堂"的营业面积只有30平方米，比路边摊好一点。运作三个月后，团队成员从原来的4个人扩展到14个人，经营场所由最早的30平方米变成180平方米，并获得了险峰华兴资本的天使投资，五个月后又获得真格基金的融资，不仅解决了令创业者头疼的资本问题，而且被外界视为与雕爷牛腩、黄太吉等齐名的互联网餐饮品牌。开业4年就获得森马投资领投的千万B轮融资，销量超过1 000万份牛肉粉。然而查一下这些基金背后的创始人就会发现，他们也都是北京大学的校友。

【启示】对于很多已经考进大学或即将毕业的创业者来说，教育背景可能难以改变，同学资源也不可能重新选择，但你可以尽自己最大的努力去挖掘现有的校友资源，或者通过考研或读名校MBA来积累人脉资源，也是不错的选择。

在从小学到大学长达十几年的学习生涯中，会遇到各式各样的同学。有众多同学的帮助，在创业起步时能起到很大的帮助作用。

（二）同乡人脉资源

乡音难改，地缘难失。共同的人文地理背景，使老乡有一种天然的亲近感。如徽商和晋商作为中国历史上最成功的两大商帮，不管走到哪里，都是老乡成群，且在每个重要商业繁盛之地都设立"会馆"，除用于沿途生活休息外，还可以提供经济接济及生意帮助。在历史上很长一段时间内,中国几乎所有商业繁盛之地,最惹眼、最气派的建筑不是徽商会馆,就是晋商会馆。如今,浙商、粤商、鲁商、闽商及新徽商等畅游天下,他们或血脉相连,或乡情相通,或互通信息,或互相提携,或互相帮助,从而形成了强大的创业经商群体。

在外打拼的离乡创业者,对家乡那份感情,对家乡养育之恩的感激会让他产生对家乡人、事、物独有的亲切感,形成较强的凝聚力。身在异乡创业,利用同乡关系,对创业起步及拓展都会大有助益。

(三) 职业人脉资源

职业人脉资源,是创业者在创业之前为他人工作时所建立的各种资源,包括项目资源和人际资源。如同事、上司、下属,甚至是短暂共事的合作伙伴等。对于大学生而言,先在职场打拼,后进行自主创业,不仅经验更丰富,眼光更开阔,目标更明确,而且人脉资源更多。利用职业人脉资源,从岗位创新走向自主创业,成为创业的一种优选。因此,毕业后先就业,再创业,不仅可以积累一定的工作经验和社会阅历,快速了解职场实际情况,包括同事之间的相处、上下级关系的处理,甚至不同年龄段员工的特点等,还能积累人脉资源,这对创业会很有帮助。如宝供物流创始人刘武原是汕头供销社员工,在被单位派往广州火车站从事货物转运工作时,利用工作中建立的各种关系创立宝供公司,通过做宝洁公司的物流配送商,一举成为国内物流业翘楚。

(四) 朋友人脉资源

成功需要艰苦的奋斗、朋友的帮助和机会的降临。朋友就像资本金,是支持你走上成功之路取之不尽的能量。在与朋友交往中,要学会对每一个人都热情相待,学会把每一件事都做到完美,学会对每一个机会都充满感激,要相信从身边擦肩而过的人说不定就是帮助自己的贵人。要维系与持续人际关系,就要懂得"互利互惠",不要有占别人便宜的心理,得到别人的帮助,要记得找机会帮助对方。另外,还要懂得即使有了新朋友,也不能忘记老朋友。

四、建立人脉资源的行动策略

(一) 善于帮助别人

善待别人其实就是善待自己。创业路上想让别人帮助我们,必先帮助别人,先让别人感受到我们的帮助,员工需要我们帮助,客户需要我们帮助,只有善于帮助别人,公司才有生命力。很多时候,帮助别人的同时也是在帮助自己。帮助别人要注意场合,要雪中送炭,在别人最困难时伸出援助之手,这样对方会铭记在心,知恩图报。而经常帮助别人,人际吸引力也会越来越强,无形中就拥有了更多的精神财富。

(二) 经常参加活动

经常参与校内外各种活动,不仅能锻炼自己的交往能力,学会与不同的人打交道,提高人际沟通能力,而且能让自己变得更加积极主动,在社交活动中结识更多朋友,使自己的人脉资源变得更广、更丰富。为此,要勇敢地走出去,经常进入新的人际圈子。有条件时也经常组织活动,把周围的人带动起来,增加人际交往圈子的活跃性,增进感情。这样能获得很多信息,找到很多商机。

陈大金属桶有限公司创始人陈先生家境艰难,刚出来做事时,东拼西凑才买了台小货车,跑个体运输生意。没有钱,没有关系,如何做更大的生意?陈先生的办法是,用力气和真诚去建立关系,用关系去找钱找生意。当时,一些学校、社团、商会、工会经常招募义工,于是他一有机会就去义务劳动。时间一长,很多人都认识了陈先生,喜欢上了陈先生,继而有人给他生意,有人借钱给他,有人介绍人给他认识,让他的路越走越宽广,生意也越做越大。后来,陈先生成为很多世界级大公司的金属包装品供应商,是马来西亚白手起家的华人企业家。

初涉创业的大学生,无论什么出身,只要有一颗上进的心,有力气,有智慧,懂得奉献,通过奉献让别人认识你,了解你,就会获得成功的机会。

（三）时常保持联系

紧密型人脉圈的建立实际上是一个信任体系的建立,需要足够多的活动时间和联系频次。要经常使用电话、微信、短信、QQ、邮件等保持联络,使人脉在使用中不断保持更新。如闲时可以经常翻翻通信录,打电话或发微信问好,交流一下感情,问问需不需要帮忙等。时间久了不联系,人脉关系就会褪色。为便于联系,不要经常更换手机号,最好经常备份通讯录。

【拨云见日】

善于建立人脉关系的营销员

一位从普通人寿保险销售专员成功晋升为高级总监的营销员说:"我并不推销人寿保险,我的推销手段就是建立人际关系。"

这位营销员说:"我经常把人们聚集到一起吃饭,有政治界、商业界以及社会各界的朋友。不向他们推销保险,只是建立人际关系,然后就会有很多人从我这里购买人寿保险!要知道,推销东西给朋友是不需要技巧的,你想请朋友出去,或者请朋友帮忙,只要开口就可以了。71%向你买东西的人,之所以买是因为他们喜欢你、信任你、尊重你。"

这位营销员笑着说:"我由衷地感激我的客户,除了给他们提供周到的服务之外,还时常给他们赠送一些小礼品以表达我的心意。每一位客户每年都会收到我的感谢信、生日卡或者圣诞卡。有一次,一个客户的孩子对我说:'当我年幼的时候,我父亲就给我买了保险,从那时候起您就每年给我寄贺卡,我一直把您当成我们家的成员之一。在我知道什么是保险之前,您就使我想成为您的客户了。'这就是建立人际关系的魅力所在。"

【启示】这位营销员之所以成功，是因为他善于建立人脉关系。他成功的推销手段是"人际营销"。其实，只要成为朋友，推销就不再需要技巧。所以，要尽可能地多认识一些朋友。

（四）善用互联网拓展朋友圈

互联网具有非常强的拓展性，这种网状结构使得一个社区就有几千名网友，一个微博或微信、短视频公众号就有数万次访问量，一个QQ上面就有上百名网友，一个SNS网站可能找到某个名人，一个校友录能有几百个校友。互联网加速了人脉网络的爆炸增长，可以说互联网是新时代拓展人脉的重要速成工具。

任务三　知识夯实创业路——利用知识财富

【引导案例】　持续学习成就科技创业梦想

在国际消费电子展（CES）上，一款仅重30克、佩戴感极佳的AR（增强现实）眼镜产品，一经展出便"燃爆"现场，得到国内外同行的强烈关注，它的研制者——北京枭龙科技有限公司（简称枭龙科技），荣获展会年度"中美跨界创新奖"。

成立于2015年的枭龙科技，作为一家AR领域年轻的中国高科技创业公司，产品一经推出就能达到世界先进水平，这得益于公司创始人的知识学习内化及运用能力。枭龙科技创始人2013年毕业于北京理工大学，刚进入大学，就开始利用学校的各种学习资源，提前自学嵌入式软硬件方面的知识，四年大学时光，他倾心投入科技创新项目，还担任了学校科技创新基地的负责人。有时为了保证创新项目的研发进度，他吃住都在实验室，勤奋的学习及科技创新时光，使他收获了成功。毕业时，他凭着过硬的学习成绩及科技创新能力进入华为公司，从事智能手机硬件的研发。在华为工作近两年的时间里，他的学习从未间断，并结合岗位创新学到了很多关于技术、研发流程与人力资源制度方面的知识，带着沉甸甸的收获，他选择辞职自主创业。

创业是一个从0到1的过程，凭着在大学养成的持续学习及科技创新研究的"疯狂"劲，枭龙科技创始人带领团队一门心思研究他痴迷的AR技术。但深入研究后发现，一款高水平的AR眼镜，涉及硬件、外观、光学、设计等几大技术领域，面对艰巨的技术挑战，他毫不退缩，带领团队一起潜心学习，深度进行技术研发。秉持着"要做就做到极致"的理念，通过从硬件、驱动到App应用程序的全方位学习、内化、创新，创造出拥有自主知识产权的"Techlens T1"产品，一经推出就成为业内关注的焦点。

随后，枭龙科技加快了产品迭代更新步伐。发展至今，枭龙科技已经成功研发消费级运动 AR 智能眼镜、AR 工业智能眼镜、AR 警务智能眼镜、军用 AR 单兵头盔等重量级产品。同时，公司通过软硬件整合，将 AR 技术和传统行业相结合，研发出针对工业、安防、军工等多领域的专属解决方案，帮助行业解决长期存在的问题。

【项目思考】

作为一个年轻的大学生创业者，为什么能在科技创新领域创业成功，实现自己的人生夙愿？枭龙科技创始人为什么在有明确创业方向的背景下，选择先就业后创业？他是如何带领团队解决从未遇到的若干新领域的技术难题的？他的成功对你有何启示？

【项目启示】

近年来，全球高新技术发展迅猛，深度学习、物联网等产业纷纷兴起。在此背景下，枭龙科技能在工业、安防、军工等领域取得建树，靠的是创业者及其团队从不松懈的学习、内化、创新、技术迭代更新和贯彻始终的知识学习及创新性应用能力。

【身边的创业导师】

世界上几乎所有的"创新""发明""创造"都需要灵感、天赋和智慧。创业机会在多数情况下是偶然出现的，如果平时没有知识积累和持久的探索，即使创业机会来临，也只是一种偶然现象。"意外"商机遇到有准备的人才能变成财富。

要想创业成功就要学会学习，善于向书本、专家、实践、生意对手、农民、教师、学生、商人、成功者、失败者等学习。学会带着问题和疑问学习，要有目的地、有针对性地学习。要从错误和挫折中学习经验，从别人的失败中吸取教训，通过学习来逐步充实自己，完善自己，在将来避免类似错误在自己身上发生，努力打造一个尽可能全能的自我。

许多企业不是死于市场，而是死于创业者的无知。由于信息爆炸，知识更新过快，创业者不仅要勤于学习，而且要善于学习。要有科学的学习方法、研究方法，大胆怀疑，大胆想象，敢于创新，勇于创新。

【知识研修】

一个人思考得越多、看得越多、经历得越多，就越容易嗅出发展的轨迹和趋向，自然也会产生创新的灵感。因此，"知识"是创业的特殊资源。大学生要想创业成功，必须做好知识积累，充分发挥"知识资本"的作用。

一、创业需要具备的基本知识

创业所需知识大体分为学理性知识、规则性知识和经验性知识三类。学理性知识包括专业知识、管理知识、财务知识和商业知识等理论知识；规则性知识是人为构建的规则，包括法律知识等；经验性知识是从社会管理实践中获得的经验，如社会知识、就业创业实践知识和宣传写作知识。如图 1-1 所示。

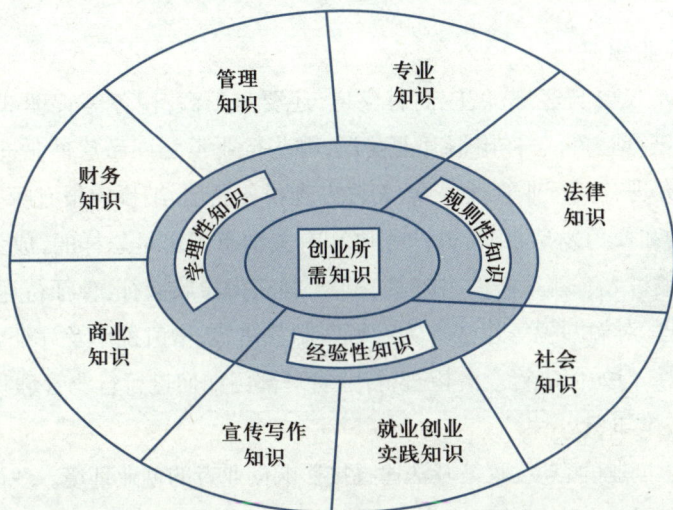

图 1-1　创业所需知识示意图

（一）专业知识

专业知识和技能是创业的立足之本。无论准备在哪个行业创业，都要对该行业有充分的了解。要做到对本行业的供需状况、市场前景以及所必需的专业知识和技能了然于胸，避免盲目性，才能争取最大的成功率。大疆无人机创始人早在孩提时代就在心里埋下了有关直升机的种子。大三时，他选择了直升机的飞行控制系统作为自己的毕业课题，还拿到了研究资金。在读研究生时他和两个同学拿着筹集到的 200 万元港币在深圳一间仓库开始从事无人机创业，漫长的学习实践过程中积累的坚实飞行控制专业知识及技能，成就了如今大疆的腾飞。

案例：减震球拍

（二）管理知识

市场经济是竞争经济，到处充满着竞争和风险。事实上，80%以上的企业亏损甚至倒闭是由于管理不善所致。创业者要想获得成功，就必须重视经营管理，具备

人力资源管理、市场营销管理、财务管理、战略管理、生产管理、物资管理、技术设备管理、质量管理等管理知识。学会以人为中心进行协调，对人员进行有效的配置和分工。善于确定包括经营规模、收入、利润、市场占有率、产品种类等在内的经营目标。能够在市场调查的基础上，进行市场预测并作出经营决策，编制经营计划，签订经济合同，掌握企业发展的主动权。弄清经营管理，组织好销售，确定销售策略，加强销售管理，搞好售后服务，提高产品的竞争力及市场占有率。

（三）财务知识

企业管理活动是以财务管理为基础的。创业者不仅要计算每个月的收入、支出、利润，还要与税务、银行、基金、股票等打交道，这些都需要财务知识。创业者要正确了解企业的现金流状况及主要的现金流来源、企业的盈利能力、负债情况、还债能力和融资能力，在创业中实现有意识、合理地融资，发挥资金的财务杠杆作用，提高资金使用效率，降低产品成本，增加企业利润，降低经营风险，同时管理好企业的资本运作。

（四）商业知识

创业者不仅要与客户、供应商打交道，还要与工商、税务等管理部门打交道。如企业怎样进行验资，怎样申请开业登记，哪些行业不允许私营企业进入，哪些行业的经营须办理有关行业管理手续，怎样办理税务登记，纳税申报有哪些规定和程序，如何领购和使用发票，银行开户程序和有关结算规定是怎样的，成为一般纳税人或小规模纳税人有哪些条件，如何纳税，怎样获得税收减征、免征待遇，怎样进行账务票证管理，对偷漏税等违法行为有哪些制裁措施，增值税率及计征方法是怎样的，工商管理部门如何进行经济检查，行业管理部门如何进行行业管理和检查等。

（五）法律知识

政府对于创业的态度、政策及法律直接影响创业者的创业环境。我国政府为大学生创业创造了一个良好的环境。在注册登记、金融贷款、税费减免、员工待遇等方面都为大学生创业提供了方便。此外，《中华人民共和国民法典》《中华人民共和国公司法》《中华人民共和国合伙企业法》《中华人民共和国个人独资企业法》等相关法律也为大学生创业提供了法律保障。大学生在创业准备期，一定要熟悉企业法、专利法、商标法、著作权法、税法、劳动法、反不正当竞争法等方面的法律知识，理性看待创业政策，选择合适的政策，发挥政策的实际效用，避免盲目经营。

（六）社会知识

社会知识对创业者来说是一种重要引领。创业者作为一个社会人，无论是融资、销售还是宣传、合作，都离不开社会，都需要同社会上各种人交往，获取资源，求得发展。所以创业者应具备社会资源、公共关系、人际交往、世界地理、社会生活、文学、艺术等方面的社会知识。

（七）就业创业实践知识

很多创业者认为创业成功最重要的要素是资金，但许多创业者虽有足够的资金,却没有成功。原因是缺乏实践经验。资金只有被经验丰富的创业者运用才会创造奇迹。创业之前,最好先锻造自己,提升就业创业能力,将自己历练成一个能创业的人。要通过就业创业实践积累经验,了解职场,了解行业,了解公司规章制度怎么制定,人际关系怎么处理,挖掘自己的创业潜能。许多创业者通过创业之前的打工、管理经历积累了很多商业经验,建立了良好的人际关系,并在某一行业、市场或技术方面做出了业绩,形成了十分完整的有关顾客、销售渠道和市场方面的知识,能够识别各种商业行为,获得较高的预见能力和捕捉商业机会的能力。这对他们追逐有吸引力的商业机会,吸引适用的人才和必要的资金及其他资源,带领创业企业走向成功,开创创业生涯奠定了很好的基础。

(八) 宣传写作知识

在社交媒体和"互联网＋"流行的今天,创业者需要充分利用移动社交媒体来提升自身的营销能力。很多 90 后草根创业者通过写软文对自己及所经营的产品进行推广,依托自媒体成功打造了个人品牌。如"霸蛮"米粉创始人等人,利用微博、微信等社交媒体打出名声,通过小范围营销来聚拢粉丝,通过一些事件不断扩大粉丝群体,引爆社会舆论,最终将粉丝转变成合作伙伴或产品的种子用户,使粉丝直接买单或粉丝转粉丝间接买单,对创业者的产品进行二次传播,推广营销。创业者除需要会写软文外,还需要会写创业计划书、公开信和致员工信等其他文案。

微课: 多渠道获取创业知识

二、创业知识获取的途径

创业所需的各种知识,需要通过组建优势互补的创业团队来实现。学习及完善所需创业知识的主要途径有以下几种。

(一) 课堂、图书馆、社团

选定创业目标后,创业者可通过选修相关课程,参加相关学习班,特别是参加高水平的培训班来迅速弥补知识上的短板。另外,可以根据自己工作中所缺乏的知识,到图书馆阅读相关书籍,快速拓宽知识面,增加对创业市场的认识。同时,在大学学习期间,通过参加社团活动等锻炼综合能力,也是大学生创业者积累创业知识的重要实践渠道。

(二) 网络资讯

网络媒体是较为快捷的速成学习阵地,网上各种管理类、人才类、专业创业网站等都是必要选择。此外,通过网络上的创业讲座视频、创业知识培训视频、各地创业中心、创业孵化基地、创新服务中心、大学生科技园、留学生创业园、科技信息中心、先导民营企业的网站都可以学到创业知识。

(三) 与商界人士交流

三人行必有我师,创业者可以在自己生活的周围,找有创业经验的亲戚、朋友、同学、学长、网友、老师交流,也可以通过 QQ、微信和电话,拜访自己崇拜的商界人士和创业投资人,或咨询与自身的创业项目密切相关的商业团体和行会组织,从他们身上学到最直接的创业技巧与经验。同时,他们的有些失误可以为创业者提供反面教材,避免创业者在以后的创业活动中犯同样的错误,少走弯路。

（四）工作实践

对于大学生创业者而言,先就业后创业是一个不错的选择。由于大学生各方面阅历、经验都不足,能够到与创业目标密切相关的单位工作锻炼,积累和沉淀一段时间,待获得必要的知识,掌握相关的资源,把控相关渠道和具有一定经验后再创业,成功率会高很多。因此,在准备创业的就业过程中,创业者要善于与有经验的师傅、管理者和老板充分交流,尽可能多地去获取相关知识和经验。

（五）创业实践

实践出真知,创业者需要具有与创业项目相关的经验、实践知识、态度、行为和技巧,能够预测风险,通过选择与别人一起分担风险,回避或分散风险,使创业风险最小化。创业实践经验丰富的创业者在创业过程中能够把存在较大风险的项目分割成可接受、可消化的几个部分,再付诸实践,投入时间和资源。如果创业者缺乏这些经验,就需要通过直接或间接的学习来积累。直接创业实践可通过课余／假期在外兼职打工、求职体验、开网店、参与策划、市场调研、试办公司、申请专利、试办商标申请等来完成。间接创业实践可借助某些模拟实训平台的角色性、情境性模拟参与来完成。通过实践以及将自己的体会与他人交流,将直接经验和间接经验融为一体。这些都是快速获取创业知识的最好途径。

【拨云见日】

平常之处见商机

嘉兴市巴斯夫塑业有限公司总经理的创业始于偶然,他当时在义乌跑市场的路上,看见当地一家水泥制品厂仍然在用软模具,结果遇到水泥膨胀变形,造成了边缘空隙大等问题。他突然想到老家有很多模具工厂,就立即回老家模具工厂拿了一些硬模具样品,去拜访水泥制品厂老板。老板看到样品很惊讶,3天后就下单要了1万个模具。从此,他就开始了老家模具厂的销售代理业务,随着业务量增大,他在老家买地办厂,开始了水泥制品模具领域的创业。很快,市场便扩展到国内外。他也由门外汉变成半个专家,细致关注从研发到生产、售后服务的每个环节,进而带头研发一种新型的人造仿真砂岩模具,经过2年迭代更新,解决了原有产品仿真度低、造价高、美观度差、有气泡等问题,为消费者提供了优质环保建材。

【启示】巴斯夫塑业有限公司的成功与其创始人能从不经意的偶然现象中看到商机,进而果断行动,并在创业过程中持续学习、不断创新有很大关系,只有具有创新意识、学习能力和实践能力,才能从平常之处看到商机,进而创业成功。

创业知识广泛存在于人们的学习、生活、工作视野之中，只要目标明确、善于学习、善于发现、善于总结，就能找到创业成功的途径。当然，在当前这个信息爆炸的时代，学习过程中还需要学会"去粗取精，去伪存真，由表及里"，这样获取创业成功的路径就会更短。

任务四　人生最大的财富是时间——挖掘时间资源

【引导案例】　如何利用时间实现高效工作

著名搜索引擎百度没有严格的打卡考勤制度，但员工的工作效率却普遍较高。这与百度创始人倡导并践行高效的时间观是分不开的。其创始人说，每当我脑海中各种想法、主意纷飞，很难全神贯注地将精力集中在一件事上时，我就将好的想法记录在手机的便签应用上，然后把它先放在一边，努力让大脑保持空白，以便继续高效工作。每当从事非常重要的工作时，我就关掉手机、计算机的通知功能，将注意力高度集中起来。

如果发现任务列表上的第一个任务看起来很艰难，影响任务完成时，就调整任务顺序，先完成相对比较简单的任务，帮自己快速进入工作状态，从而顺利地将后续几项复杂事项完成。

为了减少不断切换任务类型导致的工作低效率，他总结出任务分类完成法：每天先进行任务分类，将同类任务聚在一起，使每天能有整块时间来做相似的事情，从而在每类事项上保持全神贯注，做到事半功倍。

此外，他还总结出时间分段管理法，为将自己持续工作的时长限制在效率最高的 90 分钟内，他利用定时器，把一个"时间段"设为 1~1.5 小时，通过限制每个时间段工作的时长，帮助自己保持注意力集中，提高效率。对于重要的事情，特意安排在上午。至于每天最重要的任务确定，他一般在头一天晚上思考：如果第二天只能做一件事，那么做哪件事会给公司带来最大价值并为个人带来最大成就感，就把哪件事安排在第二天上午完成。

【项目思考】

时间对每个人来说都是宝贵的。为什么说在众多成功的创业者背后，是其对时间的合理高效利用？从上述百度创始人的时间管理经验中，你学到了哪些行之有效的时间管理方法？你认为还可以在此基础上做哪些有益的补充？如果你准备创业的话，应该怎样合理利用时间？

人生最大的财富是时间。创业者无法把握昨天,因为昨天已成为历史,更无法把握明天,因为明天还没有到来,只能寄予希望。创业者能够把握的只有今天,要有效率地利用时间,把握机会,才能成功。

【身边的创业导师】

在事业上取得一定成就的人都深知时间的价值,他们都非常珍惜时间,善于利用生命里的每一分每一秒。

俗话说"时间就是金钱",换句话说"时间就是财富"。谁抓住了时间,谁就得到了财富,若放纵了时间,财富就从指尖溜走了。

创业者作为时间的主人,有很多重要的事要做,无端浪费时间是最大的罪过,每一分钟都要用到刀刃上。小米集团刚登陆香港证券交易所时,其创始人告诉记者:每天工作八小时是一种奢望,尤其是刚创业的时候,他每天工作 12 小时以上,还没有周末休息日。如果每天都能抓紧分分秒秒,每个人在工作岗位上获得成功的可能性是很高的。很多成功的创业者感慨地说,我们的每一天都是在克服困难和战胜自己中度过的,将尽量多的时间用于工作,减少吃饭和睡懒觉的时间,就是克服困难的过程。

一寸光阴一寸金,寸金难买寸光阴。大学生创业者要想取得创业成功,首先要让自己的光阴变得富有价值。

【知识研修】

要想使企业产生高效率,就一定要有时间价值观念,从统筹学的角度出发,将事情分出轻重缓急,重要的事情先处理,不重要的事情后处理,要学会选择,学会放弃,有舍才有得。

动画:如何高效利用时间

一、时间管理秘诀

一寸光阴一寸金,创业者要想取得成功,就要通过时间管理让自己的光阴变得富有价值。而时间管理的秘诀就是通过统计自己的时间利用状况,追踪流向,分析时间运用的合理性,制定改进措施。如图 1-2 所示。

(一)列出工作清单

要管理时间,首先要将自己每天的活动情况及所用时间记录下来,如每天晚上睡觉前,应对第二天的活动事项进行梳理,列出待办事项清单,并对待办事项进行分级,确定哪些事项需要提前和团队沟通,哪些事项需要向领导报告,哪些事项需

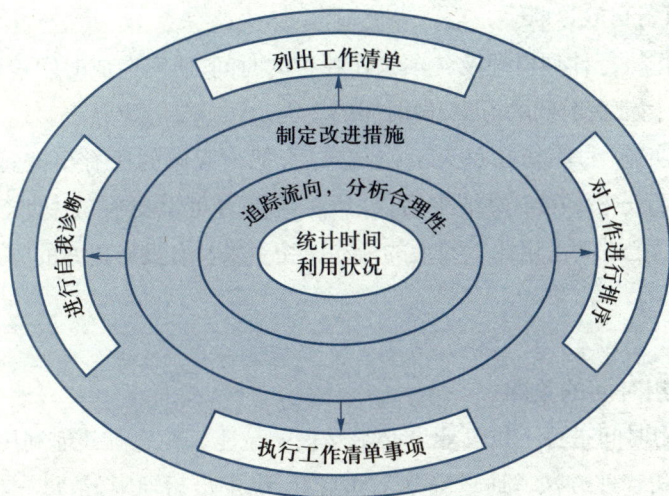

图 1-2　时间管理方法示意图

要重点交办等。利用工作清单开展工作,是一个对目标进行分解,设定里程碑和关键节点,弄清路径的过程,这不但可以总揽全局,做到心中有数,减轻焦虑,而且能帮助自己获得做事的专注力,提升成就感和愉悦感。

（二）对工作进行排序

在根据自己的工作及生活节奏,确定每天必须完成的工作清单后,应根据各项工作的重要程度对工作进行排序。无论是长期、中期还是短期活动,只要是重要的、需要得到特殊提醒的工作,都列入优先排序清单。然后,在清单中最为重要的活动左侧写上 A,在一般重要的活动左侧写上 B,在最不重要的活动左侧写上 C。A 级活动是最重要、也是最有效的活动,应该把大部分时间分配在 A 级活动上,然后依次是 B 级活动、C 级活动。对 A 级活动不仅要安排出足够的时间,而且所分配的时间段应是内部黄金时间。所谓内部黄金时间,是指一个人精神最为集中的时间。要用内部黄金时间处理最为重要的工作,并尽量避免外界的干扰。每完成一件事情,就勾掉清单上的相应内容,并随时补充新的任务。

时间管理就像是在一个大玻璃缸里放一堆大小不一的石头,如果在玻璃缸中先把小石头倒进去,最后大石头就放不下了;如果先放大石头,其他小石头就还可以放进去。因此,要找到工作的优先级顺序并按先重后轻、先急后缓的顺序进行,若颠倒顺序,一堆琐事占满了时间,重要的事情就耽搁了。

（三）执行工作清单事项

列出工作清单及工作顺序只能算完成一半工作,实施好工作清单才等于全部完成。实施过程中,每执行一项,就在工作清单相应工作的后面打钩。如果遇到情况变化,实施变得困难,可根据原则性和灵活性相结合原则,根据总目标灵活调整轻重缓急,并扎实贯彻,日积月累,效率就会显著提升。

（四）进行自我诊断

根据工作执行计划情况及各项工作耗费的时间，研究造成时间浪费的因素及应对之道，改掉浪费时间的习惯，做时间的主人。

在具体实施中，不妨在每天工作结束后，把一天做的所有事按每 15 分钟为一个单位进行分析，在一周结束后，分析一下是否可以更有效率地安排下周时间？是否可以把时间占用比重太大的活动压缩下来？有没有更好的方法可以提高效率？

二、有效利用时间的策略

有效利用时间是每一位创业者必须掌握的技能。要想有效地利用时间，就要善于改进时间管理方法。通过确立工作目标，确定最后期限，给每一项重要活动合理分配时间。具体创业实践中可从以下几个方面改进：

（一）会用 80/20 原则管理时间

根据 80/20 原则，人如果高效利用时间，20% 的投入就能产生 80% 的效率。相反，如果低效利用时间，80% 的时间投入只能产生 20% 的效率。要运用 80/20 原则，将 20% 的黄金时间投入到重要的工作中，至于 80% 效率较低的时间，可用于处理次要工作。一天中头脑最清楚的时候，应该放在最需要专心的工作上。

（二）培养工作兴趣

有效地利用时间需要一种态度、一种渴望、一种意志，也就是"兴趣"。对没有兴趣的事情，花掉 40% 的时间，可能只会产生 20% 的效果；对感兴趣的事情，可能 100% 的时间花费，获得 200% 的效果。因此，要善于培养工作兴趣，提高时间利用效率。

（三）不做工作的奴隶

创业者每天都有干不完的事，所以必须要分清轻重缓急，专注于做重要的事情，使所从事的活动能产生最大成果。有些急但不重要的事情，要学会放弃，学会说不。对社交活动，要有选择性地安排，对那些无关紧要的细枝末节要善于放手给下属去做，避免一开始就陷入各种复杂事务当中，确保不做工作的奴隶。

（四）今日事今日毕

每天需要干的事太多，要善于放弃生活中的次要方面，集中精力关注重要的事，要随时携带工作清单和一个简要的备忘录，记下每天急需要办的事。凡今天要办的事决不拖到明天。一家著名的连锁超市最早创造的"日落原则"，就提出在太阳下山也就是下班之前把当天的问题解决，不要拖到第二天。只要敢于放弃生活中的次要方面，集中精力关注重要的事，掌握工作的主动权，提高自己的创造性，最终就可为自己赢得时间，获得成功。

（五）精心计划

创业需要处理的事项及考虑的问题很多，如资金、团队、产品、商业模式、组织架构等。为此,对每周甚至每天的工作安排,都要精心计划。计划是时间管理过程中非常重要的一环,通过计划将每天的日程表安排好,随身携带备忘录,合理安排好做事的先后次序等,并在计划中为自己的私人生活预留出时间与空间,如亲近的夫妻关系、和睦的亲人关系、密切的朋友圈子,还有身体与心理健康等,一切生活中的幸福都需要用时间、用心去经营。

(六)充分利用时间碎片

很多大学生都有远大梦想,但因为不良习惯的存在,习惯性地每天过着梦游一般的日子。事实上,人们在按照惯性思维行事的过程中,大脑会持续处于慢速运转状态,人的行为也会随之进行无意识的条件反射。如上班的第一件事就是冲杯茶,然后整理文件、开会、见客户等。

为防止将时间浪费掉,可将零碎时间用来打电话、安排工作等,等有大块的时间时做有计划的工作。

【创新素养】

从主次矛盾看时间管理之术

同样年龄的人,有的已功成名就,有的看似很努力,但一事无成。看似淡定、轻松的成功创业者,要处理的事情却很多,其成功秘籍在于他们懂得时间管理之术。每个人都要用有限的时间和精力处理很多事,但并不是每一件事都值得全力以赴。按照80/20原则,大约20%的重要项目能带来整个工作成果的80%,即20%的工作可以贡献80%的价值,而其他80%的工作只能贡献20%的价值。

【启示】要想取得不平凡的成就,必须按80/20时间管理法则,有重点地分配、利用自己有限的时间。把重要的20%的项目挑选出来,专心致志地去完成,就能产生80%的效益,对次要的80%的低价值任务,少花时间和精力,或者分配给下属完成。以求能用较少的时间成本取得较大的成果。

项目测试

一、单项选择题

1. 要善于将(   )与创新创业结合在一起,用新创意设计新的商业模式,将会得到绝佳的商业机遇。

A. 创新   B. 互联网

C. 创业   D. 创业机会

2. 创业成功的关键在于(   )。

A. 品牌   B. 创意

C. 技术   D. 员工

3.（　　）既需要手脑配合,苦思冥想,又需要动手实践,在动脑和动手的不断交织运动中,才能逐渐成长、成熟,直至瓜熟蒂落。

A. 创意   B. 创新

C. 创业   D. 顿悟

4.（　　）是创业者最大的财富。

A. 人脉   B. 资源

C. 资金   D. 爱好

二、多项选择题

1. 创意有多方面的来源,（　　　　　）等都是创意来源渠道。

A. 生活工作经历   B. 个人爱好

C. 观察或偶然发现   D. 他人建议

2. 好的创意只是创业的一个火花,若被过高地估计,而忽略了创业更为关键的市场需求,就会为失败埋下伏笔。（　　　　　）的创意才有商业价值。

A. 有吸引力

B. 能较为持久地为客户创造价值或增加价值

C. 自己喜欢

D. 能增加客户黏性

3. 要使创意趋于完善,主要应关注（　　　　　）等几点。

A. 批判是最好的老师   B. 盈利才是硬道理

C. 持续迭代完善   D. 与机会窗口吻合

4. 为获取更多的人脉资源,创业者应注意做好（　　　　　）等工作。

A. 善于帮助别人   B. 经常参加活动

C. 时常保持联系   D. 善用互联网拓展朋友圈

5. 为分析时间运用的合理性,进而加以改进,在时间管理中要注重运用（　　　　　）等措施。

A. 列出工作清单   B. 对工作进行排序

C. 执行工作清单事项   D. 进行自我诊断

三、思考题

1. 为找到能盈利的创业项目,创业者应如何去挖掘创意?

2. 找到创意后,应如何去完善创意?

3. 为取得创业成功,创业者需要把握哪些人脉资源?

4. 为获取更多人脉资源,创业者平时应做好哪些工作?

5. 学习及完善所需创业知识的主要途径有哪几种?

6．要提高时间利用效率,应注意采取哪些策略?

7．如何理解"提出一个绝妙的创意是不够的,要把创意放在正确的市场,并从中获取价值"这句话的含义?

四、综合实训

传说鲁班有一次负责带领一帮能工巧匠建造一座大殿。当刚要立柱子、盖屋顶的时候,鲁班忽然发现自己错把做柱子用的一些名贵香樟木锯短了。这可不得了。一是香樟木价格昂贵,赔不起;二是已接近完工,再到外地重新购买香樟木,必将因延误工期而受罚,甚至还会吃官司。鲁班正为此事日夜焦虑不安时,恰巧妻子云氏来到身旁,对鲁班说道:"你觉得我高吗?"鲁班说:"你比我矮得多。"云氏接着说:"咱俩比比看。"这时鲁班才注意到,云氏在她穿的靴子下面垫了一双木板拖鞋;头发高高耸起,还插了玉簪和琼花,明显比鲁班高。鲁班恍然大悟,想到了补救办法:在每根房柱下面,各垫上一块雕了花的圆形白色柱石;在每根房柱的上面,各镶上一个雕了花的柱头。这样一来,建造的厅堂不仅比原来的设计更加华丽、美观、耐用,而且化解了巨额赔款风险。至今,鲁班发明的这种建房工艺依然在沿用。

将同学按 4～6 人一组进行分组,每组派一人专门记录。然后完成以下实训:

(一) 分组讨论

1．鲁班在房柱下面垫雕花圆形白色柱石、在房柱上面镶雕花柱头的创意是怎么产生的?

2．为什么鲁班能通过创意化腐朽为神奇,而同时代的其他工匠却不能?

(二) 凝练创意

创意的形成是一个"学习—模仿—超越"的过程。每组同学分别上网查找资料,仔细观察周边事物,发现别人好的创意,做好记录,注意这些创意的产生规律。然后以组为单位凝练出 5 个本组同学都认为最好的创意,并根据大家的喜好程度排序,好的在前,差的在后;然后将这 5 个创意和其他组的同学们进行分享,说明其具体构想及独到之处,并请大家投票,根据投票结果重新排序,分析排在前两位的创意,看其是否有进一步改进的可能,并说明原因。

项目二

创新是创业的基石——提升创业素养

【学习目标】

知识目标

了解创新思维方法的类型及内容

熟悉创业者应具备的心理素质和创业品质

掌握 5W1H 法、和田十二法及 TRIZ 理论的初步应用

能力目标

能够运用创新思维方法寻找创新性解决路径

能够尝试运用创新技法对日常生活中的常见事物进行改进

素养目标

树立自信果敢、与人为善、追求卓越的良好品质

弘扬创新精神，树立以创新引领创业的创业观

【思维导图】

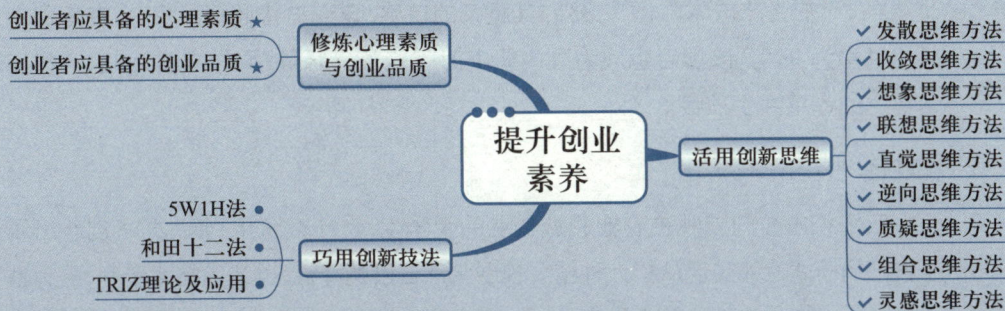

任务一 打铁还需自身硬——修炼心理素质与创业品质

【引导案例】 香港青年的内地"梦工厂"创业路

三位香港大学生在校学习期间，参加了学校的一个天台农场项目，接触到鱼菜共生技术：让养鱼的肥水灌溉蔬菜，鱼粪中的养分被蔬菜吸收，经蔬菜根系净化后回流鱼池，循环种植、养殖。基于共同的兴趣，他们在大学期间便开始了研究，养鱼、种菜、水循环系统，三人分工负责。

由于香港土地短缺。大学毕业之际，这三位大学生依托江门市农业科技创新中心协调筹措 43 万元创业资金，开始了其鱼菜共生项目的创业。相较于成熟团队，他们既无技术优势，也无规模化种植经验。创业 3 个月，一棵像样的菜都没种出来。广东的高温天气不利于水培作物生长，降温需要大量投入，在不用化肥，又要控制成本，保证菜价合理的情况下，"技术"成为一道坎。面对困境，他们的对策是一边学，一边用"笨"办法找出路。他们对照试验各类天然肥料（鸡粪、猪粪、厨余、烂菜叶、豆渣等）的效果，经反复尝试，最终选择使用花生麸发酵，攻克施肥难关。

降温是华南地区的老大难问题，在台风席卷广东，把他们的温室大棚打坏后，他们从头再来，在新搭建的大棚里应用立体栽培模式，把鱼池的水进行雾化，在灌溉的同时实现降温。

鱼菜共生系统保证水质的关键是过滤器。国外产品价格高昂，买不起，他们选择自己造。三人从零起步，查文献、看工程图，学习工程、材料知识，迭代十几次研制出有专利的原创过滤器，使成本降低 60%。相较国外传统技术，其蔬菜产量提升了 206%，可变生产成本降低了 83%；其蔬菜的口感、味道与普通蔬菜相比，在盲测中的优胜率为 95%。该项目也成为国内研究时间较长，科研成果较丰富，知识产权完全自主的鱼菜共生项目。

【项目思考】

三个初出校门就扎进农业领域创业的大学生，为什么能用"笨"办法创新出属于自己的模式？并实现从扩大种植规模到创造自己的降温、过滤等技术专利，再到基于鱼菜共生产生出的一整条贯穿一、二、三产业的链条？他们身上有哪些值得你学习的品质？你感觉应该练就哪些品质才能在今后的创业道路上遇到困难时成功应对？

【项目启示】

三位大学生创业者，从事陌生的农业领域创业，在相较成熟项目既无技术优势、也无资金的背景下，他们能勇敢地面对问题想办法、找出路，战胜重重困难，给大学生树立了很好的榜样。创业者面对困难要相信自己能解决问题，在危机来临时要看到机会，抓住机会上台阶、谋发展，这样才会最终获得成功。

在创业能力的形成中,非智力因素即情商在个体活动中具有决定性的作用。想让企业变得更好、更大,创业者需要很好地修炼自己,让自己更有智慧,更懂得企业的本质。只有"做市场需要的东西,而不是自己喜欢的东西",公司才有存在的价值。要做到这一点,创业者的素质、判断能力、思想准备、执行能力、必胜信念和智慧修炼都是不可缺少的要素。

在严酷的环境中,人最强烈的本能是生存;在激烈的市场竞争环境中生存下去,创业者需要具有勇敢、善良、正直、聪明、能干的个性品质,要有问题意识及危机意识,遇到问题及危机要善于想办法、找出路,通过化解危机,将危机转化为机会。在大风大浪中锻造永不言败、永不放弃的创业品质。

【知识研修】

做事先做人,做人成功了,做事不成功是暂时的;做人不成功,做事成功也是暂时的。

一、创业者应具备的心理素质

创业者的心理素质主要体现在人的独立性、敢为性、坚韧性、克制性、适应性、合作性等方面,它反映了创业者的意志和情感。图2-1给出了不同职业人的心理素质要求。

技术人员	销售人员	自由职业者	职业经理人	创业者	变革性创业者
					感召力
				冒险精神	冒险精神
		知人之智	知人之智	知人之智	知人之智
	战略思维	战略思维	战略思维	战略思维	战略思维
	自信果敢	自信果敢	自信果敢	自信果敢	自信果敢
追求卓越	追求卓越	追求卓越	追求卓越	追求卓越	追求卓越
与人为善	与人为善	与人为善	与人为善	与人为善	与人为善

图2-1 不同职业人的心理素质要求

从图2-1可以看出,创业者需要具备六项基本的心理素质:与人为善、追求卓越、自信果敢、战略思维、知人之智和冒险精神。图2-1从左至右可以看出,技术人员需要具备的心理素质是与人为善和追求卓越,销售人员多一个自信果敢,自由职业者则要多一个战略思维,要知道客户是谁,需要什么,为什么别人会愿意付钱。职业经理人则需要再具备知人之智。作为创业者,还需要具备冒险精神。诚然,如果你想成为推动时代的变革性创业者,那还要再多一项品质,即要具备很强的感召力。

二、创业者应具备的创业品质

创业者不仅要有良好的心理素质,还要培养自主、自信、自强、自律等创业品质。

(一) 自主

自主就是具有独立人格和思考能力,不受传统和世俗偏见的束缚,能自由创造、自主创业、自立自强地坚持自己选择的道路,善于设计和规划未来,并付诸行动。出身农村的一位大学生,为摆脱贫困,学生时代创业开餐馆欠下巨额债务,但他从未胆怯,能够站起来,接受严峻考验。他从某大学社会学系毕业后,在外企工作了两年,然后开始在中关村租赁柜台卖货,他给自己立下规矩:坚决不卖假货。结果把这家小公司做成了全国最大的光磁产品销售商,随后抓住互联网商机,转做电商,取得巨大成功。

(二) 自信

自信就是充满信心,相信自己有能力去开创自己的事业,特别是在遇到失败和挫折的时候。创业者在自己公司里是名副其实的老大,要对自己有信心,对未来有信心,要坚信自己能战胜一切困难。但自信不是自负,是智者的厚积薄发。若自以为是,盲目决策,公司就会毁于一旦。京东员工曾评价其公司创始人是一头敢冲敢闯的猛兽,他的第一位投资人——今日资本创始人说他是一个"杀手级创业者","别人反对,他仍坚持"。下雪天,他坐在爆仓的仓库里深思,突然想明白了亚马逊投资物流的深意:电商不是轻公司,要花大力气建仓库物流、拓品类。他为此与投资人"吵架",最终说服投资人。如今京东能够发展良好,恰恰是因为创始人及时做好了业务布局。

(三) 自强

自强是增强自己各方面的能力,磨炼意志,树立形象,敢作敢为,不断进取,使自己成为强者。自强的实质有两条:客户多和利润多。人要伟大,必须超越自我;企业要做大,必须从"小我"升华到"大我"。

(四) 自律

创业者要自觉接受社会公德和职业道德的约束,文明经商、合法经营、依法行事、诚实守信、互助互利。要能克制个人欲望,自我约束,自我发展。不该花的钱不花,不该做的事不做,不该学的样子不学。别人烧钱,你坚决不烧钱;别人偷工减料牟取暴利,你坚决不动心,就算暂时亏本也要保证质量等。

(五) 合作

合作是指个人与个人、群体与群体、个人与群体之间为达到共同目的,彼此相互配合的一种联合行动及方式。合作源于诚信,合作产生力量。创业者既要善于合作,又要促进合作,要能够凝聚集体力量。围绕共同目标,心往一处想,劲往一处

动画:一元网购
背后的事

使。企业家既不可能也没有必要成为"超人"，但要努力成为"蜘蛛人"，要具备非常强的"结网"能力和意识。创业过程中需要与客户打交道，与公众媒体打交道，与销售商打交道，与企业内部员工打交道。因此，要宽容、豁达、顾全大局，要摒弃"同行是冤家"的狭隘观念，学会合作与交往，善于与周围的人进行有效的交流与沟通，排除障碍，化解矛盾，降低工作难度，增加信任度，提高办事效率，增加成功机会。

（六）冒险

冒险表现为不断地寻找新的起点并及时付诸行动。创业机会与风险共存，且事业规模越大，成就越大，伴随的风险也越大，需要承受风险的心理负担也越大。创业者要理性地看待风险，能够透视风险背后的机会，敢于打破常规，做出不同寻常的科学决策。只要目标明确，判断有据，方法得当，就应敢冒风险，并善于驾驭风险。华为、腾讯、比亚迪和海尔等众多企业的创始人，其生长环境和创业机缘各不相同，但无一例外都是在条件极不成熟和外部环境极不明晰的情况下，冒险抢抓机遇，敢为人先，从而取得成功。

（七）诚信

诚信包括"诚"与"信"两方面，"诚"是指为人处事要真诚，尊重事实，实事求是；"信"是指信守承诺。诚信要求创业者在行使权利和履行义务过程中，要讲究信用，恪守诺言，诚实不欺，在不损害他人利益和社会利益的前提下追求自身利益。诚实守信，既是一种美德，也是立人做事的根本。创业者作为商人，需要把"商"和"人"完美结合起来。"商"推崇公平交易，提倡在商业活动中秉承诚实、守信等原则；"人"是人性的培养和历练，除依靠产品的质量、性能、价格赢得客户、市场、信誉外，更重要的是以自身的人格魅力征服对手和客户。创业者如待人处事真诚、老实、讲信誉，言必信，行必果，一诺千金，就会在复杂的人际关系中如鱼得水，赢得人心，在创业的道路上多一分理解与支持。晋商老票号讲究"守信、讲义、取利"，把"守信""讲义"放在"取利"之前，把信用看作事业的生命线，成就了晋商老票号的辉煌。

（八）顽强

创业者对意想不到的问题、困难、挫折甚至失败要泰然处之。每一个创业者，都是在经历了百折不挠、坚持不懈后才走向成功的，立竿见影、迅速见效的事是极少的。纵观世界知名公司，没有哪一家伟大的公司是第一天就十全十美的，也没有哪一个产品开发是一步到位的，更没有哪一个商业计划书刚开始就是完美无缺的。

创业不一定马上就能成功，也不一定马上就要成功。创业者要有一颗持之以恒的顽强进取心，百折不挠、坚持不懈的顽强毅力和意志。遇事沉着冷静，思虑周全，一旦做出行动决定，便咬住目标，坚持不懈，纵有千难万险，也不轻易改变初衷。只有顽强坚持正确的价值取向，才能让自己长久立足。

（九）创新

创新是新思维和创造力的综合体,是创业企业的利润源泉和创业成功的根本保证。创业者要根据党的二十大报告提出的"增强自主创新能力"的要求,坚持学而后创,创然后学,善于总结前人和自己失败的教训,找出创新的方法和途径。要在实践中提高创新能力和创新意识,学会借鉴和组合,即借鉴别人的经验再加上自己的创新,组合成为自己需要的东西。要树立问题意识,在解决问题的过程中锻炼创新能力。要养成思考的习惯,遇到问题要注意从多方面考虑和解决,并在解决问题中发现创新的题材和内容。

（十）适应

适应是个体在与社会环境的交互作用过程中,主动地顺应环境,调控和改变自我认知,最终达到与社会环境和谐平衡的动态历程。适应包括思想和行为两个方面,思想和行为要能复合在一起,并随周围环境的变化而不断进行动态调整。适应是化解危机的最大智慧,创业者要因客观变化而"动",灵活地适应变化,以极强的信息意识和对市场走向的敏锐洞察力,瞄准行情,抓住机遇,不失时机、灵活地进行调整。在外部环境和创业条件变化时,能以变应变,冷静分析,找出原因,解决问题。力争将不利变为有利,将被动变为主动,将压力变为动力,反败为胜,以弱胜强。创业中有些企业拿到大笔 VC（风险投资,venture capital）后反而很快死去了,有些没拿到钱的企业反倒克敌制胜赚到了钱,这样的案例比比皆是。

（十一）自省

自省是指自我反省,即经常地、冷静地回顾自己的思想和行为,寻找并克服自己的缺点,不断改正错误。要严谨的审视自己,时刻自省,有错误时及时反省,才能够以更好的状态让自己变得更加优秀。创业是一个不断摸索的过程,创业过程中难免犯这样或那样的错误,自省能力和自我反省精神能够帮助创业者渡过难关。自省就是认识错误、改正错误,不断学习。创业者是否具有自我反省的能力,是否具备自我反省的精神,决定了创业者能否及时认识错误并改正错误,能否及时学到新东西。

（十二）热爱

热爱是指全身心地投入某种有意义的活动,发挥出自己内在的全部潜能。热爱就是为自己喜欢又对社会有益的事业去奋斗、去付出,享受其酸甜苦辣的全过程。创业者要了解自己的兴趣、激情和能力,并在自己热爱的领域创业,只有全力以赴,才能发挥出超常的能力与智慧。就像一个人抱着自己 10 千克重的孩子并不觉得累,而抱着 10 千克重的石头却坚持不了多久一样。要使自己的才华和潜能发挥出来,就要使自己的兴趣爱好迁移到创业项目上,并且愿意与此相伴一生。

任务二　思维转变靠方法——活用创新思维

【引导案例】　轻松"扛"起 100 千克避雷线

　　国家电网技术员李卫军的发明创新,源于 110 千伏高压线检修时的尴尬遭遇,当时技工学校毕业不久的李卫军负责更换一个损坏的线路金具——U 形环,因为经验不足,再加上身体单薄,他无法将重达 100 千克的避雷线扛起,虽然在同事的帮助下勉强完成了任务,但这件事对李卫军的冲击很大:重达 100 千克的避雷线一定需要人来扛吗? 为什么不发明一种既省力又安全的机械装置,让作业人员在高达 21 米的危险环境中轻松自如地操作呢?

　　岗位的驱使,工作的需求,牵引着李卫军踏上了创新之路。经过艰苦地试验、学习、探索、总结与反思,他的杆塔地线提升器研制成功,并获得公司创新创效三等奖。此后,一发而不可收,李卫军靠自己的经验和积累,改良设计出三种新的作业工具,通过多次现场对比试验,他将每一种方案的优点有机融合在一起,又研制成功了双分裂导线固定器。既减少了作业步骤,节省了作业时间,又提高了安全性,节省了作业经费。

【项目思考】

　　李卫军的自问"100 千克的避雷线一定需要人来扛吗"蕴含着什么思维? 李卫军从中得到什么启发? 这个故事对你有何启示?

【项目启示】

　　世界上有很多的规则和标准,虽然有其固有的理由,但是如果我们不清楚这样做的原因,就不会与时代发展同行。绝大部分的创新都是由问题、挑战、逆境以及改变带来的。作为当代青年,要突破思维定势,凡事多思考,看能否找到更好的方法达到最佳效果。这样才能形成独到的创新眼光和风格,助力岗位创新及自主创业获得成功。

【身边的创业导师】

　　思维定式常表现为一种程式化趋势,实际生活中,人们一般都有某种不自觉的习惯性思维,它对创新的影响最为直接。

　　虽然思维定式对常规思维有利,它在处理同样问题的时候能使人应用已掌握的方法迅速解决问题,少走弯路。然而,当情境发生变化时,它会妨碍人们采用新的方法,即妨碍创新。面对纷繁复杂、乱无头绪的信息时,如何防止陷入传统的"非对即错"的思维定式陷阱,这就需要创新思维。

动画:善用创新思维的小白兔

创新思维是人类在认识和改造客观世界的活动中所运用的具有创新意义的思维。谁运用创新思维，谁的天地就宽阔；谁实践创新思维，谁的创造成果就丰硕。如办公室上班一族，已经习惯在办公室里午休，这里似乎没有商机。可对有创新思维的人来说就不一样了，午休重在"休"字，只要围绕"休"字做文章，商机随处皆是。如做一套包括睡袋或气垫床垫、充气枕头、小线毯、遮光眼罩、橡胶耳塞等经济实惠的午休"装备"，或者是为了适应办公场所紧张而设计一款加长折叠椅，打开后可以舒服地把腿搭上，叠起来之后可以轻松带走。让上班族掏个二三百元，就既能让他们在办公室安然入睡，又能让自己赢得商机。

【知识研修】

成功的创新不论大小，一定有方法。激发商业创意的方法很多，但是真正独创的、好的创意的产生，需要人们采用系统、有效的创新思维方法。

一、发散思维方法

发散思维又称求异思维，是指在创新过程中，突破已有的知识范围，通过发挥想象力，从同一思维出发点沿着不同方向去思考，以探求多种答案的思维过程和方法。它表现为思维视野广阔，思维呈现出多维发散状。如"一题多解""一物多用"等。发散思维的具体方法如图2-2所示。

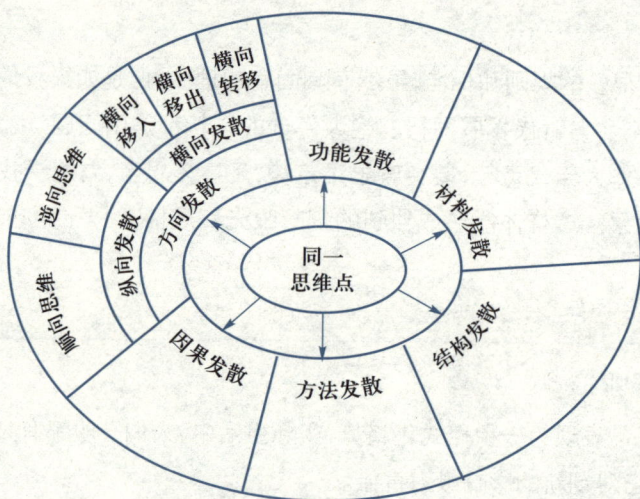

图2-2　发散思维方法示意图

（一）功能发散

功能发散指从某种事物出发设想它的多种功能，或从某种功能出发设想达到这种功能的多种途径。如铅笔不仅能写字，还能用来替代尺子画线、作为礼品送朋友、当商品出售获利；铅笔的芯磨成粉后可以做润滑粉；遇到坏人时，削尖的铅笔还能用于防身。

（二）材料发散

材料发散指以某个物品为材料，当作发散点，设想它的各种用途。如以曲别针为材料，把曲别针的总体信息分解成重量、体积、长度、截面、弹性、颜色等10多个要素，然后分析找出曲别针的各种用途。

（三）结构发散

结构发散指以某种事物的结构为发散点，设想出利用该结构的各种可能性。如圆形结构的物体（如太阳、水滴、酒杯等）。

（四）方法发散

方法发散指以某事物的使用方法为扩散点，设想它的各种用途。

【随堂训练】

有一家味精厂，产品质量好，瓶子内盖上有4个孔，顾客使用时只需甩几下，很方便，可是销售量一直徘徊不前。全体职工费尽心思也无法解决问题。后来一位家庭主妇提了一条小建议：在味精瓶的内盖上多钻一个孔，厂方采纳后，不费吹灰之力便使销售量提高了近1/4。请问主妇的建议是怎样发挥作用的？观察一下你的牙膏口、你家厨房带孔的调料瓶，看看能从中受到何种启示？

（五）因果发散

两个事物的各个属性之间可能存在着同一种因果关系，据此可以根据一个事物的因果关系，推出另一个事物的因果关系。如人们发现种植豆类植物时，不需要施氮肥，经过仔细观察，发现各种豆类植物的根部有根瘤，能使土壤增氮，各种非豆类植物都没有根瘤，需要施氮肥，由此想到如果在种过豆类植物的土地上种植其他农作物，是不是能够提高作物的产量呢？实验证明这个思维是正确的。

（六）方向发散

方向发散指以事物发散的方向为扩散点，进行思维创新的方法。按发散的方向不同可分为纵向发散和横向发散。

（1）纵向发散是按逻辑推理的方法直上直下地进行思维。按其发散的方向不同又可分为顺向思维和逆向思维。

顺向思维是按照逻辑、规律、常规顺序考虑实现目标的手段和方法。如早期的手机只能打电话，随后陆续添加短信功能、照相功能、摄像功能、播放视频功能、录音功能、收发邮件功能、上网功能和强大的操作系统功能，于是就形成了当今集娱乐和商务功能于一体的智能手机。

与顺向思维相对的是逆向思维,逆向思维是指改变人们通常从正面探求的思维习惯,有意识地从相反的方向思考和创新。

(2)横向发散是从侧面或侧向去寻找解决问题的方法。即从别的方面、方向入手,拓宽思维广度。横向发散可分为横向移入、横向移出和横向转移。

① 横向移入是指在解决问题时侧视其他方向,将注意力引向更广阔的领域,并把其他领域已成熟的、较好的办法或其他事物的特点、原理移植进要解决的问题上,加以革新运用,最终实现突破创新。

一些企业将光伏发电与治沙结合在一起,选择荒漠化程度严重但太阳能资源富集的地区铺设光伏组件,探索出"板上发电、板下种植"模式,实现光伏和治沙的资源互补。在荒漠,充足的日照为光伏发电提供所需的土地资源和光照资源;安装的光伏板除了挡风防风外,还能吸收光照、降低土地温度、减少土壤水分蒸发、增加土壤水分累积,以利于在太阳能板下规模化种植富含优质蛋白的优良耐旱牧草,形成灌丛草场。在光伏提供源源不断的清洁绿电的同时,为荒漠化土地治理提供更好的解决方案。

② 横向移出是指将已有的成果或设想从所处的领域中摆脱出来,外移推广到别的领域,以产生新的运用效果。尼龙质轻、耐磨、耐腐蚀,诞生初期主要用作降落伞、军服等战备物资。为了扩展市场,用于制造工程塑料以代替钢、铁、铜等材料,又创新出阻燃尼龙、增强尼龙、增韧尼龙、增强增韧尼龙等,广泛应用于冶金、矿山石油、化工、煤炭、纺织、造纸、食品、印刷、建筑、交通等行业。进一步创新又衍生出透明尼龙,其透光率不仅优于 PC 和玻璃,而且还具有拉伸强度好、硬度高、吸水率低、质量轻、耐磨等特点,广泛应用于电子电气、汽车制造、精密零部件制造、工业涂料、光学、消费品等领域。

③ 横向转移是指不按最初的设想或常规方式解决问题,而是将问题或解决问题的手段转换成其侧面问题或侧面手段的思考方式。

有一家三口人,夫妻两个和一个 5 岁的孩子决定搬进城里,于是去找房子。他们跑了一天,直到傍晚,才好不容易看到一张公寓出租广告,于是赶紧找到地址,敲门询问。门开时丈夫鼓起勇气问道:"这房屋出租吗?"房东遗憾地说:"啊,实在对不起,我们公寓不租给有孩子的住户。"丈夫和妻子听了,难过地默默走开了。那个 5 岁的孩子把事情的经过从头至尾都看在眼里,于是自己折回去敲房东的大门。门开了,这孩子精神抖擞地说:"老爷爷,这个房子我租了。我没有孩子,我只带来两个大人。"房东听了之后,高声笑了起来,愉快地把房子租给了他们。

在思维过程中,人们往往将纵向发散思维和横向发散思维交叉运用,即用横向发散思维找出合适的线索,然后用纵向发散思维深入思考,以求获得新的思路或创造灵感。

发散思维要求人们的思维向四方扩散,无拘无束,海阔天空,异想天开,充分体现了思维的敏捷性和联想的丰富性,是创新思维不可或缺的宝贵思维品质。

二、收敛思维方法

收敛思维也称"聚合思维",是指把问题相关的各种信息聚合起来,朝同一个方向设想,构思出一个正确的答案。其主要特点是求同,其思维方法主要有求同组合法、归纳综合法和目标确定法。

(一) 求同组合法

求同组合法指寻找一个共同点,把所有感知到的对象依据一定的标准"聚合"集中为一个。即通过有机整合,产生新功能。

(二) 归纳综合法

归纳综合法是指在思考问题时,透过表层,层层分析,向问题的核心步步逼近。逐步省略或抛弃那些非本质的、繁杂的表面特征,揭示出隐藏在事物表象内的深层本质,形成更为全面、更高瞻远瞩、更富于创意的意见。这种能力也可称为"求合"能力。

海尔创始人是一位很善于总结的企业家。海尔的日清日高、斜坡理论、吃休克鱼、赛马不相马、市场链、即需即供等,都是通过对企业管理实践进行归纳总结升华来的。正是由于他善于运用归纳综合法,及时将实践经验升华为具有普遍应用价值的管理理念,才使海尔发展成一家享誉世界的家电企业。很多经验是从实践中来的,依靠总结使之不断丰富、深化和发展,最终形成企业的综合能力。因此,创业者要善于总结,通过总结出经验、出教训、出创意、出知识、出思想。这样,企业才会不断成长,最终获得成功。

(三) 目标确定法

目标确定法是指在解决问题的过程中,确定目标后,层层剥离表面的、虚假的、枝节的内容,直逼核心,找出事物的本质和关键,以此来寻求问题答案。

收敛思维与发散思维共同构成了创新思维的两条基本思维路径,发散思维向外扩张,收敛思维向内聚焦,发散思维所取得的多种答案,只有经过收敛思维的综合、比较、选择等才能最终做出决策。大多数创新成果的获得往往都是发散思维和收敛思维共同作用的结果。

三、想象思维方法

想象思维是人脑对存储的形象进行加工、改造或重组,从而形成新形象的思维活动。想象思维分为无意想象和有意想象两种类型。

(一) 无意想象

无意想象是指无目的、无计划的自由想象。既可以是想入非非的梦想,也可以是无根据的假想、猜想,还可以是不切实际的幻想、妄想。虽然有时荒诞、离奇,但常常会引导人们产生创新灵感,帮助人们找到解决实际问题的思路或方案。

奇正藏药创始人自主创业失败后一度陷入迷茫,只身前往西藏旅游去换心境,旅游期间她被西藏的神奇药用植物和矿物所吸引,在研究精通传统藏药制作、药理等知识后,她利用现代科技对西藏地区所独有的一些药材进行提纯和深加工,二次创业取得巨大成功。

（二）有意想象

有意想象是一种有目的、有意识的受主观意志支配的想象,包括两种类型:

1. 再造想象

再造想象指根据语言文字的描述或图样的示意,在大脑中随即形成相应的形象思维的过程。

【拨云见日】

另 类 家 书

从前,有个商人在外地做生意,托同乡带 100 两银子和一封书信给妻子。同乡在路上打开信一看,原来只是一幅画,上面画着一棵大树,树上有 8 只八哥,4 只斑鸠。同乡大喜,心想:"既然信上没写多少两银子,那我留下 50 两,反正她也不知道。"于是,同乡将书信和银子交给商人的妻子以后,说:"你丈夫捎给你 50 两银子和一封书信,你收下吧!"商人的妻子拆开信,一看便说:"我丈夫让你捎带 100 两银子给我,怎么成了 50 两啊?"那同乡见被识破,赶紧把那 50 两银子还给了商人的妻子。请问:商人的妻子怎么知道带来的是 100 两银子而不是50 两呢?

【启示】商人虽不会写字,但富有想象力,绘图暗藏寓意。妻子能看图识意:画上 8 只八哥的意思是八八六十四,4 只斑鸠的意思是四九三十六,合起来就是 100 两银子。商人写信用图画,妻子读信是解画,两人都善用再造想象思维。

2. 创造想象

创造想象指完全不依据现成的描述和引导而独立创造出新形象的思维过程。如在发明创造过程中形成新概念、构思新形象、设计新产品、研制新技术的过程,都是创造想象。

四、联想思维方法

联想思维以表象和意象作为最基本的元素和手段,由眼前的某个事物形象想到记忆中的另一个事物形象;也可以由记忆中的某个事物形象想到记忆中的另一个事物形象。天下万物都是相互联系的,人们可以通过联想等发现事物之间的这种联系,从而获得创造性成果。比如高山和镜子,看似风马牛不相及,但用联想思维可联系起来:高山—平地—平面—镜面—镜子。

联想思维作为探索未知的一种创造性思维活动,能启发人们将不同事物联系起来,产生新的发明创造。如太空中,人和物都处于失重状态,随意地漂浮着,就连一条绳子也不例外。当宇航员离开飞船作业时,身上要系一根绳子跟飞船保持联系。这根绳子要软,便于宇航员操作运用;这根绳子也要硬,便于宇航员能顺利地抓住。为找到一条既"软"又"硬"的绳子,一位工程师苦思冥想,百思不得其解。一天他经过一家玩具店,偶然看见商店橱窗里放着一只玩具狗,突然联想起自己小时候玩过的一种"串珠小狗",这种"串珠小狗"的腿和尾巴是用细绳穿上珠子做成的,把绳子放松,小狗就瘫软在地上;把绳子拉紧,小狗就会立即站起来。这个想法经过试验获得了成功,从而创新出"太空救生绳"。

联想总是由此及彼,发现原来以为没有联系的两个事物或现象之间的联系。这个"联系"可能是外形、颜色、结构、原理、作用等。但联想能力的大小取决于一个人知识积累和经验丰富的程度。如果鲁班没有长期对木工的思考,即便多次被草划伤,也不会产生联想并由此发明"木工锯"。

五、直觉思维方法

直觉思维是人脑对于突然出现的新事物、新现象、新问题及其关系的一种迅速的识别、敏锐的洞察、直接的本质理解,以及综合的整体判断。如不用通过逻辑思维,就可以轻松识别狗和猫、鸡和鸭。

六、逆向思维方法

"冬天来了,春天还会远吗?"时间尚在冬天,却想到春天。逆向思维也称求异思维,是将通常的思维顺序颠倒过来,从相反的方向进行思考,以求获得出乎意料的答案的思维方式,即"反其道而思之"。实践中,只要从一个方面想到与之对立的另一个方面,都是逆向思维。具体包括以下几种:

(一)原理逆向

原理逆向是指从已知事物的原理相反的方向思考的思维方法。如爱迪生发现送话器的听筒音膜有规律的振动,沿着相反方向思考得到了声音产生振动的原理,于是发明了留声机。原理逆向思维是进行发明的有效方法。

动画:创新需要新思维

(二)结构逆向

结构逆向是指从已有事物的逆向结构形式中去思考。如第四届中国青少年发明创造比赛一等奖作品"双尖绣花针",发明者是武汉市义烈巷小学生王帆,这种绣花针把针孔的位置设计到中间,两端加工成针尖,一个简单的结构位置变化使绣花速度提高了近一半。

在爱迪生之前,有人已经发明了用碳丝做灯丝的电灯泡,但由于碳丝比较

粗,使用中非常容易断,没有商业开发价值。长期以来,由于人们的常识以为灯丝越粗,灯泡的使用寿命就越长,故一直难以创新。爱迪生的想法与常人相反,他试用比原来直径细一半的碳丝做灯丝,没想到使用寿命反而大大提高,且意外地增加了亮度,从而具备了商业开发价值。

（三）功能逆向

功能逆向指从原有事物功能相反的方面去设想寻求解决问题的思维方法。如拖拉机问世后,主要用于拖拉货物或农具进行田间耕作。后来有人从功能逆向角度出发,想出让拖拉机向前推,在前面装上大铁铲,从此推土机产生了。

一家中国企业从德国风力发电机供应商处购买了一个世界上最先进的发电机的生产许可。但发现这个设计和市场上性价比最高的扇形机不相容,德国工程师又无能为力。该企业运用逆向工程原理,对发电机进行了重新设计,生产出替代产品,获得持有原来设计许可权的德国企业的高度重视,并且给这家中国企业支付了逆向工程许可权费用。

我国一些新创企业利用逆向工程原理,通过对现有的高附加值产品进行再设计,使零配件变得更简化、材料费用更低、产品生产更容易,从而以较低的价格生产制造出原来价格昂贵的设备。这不仅大幅度提升了产品竞争力,而且吸引了西方高科技企业到中国寻求合作。

（四）状态逆向

状态逆向是指从事物某一状态的逆向方面进行思考,引发创造发明的思维方法。如过去,木匠用锯和刨来加工木头,都是木头不动工具动（实际是人动）,人的体力消耗较大。运用状态逆向思维,改为工具不动木头动,发明出电锯、电刨,大大提高了效率,减轻了劳动量。

（五）程序或方向逆向

程序或方向逆向指颠倒事物发展变化的构成顺序、排列位置而进行的思考方式。如火车车窗原来都是由下向上推开的,这样在快速行驶时进风直扑人面,过于激烈。现在改为由上向下开启,进风口在上面,避免了直接对着人猛吹。

（六）观念逆向

观念逆向是指对常人认可的常规观念进行逆向思考,做和别人不一样的事。别人做得复杂,你就要简单;别人做得贵,你就做得便宜等。如司马光无力爬进缸中救人,就破缸救人。有一家玩具公司的老板偶然发现几个孩子津津有味地玩弄一只丑陋无比的小昆虫,便突发奇想,研制出"丑陋的玩具",开发了"疯球",即用橡皮材料做的一串有着许多古怪面孔的小球,形象十分丑陋。"丑八怪"的皮肤呈绿色,头发枯黄,突起的眼珠布满血丝,眨眼时发出的古怪叫声特别刺耳。令人吃惊的是,玩具投入市场后,十分畅销,营业额一路攀升。

（七）时间顺序逆向

传统的农耕原则是:"种菜种瓜要抢先,迟了不值钱。"突出的是一个"早"字。

因为早能争得经营优势,卖出高价。现在富有创新意识的农民,一反常规,反弹琵琶,偏在"迟"上做文章,以迟取胜。像越冬西红柿、秋西瓜、冬天结果的桂圆等许多反季农产品四季不断。物以稀为贵,这些反季节瓜果蔬菜反而给农民带来良好的经济效益。

七、质疑思维方法

疑是思之始,学之端。质疑思维是以怀疑的态度,通过不断的追问,获得更多新的信息,从而达到创新目的。牛顿在23岁时发现"苹果落地现象",从而引起了他的思考,"为什么苹果会落地呢?"正是牛顿对苹果落地的思考,使他获得了伟大的成就。

八、组合思维方法

组合思维是把多项貌似不相关的事物通过想象加以连接,从而使之变成彼此不可分割的新的整体的思维方式。几种物质的组合有时能产生奇异效果,会导致新物质或新产品的诞生。如无人机在20世纪初就有了,但一直用于军事或专业领域,大疆公司通过把无人机和摄像头这两个要素巧妙地组合在一起,就变成了全新的消费级航拍无人机,一下打破了航拍市场格局,迅速成为行业翘楚。

常用的组合方式包括同物组合、异物组合、重组组合、共享与补代组合以及过渡组合法等。

九、灵感思维方法

灵感思维是指经过长期冥思苦想之后,瞬间产生的新设想、解决问题的新思路等突发思维活动。灵感思维是突如其来、瞬间产生的,是一种顿悟。灵感具有偶然性、神秘性和不确定性。因此,当灵感一闪现,应马上掏出纸笔记录下来,经进一步思维加工和实验,或许就是很有价值的创造成果。但是,灵感绝不是从天上掉下来的,它来源于艰苦学习,长期实践,是经验和相关知识不断累积的成果,是通过勤奋思考获得的。

任务三 观念一变万象新——巧用创新技法

【引导案例】 实施"产品－市场匹配"创新,引领企业快速发展

字节跳动创始人非常重视技术与业务的融合,并以此驱动技术产品创新,引领企业发展。他认为,技术必须深度融合业务,才能引领企业创新,帮助企业建

立技术壁垒,驱动用户爆发式增长。如抖音的全屏体验设计,就是在产品技术团队深入了解网络达人的创作以及用户的反馈后,认为全屏是手机最佳的视觉体验,而且手机自带的视频拍摄工具也默认全屏这一全链条基础上做出的创新。抖音的音乐也是如此,产品技术团队发现年轻人总是戴着耳机,不论走路、乘车、等地铁,还是运动,都戴着耳机。为了满足年轻人对音乐和画面的结合需要,技术团队花了将近两个月时间,解决音乐画面同步的技术难题,给用户带来良好的体验。

为在公司全面贯彻技术融合业务,驱动企业创新,字节跳动创始人提出了"产品－市场匹配"的创新理念。为实现用户体验、产品创新的高度一致,产品研发部门与市场部门在一起办公、一起做用户访谈、一起分析产品运营数据。以抖音电商业务为例,该项目在发展过程中对技术部门提出了很多需求,火山引擎是字节跳动技术中台能力的对外输出,支持一项全新的业务,数据产品会面临多种挑战。第一是实时,无论是主播还是运营,他们对数据实时性的要求都很高。今天主播讲一件商品,可能在接下来的 5 秒钟,就有几万单甚至几十万单的订单产生,所以需要进行实时数据反馈,以便让运营人员快速准确地进行选品调整。这给数据产品造成了很多"麻烦"。但正因为这些"麻烦",才使得数据产品能更好地改进,让抖音电商的效率快速提高,实现了公司技术和业务互构,互相塑造、共同成长。

【项目思考】

要想抢占市场就要找到用户的痛点,并通过完善的技术创新加以解决,字节跳动的"产品－市场匹配"创新理念对其成功具有什么影响? 你从中得到了什么启示?

【项目启示】

企业产品是要通过市场变现的,只有"产品－市场匹配",才能聚焦用户增长,快速抢占市场。"产品－市场匹配"是动态的,必须紧跟潮流及时迭代更新产品。

【身边的创业导师】

"观念更新,万两黄金。"面对当今的互联网大潮,创业者不能墨守成规,要以开阔的眼界和怀疑一切的思维来观察国内外变化,以应变、善变的精神,凭借其技能和经验去发现商机并抓住商机。

在激烈的市场竞争中,当产品不断趋于同质化以后,除了常用的竞争手段以外,如何异军突起,突出重围,领先于竞争者? 答案是怀疑现有模式,并通过怀疑去不断创新、再创新。

【知识研修】

创新技法是创造学家总结概括出的一些创造发明原理、技巧和方法。借鉴使用这些方法及技巧,可有效提高人们的创造能力。主要思维形式及创新技法类型如图 2-3 所示。

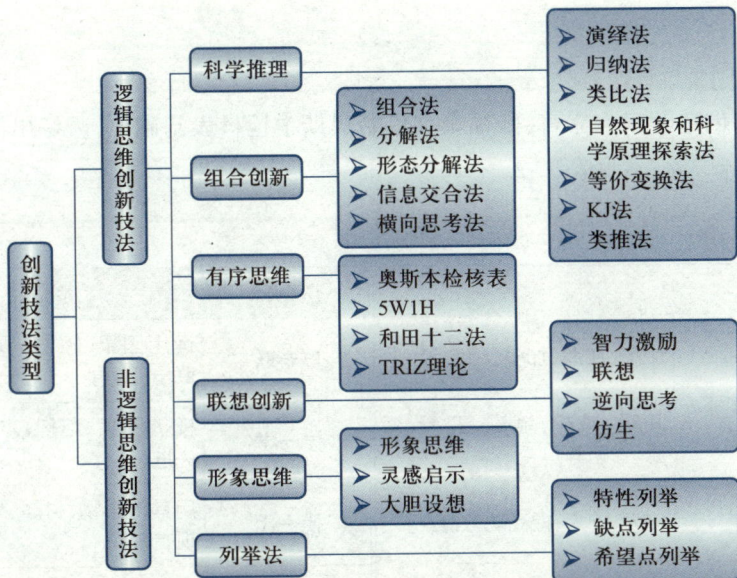

图 2-3　主要思维形式及创新技法类型

动画:创新无止境

现就常用的几种创新技法做简单介绍。

一、5W1H 法

任何创新都始于事物的不完美,只要善于对现有的事物和产品提出疑问,就能通过疑问发现问题,进而找到创新的方法。因此,遇到问题只要多问一下"是什么""为什么",下一步该"怎么办",就能借助缺点列举法找到缺陷,进而挖掘问题深层次和实质性的问题,有针对性地提出更多的可行性设想和解决方案。具体提问方法见表 2-1。

表 2-1　5W1H 法设问表

方面	第一次提问	第二次提问	第三次提问
目标	是什么?	为什么要确定这个目标?	有无其他目标?
地点	在何处做?	为什么在这里做?	有无其他更合适的地点?
时间	在何时做?	为什么在这时做?	有无其他更合适的时间?
人员	由谁做?	为什么由此人做?	有无其他更合适的人选?
方法	怎样做?	为什么要这样做?	有无其他更合适的方法?
理由	为什么?	为什么是这些理由?	有无其他更充足的理由?

实际实施中,提问的三个层次可以改变,提问的项目也可以不限于5W1H所限定的六个方面,可以随着问题的复杂性、需求和事物自身的性质而定。随着三次提问的逐步深入,可进一步提出能引发创意的疑问,发现其中的因果关系,从而悟出解决问题的新点子或新方案,创造出新问题。

二、和田十二法

我国创造学家许立言、张福奎在借鉴奥斯本检核表基础上,凝练出简洁好用的"和田十二法"。见表2-2。

表2-2 和田十二法

方法	释义	方法	释义
加一加	加高、加厚、加多、组合等	联一联	运用因果、因素、事物联系,联出新功能
减一减	减轻、减少、缩短、变窄、变薄、省略等	学一学	模仿形状、结构、方法,学习先进
扩一扩	放大、扩大、提高功效等	代一代	用其他事物、材料、方法代替现有事物
缩一缩	改变形状、颜色、气味、音响、次序等	搬一搬	原有方法、设施、技术移作他用
变一变	改变结构、形状、尺寸、颜色、声音、味道等	反一反	能否前后、左右、上下、正反、横竖、里外颠倒等
改一改	扩张、压缩、微型化、弯曲、扭转等	定一定	制定界限、标准、规范、制度等

和田十二法主题突出、思路清晰、易记易懂、实用性强。引导人们从12个最常见的方面进行创新,通过持续创造推动科技进步。以"扩一扩"为例,在冰箱放鸡蛋的格子旁边增加一个传感器,当冰箱里的鸡蛋只剩下两个时,就告诉你只剩两个了,需要补充;牛奶放到第7天的时候,就告诉你不能再喝了。这样冰箱就变成了家庭膳食管理工具,冰箱企业盈利模式就变了。

"改一改"用的就更多了。如将滚珠轴承的圆球滚珠改变成圆柱形,发明滚柱轴承;手动抽水马桶改为自动感应式抽水马桶等。

【创新素养】

"改一改"改出新气象

相对油漆甚至水性涂料而言,粉末涂料的涂装和固化相对简便,不需要大量排风以避免燃烧爆炸,也不需要缓慢加热以避免气泡。可以采用红外加热等高效快速的加热方式。粉末涂装不仅具有环保、节能、优质、高效和经济等优点,而且还具有较好的柔韧性、附着力、硬度、耐候性和耐腐蚀性能。

许多汽车总装企业利用"改一改"，在"总成电泳＋面漆工艺"革新基础上，采用"车架散件电泳＋总成喷粉"工艺，在采用散件电泳解决多层板车架产品夹层锈蚀问题的基础上，通过总成喷粉工艺解决铆钉、生产磕碰划伤、装错、老化、耐盐雾性等问题。不仅彻底解决了夹层锈蚀、流黄水、发白、老化等困扰车架行业多年的难题。而且车架喷粉不增加 VOC（挥发性有机化合物）排放，更有利于自动化、智能化喷涂，符合卓越绩效准则的企业社会责任基本理念。

【启示】党的二十大报告指出："统筹产业结构调整、污染治理、生态保护、应对气候变化，协同推进降碳、减污、扩绿、增长，推进生态优先、节约集约、绿色低碳发展。"创业者应注意要将低碳环保理念运用到产品设计、生产、包装及流通的全过程中，通过创新及改革，全力做到整个产品生产过程低消耗、低污染。

杭州一位同学用"定一定"发明出"定位防近视警报器"。他利用微型水银密封开关，将其与电子元件、发音器一起安装在头部定位机上，经调节，规定头部到桌子的距离，当头低到超过这个规定的位置时，微型水银开关就接通电源，并发出警告声，提醒人要端正坐姿。

创新往往就是从这些看似很小的改进中，通过逐步迭代而抢占先机，获得竞争优势。

三、TRIZ 理论及应用

TRIZ 理论是苏联科学家阿奇舒勒创立的一套结构化创新方法。阿奇舒勒经对当时所有专利的统计分析，发现发明创造不外乎四十条原理，见表 2-3。

应用 TRIZ 取得成功的关键在于没有理解问题的本质前，要不断地对问题进行细化，一直到确定问题所在。只要产品的初始状态与理想状态之间存在距离，就存在问题，就可通过单步或多步变换实现或接近理想状态。

TRIZ 理论成功揭示了创造发明的内在规律和原理，比传统方法更系统化、流程化，易于操作。其每个方法都有独特的价值，为我们指明产品创新可以采取的手段。分割原理是虚拟或实际地将系统分割成几个部分的程序，以隔离有害部分（特征）或整合有用部分（系统性质）。云计算就是将大的计算分割后分配给不同的计算机完成。抽取原理是从整个系统中抽取出有害或有用的元件或特征，然后对有害特征加以单独处理或者替换；对有用特征加以增强以达到创新的效果。手机的发明，就是将传统电话中的通话线分离出来并以无线信号代替创新的结果。很多世界知名企业也运用 TRIZ 理论取得了创新成果。例如，波音公司就是利用该理论解决了飞机空中加油的关键技术问题。

表 2-3　TRIZ 四十条创新原理

编号	原理	编号	原理	编号	原理	编号	原理
1	分割	11	预置防范	21	减少有害作用时间	31	多孔化
2	抽取	12	等势	22	变害为利	32	色彩改变
3	局部质量	13	反向作用	23	反馈	33	均质性
4	非对称性	14	曲线曲面化	24	借助中介	34	自弃或再生
5	组合合并	15	动态	25	自服务	35	性能转换
6	多用性	16	部分超越	26	复制	36	相变
7	嵌套	17	多维变化	27	廉价替代	37	热膨胀
8	重量补偿	18	机械振动	28	机械系统替代	38	逐级氧化
9	预先反作用	19	周期性动作	29	气压及液压结构	39	惰性环境
10	预先作用	20	有效动作持续	30	柔性化	40	复合材料

案例：TRIZ 理论的 40 个发明原理解析

【创新素养】

将无限的复杂创新变成有限的简单创新

查尔斯·固特异穷其一生发明了硫化橡胶。爱迪生的碱性电池发明经历了 50 000 多次失败。这一方面说明发明家非常勤奋与努力，另一方面说明传统的"试错式"创新思维效率低下。创新发明过程中的问题是无限的，但主要问题是有限的，只要找出并解决主要问题，就会大幅提高创新效率。TRIZ 理论就是抓住主要矛盾，将大量难度大的创新转变为几个简单创新工作的便捷高效方法。

项目测试

一、单项选择题

1. 春秋战国时期，田忌与齐王赛马，田忌打破惯例以次马对齐王良马，良马对齐王中马，中马对齐王次马，从而以三赛两胜战胜齐王。田忌的思维方法属于（　　）。

A. 联想思维　　　　　　　　　　　　B. 逆向思维

C. 收敛思维　　　　　　　　　　　　D. 发散思维

2. 在一些特定的场合，一根手用锯条可以产生意想不到的作用。如可以当直尺，短距离划线；折断后可以当划针，在钢、石棉板等物品上划线；可以当铲刀,用于清理平面上的积垢和附着物;可以当粗纹锉刀用等。这种思维方法属于( )。

  A. 发散思维   B. 收敛思维

  C. 逆向思维   D. 灵感思维

  3. 一支南极探险队在基地遇到一个难题:在输油管不够长的情况下,要把基地的汽油输送到探险船上。队长苦思冥想,想到了用冰块做管子且不至于使它破裂的办法:他把医疗用的绷带缠在铁管子上,然后在绷带上浇水,等水结冰后,再抽出铁管,取得了成功。这种思维方法属于( )。

  A. 想象思维   B. 联想思维

  C. 灵感思维   D. 组合思维

  4. 一位大爷挑选出 3 个西红柿,摊主称了一下:"一斤半 3 块 7 毛钱。"大爷说:"做汤不用那么多。"摊主拿下最大的说:"一斤二两[①],3 块。"大爷递给摊主 7 毛钱,拿起去掉的那个大西红柿走了。大爷用的逆向思维方法属于( )。

  A. 原理逆向   B. 结构逆向

  C. 状态逆向   D. 程序或方向逆向

二、多项选择题

  1. 创业者应具备的心理素质包括( )等几个方面。

  A. 知人之智   B. 自信果敢

  C. 冒险精神   D. 战略思维

  2. 收敛思维方法主要包括( )。

  A. 求同组合法   B. 归纳综合法

  C. 想象思维法   D. 目标确定法

  3. 有序思维包括( )等几种类型。

  A. 和田十二法   B. 5W1H

  C. 奥斯本检核表   D. TRIZ 理论

  4. 和田十二法引导人们从 12 个最常见的方面进行创新,通过持续创新推动科技进步,具有( )等特点。

  A. 主题突出   B. 思路清晰

  C. 易记易懂   D. 实用性强

三、思考题

  1. 发散思维方法主要包括哪些类型?

  2. 横向发散思维主要包括哪些类型?

  3. 要求每题用 1~2 分钟时间,从下列各组词汇的第一个词开始,开展接近、

[①] 1 斤 =500 克, 1 两 =50 克。

相似、对比或因果联想，经过若干中介联想对象，最终到达第二个词，要写出中间步骤和联想种类。

（1）风——马、牛。

（2）面包——瀑布。

（3）高射炮——吉他。

（4）松树——磁带。

（5）铅笔——人造卫星。

4．用"和田十二法"选择身边的一件熟悉的物品进行创新性改造。

5．有两家鞋厂为谋求在某太平洋岛屿上开辟新市场，各自派出自己的推销员到该岛进行推销，两个推销员到达后，发现当地的土著居民全光着脚。两天后，两位推销员向公司发回了内容截然相反的电报。一位推销员的电报是："本岛没人穿鞋，我明日乘飞机回国。"而另一位推销员的电文为："好极了！该岛居民没有鞋穿，市场潜力巨大。"结果，那个认为该岛居民没有鞋穿的推销员大获成功，他所在的鞋厂当年销量大幅增加。请问：认为该岛居民没有鞋穿的推销员是如何成功的？

四、综合实训

时至今日，在搜索引擎上，关于杀毒软件 360 最多的搜索之一仍然是"免费的 360 靠什么赚钱？"而 360 却早已凭借"免费杀毒"这一颠覆性创新，使企业快速崛起。

早年在 PC 互联网发展阶段，大家买回计算机，装好系统之后，下一步就是装杀毒软件。当时，瑞星、江民等杀毒软件一套卖两百多元，一年卖十万余套，吸引大量专业人士参与。当时金山毒霸凭借低价策略，仅用两年时间就成为市场份额第二的公司。就在瑞星与金山的市场竞争基本尘埃落定时，360 创始人带着 360 安全卫士，以永久免费使用模式入场。因看不清免费模式怎么生存，很多人都认为 360 撑不了多久就会倒闭。但短短几年，360 用户就超过 3 亿人，给其浏览器、导航等产品带来了大量的流量，360 用广告变现的方式支撑起了杀毒软件，成功收割了收费杀毒软件的生存空间。当大家都明白了其中的道理，金山、瑞星也彻底放弃收费模式。但是彼时 360 已经主导了整个计算机杀毒市场，其他公司的免费政策跟进为时已晚。360 获取了最大的市场份额。

将同学按 4~6 人一组进行分组，每组派一人专门记录。完成以下实训内容。

（一）分组讨论

1．360 创始人为什么称免费杀毒是颠覆性创新？

2．360 创始人在市场推广中为什么要采用与众不同的免费应用模式？他思考这个问题时运用了什么创新思维方法？根据是什么？

（二）实践提升

请每位同学对学校住地附近的公交车站牌运用和田十二法提出 3 种以上的改进设想，在此基础上以组为单位进行讨论，通过相互碰撞激发思维创新，在 5 分钟内想出尽可能多的创新方案，然后讨论比较，将改进方案按优劣顺序排列。将每组选出的最好的两个方案在全班讨论，从创新方法、创新程度和可行性方面进行比较，选出 5 个最优方案，并根据各组入围数评定小组成绩。

项目三

时刻盯着机会窗——捕捉创业机会

【学习目标】

知识目标

了解创业机会的内涵及来源

熟悉影响创业机会识别的关键因素及创业机会识别的内容

掌握创业机会的评价标准与方法

能力目标

能够善于从日常生活中发现创业机会

能够运用创业机会评价方法对创业机会进行正确评价

素养目标

树立"机会都是给有准备的人"的理念,练就创业能力、提升创业素质

能够辩证地看待创业机会与风险,洞察机会背后的风险

【思维导图】

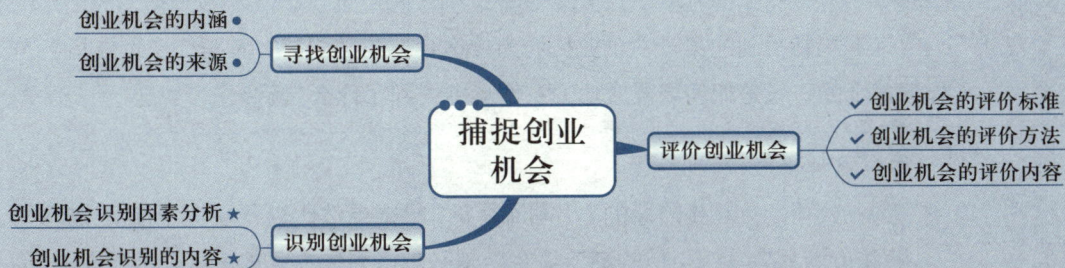

任务一　机会意味着成功——寻找创业机会

【引导案例】　从消费趋势中寻找创业机会

提到近几年来比较火的潮流玩具，人们首先会想到"盲盒"，这种给消费者带来很多惊喜的新玩法，获得了不少成年人的青睐。专做盲盒的泡泡玛特不仅被推上了潮流玩具第一名的位置，而且短期内先后获得多轮投资，成功在港股上市。

这家创立于 10 多年前的公司，其初始定位是连锁潮流百货商店。创业机会源于其创始人到香港去探望朋友，发现年轻女孩很喜欢在店内购买各类潮流小商品。发现商业机会后，回到北京便模仿创立泡泡玛特，并得到消费者正面反馈。然而公司成立后，持续处于亏损状态，且亏损一度达到 2 000 万元。创业团队在复盘业绩时，发现虽然引入的模式很新颖，但由于销售品类繁杂，市场同质化严重，没有引起年轻消费者的重点关注。但值得庆幸的是，他们从失败中发现了新的机会：公司整体经营虽然不景气，但其中的潮流玩具较受欢迎，贡献了总营业额的 50%，其中一款进口玩偶销售额增长迅猛，并且拥有极高的复购率，于是创始人果断决定转型，从潮流百货改为专卖潮流玩具，并且向全球艺术家发掘、IP 运营、消费者触达、潮流玩具文化推广等方向进行探索，根据消费者需求自行设计开发很多拥有自主产权的"玩偶"，形成竞争进入屏障。由于读懂了新消费趋势下的消费者心理，短短两年，泡泡玛特的营业收入就从 1.58 亿元快速增长到 16.83 亿元，净利润飙升至 4.51 亿元，获得投资人青睐，实现快速崛起。

【项目思考】

泡泡玛特找到的第一次创业机会为什么会以失败告终？其第二次创业机会是如何发现的？又是如何取得成功的？你从中得到了什么启示？

【项目启示】

创业公司创业起步阶段的"小潮流百货"模式虽然比较新颖，但因缺乏进入壁垒，随着市场上与其相类似的潮流集合店越来越多而失去竞争优势。困难面前，创业团队不气馁，通过复盘及销售数据分析，他们从经营问题中发现了潮流玩具这一新的机会，并透过这一新消费趋势进入新的细分市场和领域，找到了与消费者产生互动与黏性的入口，从而实现了良好发展。

【身边的创业导师】

人的命运取决于他的选择，美好的人生是由一连串的选择组成的。当今社会可供选择的创业机会越来越多，创业能否成功，主要取决于你对机会的选择。

选择创业机会，需要找到"风口"，"风口"就是顺应社会潮流，有巨大发展潜力的行业。要找到风口，就要通过消费分析、市场分析、对手分析，找到机会。

随着经济和社会的发展，人们会不断产生新的需求，可以说创业机会每天都在撞击着我们的大门。而创业者所拥有的资源与能力是稀缺的，只有在资源和能力同时具备的情况下，才能抓住某个机会创业。

2022年11月12日，国务院印发的《"十四五"数字经济发展规划》指出，数字经济是继农业经济、工业经济之后的主要经济形态，是以数据资源为关键要素，以现代信息网络为主要载体，以信息通信技术融合应用、全要素数字化转型为重要推动力，促进公平与效率更加统一的新经济形态。作为新时代的创业者，应扛起使命担当，积极抢占数字化发展时代风口，为数字经济发展作出贡献。

【知识研修】

创业是一个人发现创业机会后，对自己拥有的资源或通过努力能够拥有的资源进行优化整合，从而创造出更大的经济价值或社会价值的过程。创业是从利他开始的，创业活动的成功往往是由于创业者发现了能够创造价值的机会。想要在竞争激烈的市场中生存，就要找到别人没有发现的创业机会，或者找到借助新途径去赋能传统产品的新模式。

一、创业机会的内涵

"创业"作为开创事业、积累财富、放大自身能量和成就一番事业的重要途径，其本质是创新、变革，通过探索性实践创造市场价值。

（一）创业的三要素

创业作为机会、资源和团队的一个系统组合，只有把握好三者之间的关系，将创业机会、创业团队和创业资源三个要素匹配和平衡好，才能取得创业成功。如图3-1所示。

1. 创业机会是创业过程的核心驱动力

创业过程始于创业机会，创业机会比资金、团队才能、匹配的资源更重要。网易、腾讯、百度、搜狐等公司都是抓住创业机会，在过去十余年的互联网大潮中发展起来的。

2. 创业团队是创业的主导者

人作为创业活动的主体，在推进业务过程中，在模糊和不确定的动态创业环境中，要具有创造性地捕捉商机、整合资源和构建战略、解决问题的能力。同样的机会不同的人把握，结果有的成功，有的失败。

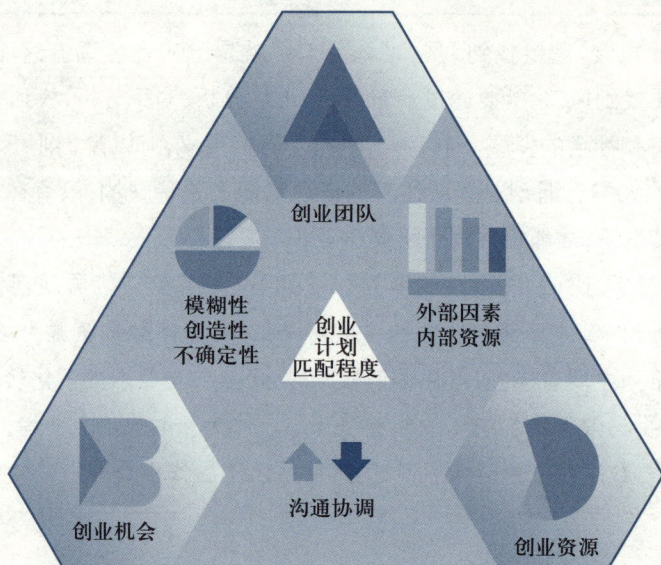

图 3-1　创业三要素结构关系图

3. 创业资源是创业成功的必要保证

创业者成功的条件是拥有创业资源。创业资源分为内部资源和外部资源两种。内部资源主要是创业者的个人素质与能力,所占有的生产资料和知识技能等。外部资源主要是资金、人脉资源等。创业者要善于构建人际网络和社会网络。

创业者要理性分析和把握创业机会,正确认识和规避风险,善于驾驭创业机会、创业团队与资源之间的动态平衡,这样才能推进创业成功。

（二）创业的三阶段划分

笼统地说,创业过程一般包括准备创业、企业创办和企业发展三个阶段。如图 3-2 所示。

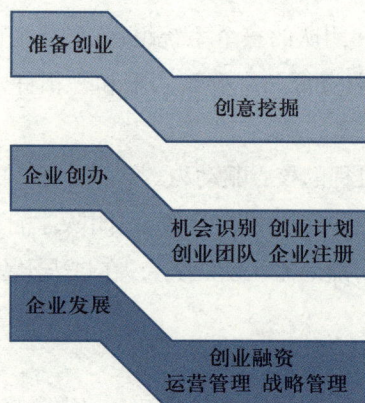

图 3-2　创业过程的三个阶段

当然,创业的过程是不断尝试、不断失败、不断提高的过程。不是每个阶段都必须做到完美才可能进入下一个环节。比如在准备创业阶段,尽管开始的创业构想可能不完善,但付诸行动后经不断尝试和改进就能逐渐完善,产生商业价值。如过分慎重,一味地追求完美,行动过于缓慢,可能坐失良机,把创业机会拱手送给了竞争对手。

(三)创业机会

机会是实现某种目的的突破口或切入点。商业机会是指蕴含盈利机会的突破口或切入点,是指所有有利于促进企业生产,有利于企业产品开发和市场开拓,能够促进企业经济效益提高,有利于企业摆脱困境等方面的信息、条件及事件。所有未被满足的需求,如果能够以市场交换的方式来满足,都是商业机会。创业机会是指创业者有能力抓住的、具有较强吸引力和持久性的商业机会,创业者据此可以为客户提供有价值的产品或服务,并同时使创业者自身获益。它表现为创业者通过创新性的产品和服务为消费者或客户创造价值,同时能带来财富回报。

案例:"小器"创业成"大器"

二、创业机会的来源

创业机会来源于问题、变化、发明、竞争和新技术5个方面。

(一)问题产生机会

创业是通过满足顾客需求获得盈利,而顾客需求在没有被满足前通常表现为生产或生活中存在的问题。困难往往意味着需求,也就是蕴含着创业机会。问题如同被人忽视或被人遗忘的角落,一旦发现了它,就会发现创业商机。例如,为什么手机那么卡,那么慢?优化大师、清理大师出现了;看别人上网挺上瘾,可自己记不住那么多网址,也不会输入法,网址导航出现了;聊天打字太慢,语音录入、视频聊天出现了;为什么吃不上农家天然喂养的家禽肉?自然散养家禽出现了;等等。

霸蛮米粉创始人谈及企业创建时说,其实他的开店原因非常简单,因为他是湖南人,在湖南每天早上都吃牛肉粉,但北京吃不到。由此,他想到这是南方人的一大痛点,也是一个很好的创业机会,就找了三个同学,凑了十万元,开了一家湖南牛肉粉米粉店。为精益求精,经过不断尝试,他把牛肉粉的原材料做到以克计算,产生了霸蛮的米粉配方,把霸蛮做得风生水起。霸蛮米粉创始人在看似简单的问题中发现机会,果断创业并获得巨大成功。

(二)变化造就机会

环境发生变化,对应的市场需求和市场结构也必然会发生变化,人们透过这些变化,就能发现新的前景和机会。这种变化主要来自产业结构变动、消费结构升级、城市化加速、人们思想观念的变化、政府政策的变化、人口结构的变化、居民收入水平的提高和经济全球化等方面。如我国成为中等收入水平国家后,人们的饮食结构发生了重大变化,不仅要多样化,更要品质化,讲求绿色天然,于是,衍生出了柴鸡养殖基地,以及绿色无公害蔬菜、食品生产基地和包装基地。而家用小客车

微课:从市场转化寻找创业机会

的普及,则派生出汽车销售、修理、配件、清洁、装潢、二手车交易、陪驾等。禁止酒驾则衍生出代驾等诸多创业机会。因为成功把握环境趋势变化而成功发展的企业不胜枚举。

（三）发明创造机会

发明创造提供了新产品,在更好地满足顾客需求的同时,也带来了新的创业机会。通过发明创造获得机会比其他任何方式的难度都大,风险也更高,而如果获得成功,其回报也更大。如智能手机的诞生就带来了一系列新的创业机会,除智能手机本身的生产销售外,智能手机维修、软件开发、信息服务等创业机会也随之产生。

（四）竞争拓展机会

竞争是获取创业机会的重要途径,因为弥补竞争对手的缺陷和不足,本身就是创业机会。如果企业能比竞争对手更快、更可靠、更便宜地提供产品或服务,就等于找到了创业机会。由于竞争优势都是阶段性的,竞争优势也是需要不断更新的。所以,在创业过程中,还要学会保护自己的竞争优势,有策略地提高进入门槛。

（五）新技术带来机会

科学技术的发展推动新技术的诞生,从而创造新的市场需求,带来新的创业机会。如随着网络的诞生与发展,产生了网店、网购、网游、网银等一系列创业机会。这些机会的开发利用使人们足不出户就能满足生活基本需求。而随着物联网技术的诞生与普及,物流产业得到飞速发展,这为创业者提供了巨大的商机。当今许多重大技术创新成果,如尼龙、人造纤维、核电站、半导体等都是属于这一模式。

动画微课：创
业机会来源

【创新素养】

5G 技术发展带来机会

随着 5G 技术的快速发展和应用,网络越来越紧密地与实体系统联系在一起,物联网能够将生产现场的处理器、传感器连接起来,使得机器人之间可以进行通信、互相沟通,而机器和人的工作将不再会严格分工,未来制造系统将把人和机器融合在一起。

在中华人民共和国成立 70 周年,工程机械成就展的现场,中联重科土方机械 5G 远程操作体验最具科技感。观众坐上开放式驾驶座就能通过 5G 技术操控位于千里之外的长沙演示基地的挖掘机作业,在操作手的灵活操作下,1 000 多千米外的挖掘机轻松挖掘作业,显示屏画面十分清晰,肉眼几乎无法看出影像延时。能直观、零距离感受到 5G 技术给行业发展带来的巨大变化。

【启示】5G 技术的发展带来了新的商业机会。但创业者也要从自身资源最匹配,又是最核心的机会点切入。如果仅是新坛装旧酒,换汤不换药,永远不会成功。

任务二　机会青睐深耕者——识别创业机会

【引导案例】便民"移动菜摊"造就新机会

　　小李初次创业时选择从投入较小的生鲜超市入手,几年经营下来,发展成在一线城市拥有 10 家生鲜连锁店的小企业。新冠疫情期间,一方面是门店门可罗雀,另一方面是小区住户买菜难。面对困难,小李不但不退缩,而且通过分析敏锐地发现了生鲜产品线上经营的机会。他利用与周边社区比邻而居、小区居民信任度较高的优势,主动联系周边小区物业引导居民在线购买,并通过快速配送和及时高效的服务迅速打开了局面,经营范围覆盖到了周边 100 多个小区。然而,新冠疫情过后,线上客户迅速下降,有时一个小区只有几份线上订单,相较原来一个小区动辄 100、200 份订单,单位订单的打包、分拣、配送以及背后的供应链保障等成本大幅提高。是就此收手还是利用积累的客户数据资源寻找新的创业机会,小李陷入了深思。

　　经过对线上及店面销售的反复研究,小李发现将销售下沉到小区和线上销售相结合是一个很好的创业机会。于是他采取了经营下沉社区的"移动菜摊"模式,即菜摊摆进小区内,现场销售日常菜品,同时直接现场引流,再叠加线上销售的"移动菜摊自提"新模式。根据不同小区的需求状况,有的小区每周出摊两次,有的每周出摊三次,有的则每周一次,每次出摊前,先群发通知,便于提前预订。摊位商品以日常菜肉蛋为主,品类齐全,能满足居民一站式购物需求,便于流量聚集。每次出摊约 30% 的产品是小区居民线上购买后现场自提,其余是闻声赶来的小区内其他居民现场购买,另外,线上购买后自提的用户也会现场临时追加购买。现场买菜的用户,在结账时小李都会引导其进微信群。同时平台还把收银系统和小程序会员系统绑定,用户付款后自动引导其注册小程序。因此,小区菜摊不仅为居民提供了方便,还吸引了更多用户加入微信群。在线上流量的争夺早已是一片红海时,社区摊位变成了天然丰沛的线下导流入口。据统计,平均每个摊位经营半天,所带菜品就基本销售完,销售额 1 万余元,净利润达 15%。这一"移动菜摊"和线上销售相结合的模式,为该行业探索出了一条具有发展空间的商业新路径,并顺利实现了天使轮融资。

【项目思考】

　　没有难做的生意,只有没找到真正创业机会的创业者。小李为什么能两次面对困难都成功捕捉到创业机会? 小李成功识别创业机会的事例对你有何启发?

【项目启示】

　　现阶段,线上流量获取日益艰难,很多企业纷纷开始重视线下实体店布局,打造线上线下相结合的新零售模式,小李将线上经营与线下社区移动菜摊相结合,通过经营下沉,近距离接触用户,提前"截流"。产品得到用户验证,且线下菜摊增加了用户的信任感,提高了产品渗透率。同时,现场出摊还节省了每个订单所需的包装流程及费用。而基于线下销售再去扩展线上销售,也提升了线上线下经营的融合度。

【身边的创业导师】

创业机会识别类似于投资项目评估,是帮助创业者分析评价其创意能否发展成一个具有实际价值的成功企业的关键。创业机会识别和开发利用很多时候依赖于创业者的主观价值判断,不同的创业者因每个人兴趣爱好、技术技能、业务专长、资源条件、生活经历和目标设定不同,从而对创业机会的识别也不相同。为使创业机会识别客观公正,要尽量根据一定的客观准则来评判。要结合经济发展大趋势及大数据、人工智能、低碳环保等国家产业政策方向选择应该进入的行业。同时结合人口结构、消费升级、人口流动、区域发展等作出判断识别。特别是要注意抓住既存在市场需求,又没有现成的产品能够满足某一群体消费者需求的机会。

【知识研修】

绝大多数创业机会都可以通过宏观环境(政治、法律、技术、人口等)和微观环境(顾客、竞争对手、供应商等)的系统分析得以发现。

一、创业机会识别因素分析

创业机会识别是创业者与外部环境互动的过程。在此过程中,创业者利用各种渠道和方式掌握并获取有关外部环境、经济及技术等变化的信息,从而发现在现实世界中技术、产品、服务、原材料和商业模式等方面存在的差距或缺陷,找出改进的手段,最终识别出可能出现的新技术、新产品、新服务、新材料和新模式等创业机会。如图3-3所示。

(一)创业者素养

影响创业者个人对创业机会识别的因素主要包括:

1.先前经验

经验有助于创业者识别机会。相关调查数据证实,70%左右的创业机会是在复制或修改以前的想法或创意,而不是发现全新的创业机会。

2.专业知识

在某个领域拥有更多专业知识的人,对该领域内的机会会比其他人更具敏感性。如计算机工程师会比律师对计算机产业内的机会和需求更为敏感。

社会环境因素

社会需求变化、
行业波动性、
地域文化氛围、
政策变化

先前经验、
专业知识、
社会关系网络、
创造性

创业者素养

技术、产品、
服务、原材料
和商业模式等
方面的改进或
创新

新技术、
新产品、
新服务、
新材料、
新模式

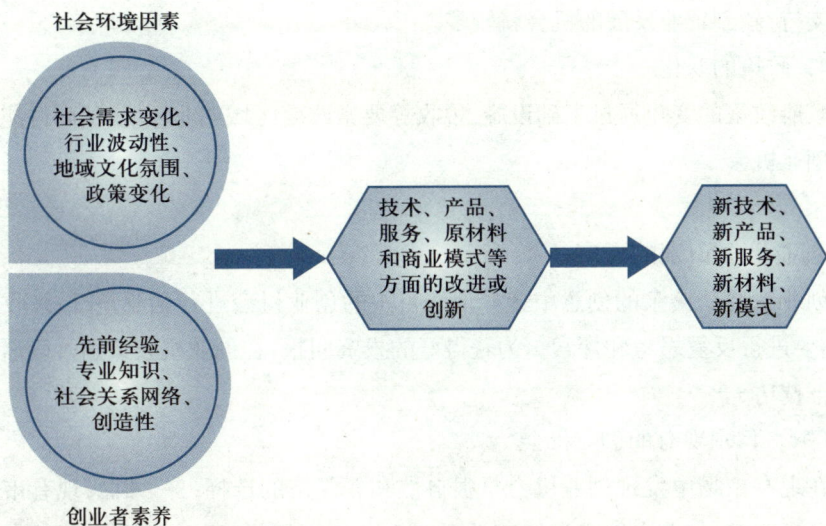

图 3-3　创业机会识别的主要因素

3．社会关系网络

社会关系网络能带来承载创业机会的有价值的信息,个人社会关系网络的深度和广度影响着机会识别。建立了广泛而深入的社会关系网络的人,比那些拥有较少社会关系网络的人容易得到更多的机会和创意。

4．创造性思维

创造性思维是个体产生新奇独特的、有社会价值的想法的能力或特性。机会识别就是一个不断反复的创造性思维过程,是通过创业者的创造性思维来识别新的机会的过程。

（二）社会环境因素

在市场调研基础上,从外部环境变化中发现机会,是机会识别的一般规律。

1．社会需求变化

社会需求对机会识别的影响主要表现为:一是当社会需求增加时,会促使大量新企业形成。而需求的大小受区域内人口密度的影响,即人口密度越大,社会需求越多,创业机会就越多。二是社会需求的转变、消费者需求特点和偏好的改变会导致新市场出现,从而为潜在创业者提供较好的创建企业的机会,并填补新市场空白。

2．行业波动性

行业发展受市场变化影响较大时,该行业波动性就大,从而导致现有市场均衡发生偏离、市场断层产生、新的商业机会出现,进而促进更多新企业来满足这种差异化的需求。因此,波动性较强且频率较大的行业更有利于新企业的形成。

3．地域文化氛围

一个地区的创业文化氛围影响新企业的形成,一是地方人口的创业导向;二是政府、金融等机构对创业的态度。当区域创业文化氛围较好时,由于政府和金融机构的支持,新创企业发展的机会就较多。

4.政策的变化

政府政策的变化通过基础设施、税收等要素改变区域创业环境,从而可能出现新的创业机会。

二、创业机会识别的内容

创业者要从繁杂的创意中选择他心目中的创业机会进行创业,并最终收获成功,需要进行反复思考和探索。为获得好的投资回报,在创业机会识别阶段需要掌握如下技巧。

(一)识别现有的创业机会

在现有市场中发现创业机会是很自然和较经济的选择。一方面,现有市场与生活息息相关,创业者能真实地感觉到创业机会的存在;另一方面,由于总有尚未被全部满足的需求,在现有市场中创业,能减少机会的搜寻成本,降低创业风险,有利于成功创业。

【拨云见日】

化风险为机会

19 世纪,随着海运的发展,典雅精致的中国瓷器受到欧洲人的普遍欢迎,但海运破损率很高。中国商人结合船舶运输特点,巧妙地创新出"一拖三"甚至是"一拖四""一拖五"的方法,既将瓷器安全运到了欧洲,又增加了瓷器出口的"附加值"——一次瓷器运输,带动多种其他产品出口,一举多得。

所谓"一拖三",就是运输瓷器时,先将瓷器装入精雕细刻的小檀木箱里,周围填满上等茶叶;然后,装入造型精美的大檀木箱,并填塞满中等茶叶;最后,装入钉在船舱地板上的大木箱中,塞上普通茶叶。由于内外几层茶叶填充紧密,木箱又与舱板联结牢固,即使在海上遇到狂风大浪,瓷器也不会损坏。

由于中国茶叶深受欧洲上流社会的欢迎,货船到岸后,中国商人先把茶叶进行筛选分包,卖给等候在码头的茶商;将那些大木箱板卖给家具商;再将大、小檀木箱卖给码头上的古玩商;最后将埋在茶叶里面的精美瓷器高价卖出。从而减少了运输成本,提升了利润率。

【启示】中国近代商人在深度分析现有市场机会的基础上,通过深度挖掘,找到了既提高商品运输安全率又能赚取更多附加值的连环创新方案。用茶叶做填充物,既不浪费资源,又降低运输成本;用檀木箱做包装,既结实环保,又可作为商品销售。中国商人不仅善于识别市场机会,而且非常善于将市场机会转化为创业机会。

（二）识别潜在的创业机会

潜在的创业机会来自新科技应用和人们需求的多样化。互联网的出现,改变了人们的工作、生活和交友方式;通信技术的发展,使人们在家里办公成为可能;网上购物、网络教育的快速发展,使信息的获取和共享日益重要。创业者要善于发掘尚未被满足的潜在市场机会,根据消费潮流和消费者的心理变化,捕捉可能出现的市场机会,通过产品和服务的创新,引导需求并满足需求,从而创造一个全新的市场。

（三）识别衍生的创业机会

衍生的创业机会来自经济活动的多样化和产业结构的调整等方面。

1. 经济活动的多样化拓宽了创业途径

现代社会中,人们对信息情报、咨询、文化教育、金融、服务、修理、运输及娱乐等行业提出了更高的需求。由于第三产业一般不需要大规模的设备投资,它的发展为创业者提供了广阔的空间。同时,社会需求的易变性、高级化、多样化和个性化,使产品向优质化、多品种、小批量、更新、更快等方面发展,也有力地刺激了新企业的创办。如某电商平台创始人"触网"缘于他到美国的一次经历。1995 年年初,他参观了西雅图一个朋友的网络公司,目睹了互联网的神奇,他马上意识到互联网在未来的巨大发展前景,于是决定回国做互联网,此后一发不可收拾,一度成为亚洲首富。

2. 产业结构调整与国企改革提供了新创业契机

党的二十大报告指出"深化国资国企改革,加快国有经济布局优化和结构调整,推动国有资本和国有企业做强做优做大,提升企业核心竞争力。优化民营企业发展环境,依法保护民营企业产权和企业家权益,促进民营经济发展壮大。"国企做强做优做大为中小企业配套发展留出了巨大的市场发展空间,为民营中小企业涉足中介服务、生物医药、大型制造业等创造了更多的创业机会。中小企业要瞄准强链补链机会,把精力放在创新上,深耕产业链、供应链,练就"独门绝技",做"专精特新"企业,形成与大企业配套发展的良好生态。

创业者对外界的变化要敏感,尤其是对创业机会要作出快速反应。产生商业创意后要遵循一定的原则对创业机会进行识别及评价,否则,即使面对机会也只能失之交臂。

任务三　机会真伪需评判——评价创业机会

【引导案例】 创业要独具慧眼

阿童木机器人的创始人在读大三时,第一次在实验室看到了高速并联机器人,就迷上了这种能够应用于多种行业、轻量的智能机械设备。他认定机器人的广泛应用必定是大势所趋后,就潜心研究。在参加"互联网+"大学生创新创业大赛时,凭借设计完成的酸奶包装机器人,获得了当时的主赛道金奖。目前,这个酸奶包装机器人,每分钟能完成 400 杯酸奶的灌装,比行业平均速度快 4 倍,已应用到很多企业的生产线上。而在当时,这个成功落地的产品如何实现市场化却让他陷入了困扰中。

为评价该项目的可行性及市场空间,他进行了深度调研分析。一方面,炸药厂、药品厂,一些工种仍然需要人冒着风险工作,而一些食品生产企业,则受季节性影响,旺季和淡季工人需求量差距高达 2 000 多人,生产旺季面临短时间找人和管理培训难题;另一方面,从劳动力成本看,2008 年,工人年平均工资大约 2.4 万元,2021 年达到 7.2 万元左右,人工成本每年大约以 11% 的速度增长。而机器人造价却以每年 10% 的速度递减,如工业机器人造价从每台 60 万元,降到每台 40 万元,再降到每台 30 万元,如今的价格甚至低于每台 15 万元。同时,并联机器人行业的发展,又恰逢食品、医药、化妆品、3C 电子行业的需求出现陡增。特别是随着一些行业对"无人化"的需求增加,机器人行业的未来增长空间非常可观。

经评估,认为该创业机会可行后,他最终选择了自主创业,仅用 7 年时间阿童木机器人就做到了该行业全国第二的位置。

【项目思考】

阿童木机器人的创始人是如何发现创业机会的?发现创业机会后他又是如何做的?创新产品落地遇到市场拓展困难,他又是如何正确评估创业机会,从而快速获得成功的?他对创业机会的评估方式对你有何启示?

【项目启示】

从市场竞争格局来看,虽然目前我国并联机器人市场总体销量依然偏小,但正因为属于小众市场,进入该领域的外资厂商偏少,在细分领域仍有广阔空间,依然是蓝海市场。随着技术积累成型,形成价格、质量等方面的固有优势后,参与国际竞争会更加大有作为。

【身边的创业导师】

创业开始时并非一定要有成熟的商业模式,也不一定要读懂所有的财务报表才能去做。只要追求的事业符合社会发展方向,未来有空间,且处于机会窗打开期间,就要抓住机会去试。"试"本身就是能力增长的过程,大学生初次创业,最好从小事做起。"不积跬步,无以至千里。"不少成功的企业都是从小本经营起家的,如摆地摊、卖点小东西等。用小本经营掘出第一桶金,需要注意以下方面。

（1）慎选项目，不人云亦云。不要别人做什么你也做什么，否则趁热投资的小本经营者不是去面对一个同行业的市场巨人，就是去收拾人家已无"油水"的"残羹剩饭"，选项目要有自己的创意。

（2）因人而异，做熟不做生。要充分运用自己所掌握的知识和技能，做自己熟悉的或与亲朋好友从事的工作相关或相近的项目，以便得到指导和帮助。

（3）谨慎投资，不要贪大求全。刚开始不要"一口吃个胖子"，当你瞄准某个项目时最好适度介入，要先用小投入认识市场，试探成功后再大量投入，放手一搏。

（4）快速反应，抢抓机遇。市场瞬息万变，小本经营"船小好调头"，要时刻保持清醒的头脑，抢抓机遇，快速反应，以此实现小本大利。

（5）有利即为，不要急功近利。财富是一分一毫累积起来的，要脚踏实地，切勿心浮气躁、好高骛远。

【知识研修】

对创业者而言，有价值的创业机会必须是既能吸引顾客，又有人、财、物、技术、信息和时间资源作支撑，且在现行商业环境中行得通，并能在机会窗口存在的期间得以实施，若竞争者有了同样的思想，并已把产品推向市场，那么机会窗口就关闭了。因此，对创业机会开发的每一步，都需要进行评估。

一、创业机会的评价标准

创业机会评价是仔细审查并分析创业的可行性。只有符合一定标准且符合创业者能力和目标的创业机会，才有价值。创业者要以客观公正的心态，按一定标准对创业的可行性进行客观评价。

（一）盈利时间

有价值的创业机会要求项目在两年内盈亏平衡或者实现正现金流。因为大多数创业者资源有限，支撑的时间不能太长，其他的投资者和团队成员也没有这么长时间的耐心。因此，创业机会获得盈利的时间越短越好。

（二）市场规模和结构

只有足够大的市场规模才可以支撑企业长期生存与发展。创业者若进入一个市场规模较大且处于不断发展中的市场，即使只占有很小的市场份额，也能够生存下来渡过发展期。并且不必担心竞争对手的存在，因为市场足够大，构不成威胁。一般来说，市场规模和价值越大，创业机会越有价值。

（三）资金需要量

富有较大潜力的创业机会往往需要相当大数量的资金支撑。过多的资金需

要,对大学生创业者而言是缺乏吸引力的。需要较少或者中等程度资金的创业机会才是比较有价值的。创业者要根据自己的资金实力和可以动用的资源来评价创业机会,超出能力范围的不应考虑。

(四)投资收益

创业的盈利性目标要求创业机会能有较为合理的盈利能力,包括较高的毛利率和市场增长率。毛利率高说明创业项目的获利能力强,市场增长率高表明市场的发展潜力大,投资报酬率高。年投资收益率在 25% 以上的创业机会是较有价值的;而年投资收益率低于 15%,难以对创业者和投资者产生吸引力。

(五)成本结构

较低的成本才能带来较大的竞争优势,使创业机会具备较高的价值。低成本优势或者来自技术和工艺的改进以及管理的优化,或者来自规模化,创业机会如果有这方面的特质,对于创业者来说是非常有利的。

(六)进入障碍

资源、政策、市场准入等限制,都可能成为市场进入的障碍。若创业机会面临较大的市场进入障碍,就不是好的创业机会。同时,虽然进入障碍小,但难以阻止其他竞争对手进入的创业机会,也不是好的创业机会。

(七)退出机制

具备比较理想的获利和退出机制,才便于创业者和投资者获取资金及实现收益。没有退出机制的创业机会是缺乏吸引力的。

(八)控制程度

能够实现对渠道、成本或者价格的较强控制的创业机会,才富有价值。如果市场上不存在强有力的竞争对手,控制程度就较强。如果竞争对手已有较强的控制能力,特别是已经掌握了原材料来源、独占了分销渠道、取得了较大的市场份额、对于价格有较大的决定权,那么新创企业的发展空间就很小。除非这个市场容量足够大,且主要竞争者在创新方面行动迟缓,时常损害客户利益,否则没有进入机会。

(九)致命缺陷

创业机会不应该有致命缺陷,存在一个或者多个致命缺陷的创业机会是没有价值的。

(十)商业模式

管理学家彼得·德鲁克曾预言:21 世纪的竞争是商业模式的竞争。商业模式作为产品、服务和信息流的一个体系架构,包括说明各种不同的参与者以及他们的角色,各种参与者的潜在利益,以及企业收入的来源。尽管创业者在机会识别阶段难以设计出完整的商业模式,但是商业模式设计必须事先加以论证。

二、创业机会的评价方法

（一）定性评价方法

定性评价方法侧重考虑确定该市场机会所需具备的成功条件，本企业在该市场机会上所拥有的优势，与本企业的发展方向和目标是否一致。创业机会的定性评价方法包含以下主要步骤：

（1）综合判断。新产品或新服务将如何为购买者创造价值，判断使用新产品或新服务的潜在障碍及克服措施，根据对产品和市场认可度的分析，得出新产品的潜在需求、早期使用者的行为特征和开始获取收益的预期时间。

（2）风险分析。分析产品在目标市场投放的技术风险、财务风险和竞争风险。

（3）机会窗分析。分析是否能保证足够的生产批量，能否获得稳定的产品质量。

（4）估算新产品项目的初始投资额，使用何种融资渠道。

（5）在更大范围内考虑风险程度，以及如何控制和管理这些风险因素。

在创业机会的定性评价过程中，企业家的先验知识结构具有重要作用。高层管理职位的企业家意见比中层管理职位的企业家意见重要。具有创业经验的管理者的意见比没有创业经验的管理者的意见重要。

（二）定量评价方法

定量评价方法主要在初步拟订营销规划的基础上，通过经济效益分析，从财务上进一步判断选定机会是否符合创业目标。常用的有以下四种方法：

1．量本利分析法

量本利分析，全称为产量、成本和利润分析，也叫保本分析或盈亏平衡分析，是通过分析生产成本、销售利润和产品数量这三者的关系，掌握盈亏变化的规律，以最小的成本获得最大的利润。

（1）市场需求量预测。通过预测创业机会所面临的市场状况及市场潜力，进而对可能产生的经济效益进行分析。

（2）成本分析。主要研究利用该机会需要付出的代价。主要从投资成本、生产成本、管理成本等三个方面进行分析。

（3）利润分析。在市场需求量、成本预测基础上进行利润测算，一般可采用盈亏平衡分析模型、现金流量模型、简单市场营销组合模型、投资收益率等分析方法进行。

该法要求创业者在机会开发的每个阶段都要进行评价分析。一个机会是否能够通过每个阶段预先设置的"门槛"，在很大程度上取决于创业者资源及目标约束，如创业者的目标回报率、风险偏好、金融资源、个人责任心和个人目标等。有时某个创业者因为某个准则而放弃的机会，在引起其他个人或团队注意进而开发后，反而成为别人的创业机会。

2．标准打分矩阵

选择对创业机会成功有重要影响的因素进行打分，如组织专家团队对易操作性、质量和易维护性、市场接受度、增加资本的能力、投资回报、专利权状况、市场大小、制造的便捷性、广告潜力和成长潜力等众多因素分别按照极好（3分）、好（2分）、一般（1分）三个等级进行赋分，然后求出每个因素在各个创业机会下的加权平均分，据此对各个不同的创业机会进行比较。标准打分矩阵评价表如表3-1所示。

表3-1　标准打分矩阵评价表

标准	专家评分			
	极好（3分）	好（2分）	一般（1分）	加权平均分
易操作性				
质量和易维护性				
市场接受度				
增加资本的能力				
投资回报				
专利权状况				
市场大小				
制造的便捷性				
广告潜力				
成长潜力				

（三）选择因素法

该法是根据事先设定的11个选择因素与创业机会契合数量的多少进行评判，具体包括这个创业机会在现阶段是否只有一个人发现，初始产品的生产成本能否承受，初始市场的开发成本能否承受，产品是否具有高利润回报潜力，产品投放市场和达到盈亏平衡点的时间能否预期，潜在市场是否巨大，产品是不是高速成长的产品家族中的第一个成员，是否已经拥有一些现成的初始用户，能否预期产品的开发成本和开发周期，产品所处行业是否处于成长中，金融界能否理解你的产品和顾客对它的需求等，通过对这些因素进行判断，可以对创业机会作出评价。如果某个创业机会符合其中的7个或者7个以上的因素，则该创业机会非常值得考虑；如果该创业机会只符合其中的6个或更少的因素，通常该创业机会不可取。

创业的高风险性，决定了没有一个创业机会是完美的，一项不能成功通过某一阶段评价进入下一阶段的机会，要进行修订甚至被放弃。通过循环反复的"识别—评价—开发"步骤，一个最初的创意就会被逐步完善起来。

三、创业机会的评价内容

为评价创业机会的投资价值，蒂蒙斯构建了创业机会评价指标体系。概括起来可分为以下6个方面：

案例：模仿创业占先机

（一）市场评价

1. 市场基础

具有特定的市场基础，专注于满足顾客需求，同时能为顾客带来增值效果的机会，才是好的创业机会。要通过评价市场定位是否明确、顾客需求分析是否清晰、顾客接触途径是否流畅、产品线是否可以持续衍生等判断创业机会能否创造市场价值。给顾客带来的价值越高，则创业成功的概率越大。

2. 市场结构

市场结构可从进入障碍、上游厂商、顾客、渠道商的谈判力量、替代性竞争产品的威胁，以及市场内部竞争的激烈程度6个方面进行评价，以此得出新企业未来在市场中的地位以及可能遭遇竞争对手反击的程度。

3. 市场规模

市场规模大小与成长速度直接影响着创业的成败。一般而言，市场规模大时，进入障碍相对较低，市场竞争激烈程度也会略为下降。如果要进入的是一个十分成熟的市场，那么纵然市场规模很大，由于已经不再成长，利润空间必然很小，因此这项创业就不值得投入。反之，一个正在成长中的市场，通常也会是一个充满商机的市场，只要进入时机正确，就会有获利的空间。

4. 市场渗透力

市场渗透力指市场机会实现的过程。要选择在最适合的时机进入市场，也就是要在市场需求正要大幅成长之际备好产能。

5. 市场占有率

市场占有率决定了市场竞争力。要成为市场领导者，最少需要拥有20%以上的市场占有率。如果市场占有率低于5%，则这项创业的市场竞争力显然不高，自然也会影响未来企业上市的价值。对于具有赢家通吃特质的高科技产业，创业必须要拥有能够成为市场前三名的能力，才具有较好的被投资价值。

6. 产品的成本结构

产品的成本结构直接反映该项创业的前景。例如，由物料与人工成本所占比重之高低、变动成本与固定成本的比重以及经济规模产量的大小，可以判断这项创业能够创造附加价值的程度以及未来可能的获利空间。

（二）效益评价

1. 合理的税后净利

具有吸引力的创业机会，至少要能够创造15%以上的税后净利。

2. 达到盈亏平衡所需的时间

合理的盈亏平衡时间应该为两年左右，如果三年还达不到，恐怕就不是一个值得投入的创业机会。对需要经过长时间耕耘，并经由这些前期投入，创造进入障碍，因此保证后期持续获利的项目，可以将前期投入视为一种投资，从而可以容忍较长的盈亏平衡时间。

3. 投资报酬率

考虑到创业开发可能面临的各项风险，合理的投资报酬率应该在25%以上。

4. 资金需求量

资金需求量较低的创业机会，较受投资者欢迎。通常，越是知识密集的创业机会，对于资金的需求量越低，投资回报反而会越高。大学生创业不要募集太多资金，最好通过盈余积累的方式来积累资本。

5. 毛利率

毛利率高的创业机会相对风险较低，也比较容易达成盈亏平衡；反之，毛利率低的创业机会，风险则较高，遇到决策失误或市场巨变，企业很容易遭受损失。一般而言，理想的毛利率应不低于40%。

6. 退出机制与策略

投资的目的在于回收，而企业的价值又由交易市场决定，市场交易机制的完善程度会影响创业退出机制的弹性。由于退出的困难度普遍要高于进入，所以一个具有吸引力的创业机会，应该要为所有投资者考虑退出机制和策略规划。

（三）创业团队评价

1. 最佳团队组合

由声誉卓著的创业者领军，结合一群各具专业背景的成员所组成的创业团队，再加上紧密的组织内聚力与共同的价值观，这种团队组合被视为创业成功的最佳保证。要重视创业团队组合的成员以及团队整体对外发挥影响的程度。

2. 产业经验与专业背景

创业团队成员对于所要投入产业的相关经验与了解程度，会影响创业成功率。在开发团队中直接加入客户、渠道和供应商，可以缩短上市盈利时间，能对产品创新带来明显的促进作用。要组织业内专家对创业团队成员的背景经验与专业能力进行评价，增加对投资者的吸引力。

3. 人格特质匹配

创业团队应重视诚信、正直、无私、公平等基本做人处事原则。许多绝佳的创业机会，多因为内部争权夺利而导致功败垂成。

4．专业坦诚

好的创业团队在经营管理与专业技术工作上，能够以理性客观的态度，坦诚面对各项问题，不刻意欺骗客户与投资者，不逃避事实，不否认自己的不足，并且创业团队成员知道应该如何去做才能克服自己的缺失。精明的投资者经常通过判断创业团队的专业坦诚度，来作为是否支持该项创业的重要决策参考因素。

（四）创业者个人评价

1．个人目标契合程度

创业过程中遭遇的困难与风险极大，因此有必要了解创业者的创业动机，以判断他愿意为创业活动付出代价的程度。一般而言，创业机会与个人目标的契合程度越高，创业者投入意愿与风险承受意愿越大，创业目标最后能够实现的概率也相对较高。

2．机会成本

人生的黄金岁月极为短暂，创业者需要分析为一项创业机会需要放弃什么？从中获得什么？得失的评价又如何？在决定创业之前，需要仔细思考创业所要付出的机会成本，并经过对机会成本的客观判断思考创业机会是否真的对于个人职业生涯发展具有吸引力。

3．失败的底线

理性的创业者必须要自己设定承担失败的底线，以便保留下次可以东山再起的机会。铤而走险的创业构想通常不会被投资者视为好的创业机会。

4．个人偏好

评价创业机会的时候，需要考虑创业的内容与实施方式是否符合创业者的个人偏好，包括工作地点、生活习惯及个人嗜好等。

5．风险承受度

人的风险承受度不同，风险承受度太高或太低均不利于创业。风险承受度太低的创业者，决策过于保守，相对拥有的创新机会较少；风险承受度太高的创业者，会孤注一掷，易将企业陷入险境。能以理性分析面对风险的人，才是比较理想的创业者。

6．负荷承受力

负荷承受力即创业者愿意为创业投入工作量的多少以及愿意忍受的辛苦程度。负荷承受力较低的创业者所提出的创业构想，成功概率一般较低。

（五）竞争优势评价

1．成本竞争力

好的创业项目可通过持续降低成本来创造竞争优势。除了可以利用规模经济来降低成本之外，良好的品质管理、高效率的生产管理、优越的采购能力、快速的产品设计、较高的自制率等都有助于降低成本。因此，具有吸引力的创业机会，应具有对物料成本、制造成本、营销成本等的掌控与持续降低能力。

2．市场控制力

产品价格、客户、渠道、零件价格的控制力，关乎企业的竞争优势，市场领导厂商通常具有比较高的市场控制力。如果创业者对关键零件来源与价格缺乏控制力，对经销渠道与经销商也缺乏控制力，订单几乎完全依赖少数一两个客户，那么这个项目面临的经营风险一定很高，持续获利会非常困难。

3．进入障碍

无法设置进入障碍的创业项目，不是好的投资机会。制造进入障碍的方式包括专利、核心能力、规模经济、商誉、高品质低成本、掌握稀有资源、掌握渠道、快速创新缩短生命周期等。在处处存在障碍的市场中，缺乏进入障碍的新市场，容易吸引大量的竞争者，会使毛利快速下降。因此，进入一个新市场后，要具备设置进入障碍的能力，以保护自身的市场及利润。

（六）经营策略评价

具有吸引力的创业机会，需要新企业在经营策略方面具有某些特色。特色往往是未来创业成功的重要基础。

1．服务品质

服务品质关系企业的市场竞争力，经营模式是否能在服务品质方面具有差异化特色，能否借此创造明显的竞争优势，是评价创业机会的重要考虑因素。

2．定价策略

好的定价策略一般是采取略低于市场领导厂商产品的价格，而不是以过低的价格进行竞争。以低价位、低毛利抢占市场，通常不是可取的竞争策略，在进行创业机会评价时，需要评价其定价策略是否具有能够创造优势的能力。

3．策略弹性

新企业包袱较少，决策速度与策略弹性较高。进行创业机会评价时，要看在面临经营环境变化之际，其经营决策能做出怎样快速、富有弹性的应对。

4．技术优势

创业拥有的技术领先程度、技术专利、技术授权及技术联盟关系等都可能成为一种可以创造优势的经营策略。

5．进入时机

能掌握市场机会窗口打开的时机，并具备适当的进入策略，那么创业成功的概率自然会大幅提升。

6．分销渠道

渠道可能对创业发展产生致命的影响。创业者通常会有一种错误的认知，他们以为只要产品精良，自然会有顾客上门。但许多优秀的产品因缺乏适当的分销渠道，从来没有接触消费者的机会。所以创业者应在分销渠道规划方面具有一定程度的创新优势与特色策略。

项目测试

一、单项选择题

1. 创业机会表现为创业者通过创新性的产品和服务为消费者或客户（   ），同时能带来财富回报。

A. 创造体验
B. 创造价值
C. 创造财富
D. 创造幸福

2. 创业机会识别是创业者与外部环境（   ）的过程。

A. 联系
B. 依存
C. 影响
D. 互动

3. 只有既符合一定标准又符合创业者能力和目标的创业机会才有价值。为此对创业机会既要进行定性评价，也要进行定量评价。其中（   ）属于定性评价方法。

A. 选择因素法
B. 标准打分矩阵
C. 量本利分析法
D. 综合判断

4. 创业机会评价包括的内容很多，其中与创业者个人评价相关的因素有（   ）。

A. 投资报酬率
B. 服务品质
C. 分销渠道
D. 个人目标契合程度

二、多项选择题

1. 要想取得创业成功，就要匹配和平衡好（   ）这创业三要素。

A. 创业机会
B. 创业团队
C. 创业资源
D. 创业资金

2. 创业机会的来源是多元的，其中最主要的有（   ）等几个方面。

A. 新技术
B. 变化
C. 问题
D. 发明

3. 不同的人对同一创业机会会产生不同的识别结果，影响创业者个人对创业机会识别的主要因素有（   ）几个方面。

A. 社会关系网络
B. 创造性思维
C. 专业知识
D. 先前经验

4. 在对创业机会进行评价时，企业自身的竞争优势显得非常重要。竞争优势评价主要包括（   ）几个方面。

A. 经营策略
B. 进入障碍
C. 市场控制力
D. 成本竞争力

三、思考题

1. 商业机会都是创业机会吗？为什么？

2. 什么是创业机会？创业机会有哪些来源？

3. 如何识别创业机会？

4. 好的创业机会应具备哪些基本条件？

5. 影响创业机会识别的因素是什么？

6. 结合自己的理解，阐述一下什么是"机会窗口"？

7. 结合自身情况，选择一个"互联网＋"拟创业项目，说一说你是如何识别创业机会的。

四、综合实训

1992年，研究生尚未毕业的360创始人决定创业，做反病毒卡产品。创业初期的艰难现实与创业的美好理想出入很大：没钱，没资源，甚至连做产品必备的计算机都没有，只能借用学校机房测试产品，自寻销售渠道，可以说困难重重。

而对360创始人最大的触动莫过于反病毒卡在实际使用中出现的问题，如与计算机上其他软件的冲突，甚至会导致用户无法开机。360创始人第一次创业虽然最终失败，但他从中收获良多。为做出成批量的反病毒卡，需要去深圳采购电路板、对电路板进行加工等。他多次去深圳的经历，让他有机会接触到大量第一手的软件，并能收集、研究很多软件资源，从而在软件产品领域打下很好的基础，建立了软件思维。

1998年，已经是北大方正事业部总经理的360创始人没有因为几次失败而忘记最初的梦想，他放弃了稳定的大公司高管工作和收入，带着几位年轻同事再次向梦想出发，给这次创业的网站起了"3721"的名字，这被很多人看成是奇虎360的前身。但创业后，企业花钱的速度远超过了融资速度。"3721"靠融资艰难度过了互联网寒冬后，成为一家流量名列前茅的中国互联网公司。

而后他成立奇虎360，定位于打造安全类软件，360安全卫士通过增加免费的漏洞修复、查杀木马、装机必备、体检等功能，广受市场追捧，也使他的免费安全杀毒事业一发而不可收。

"免费杀毒"不但改变了杀毒软件的盈利模式，更促进了互联网应用免费时代的到来。这个小小的创意，使奇虎360取得了颠覆性成功。

将同学按4~6人一组进行分组，每组派一人专门记录，然后完成以下实训。

（一）分组讨论

1. 360创始人是如何发现创业机会的？该创业机会为什么能在成就他自己的同时，很好地服务社会？

2. 你认为发现商机需要创业者具备哪些素质和敏感度？

（二）实践提升

每位同学从以下主题（包括但不限于这些主题）：中国高铁、杂交水稻、小米手机、抖音、百度、如家、QQ、微信中,分别选择 2~3 个热点事项作为切入点,通过创新分析,寻找两个创业机会。

并在此基础上,以小组为单位运用头脑风暴法展开讨论,看看能不能通过思维碰撞激发出新的更好的创业机会? 在头脑风暴过程中,请从"不协调的事件、人口统计数据、重大社会经济问题、新的知识"四个方面展开讨论交流。然后每组经对所有方案进行分析比较,选出最好的两个方案在全班讨论,并从"每个机会可能带来的创新是什么""创新机会被成功采纳的闪光点是什么"这两个方面进行重点分析,最后评选出五个最优方案,并根据各组入围数评定小组成绩。

项目四

粮草未动计划先行——编制创业计划

【学习目标】

知识目标

了解创业计划对创业成功的重要性

熟悉创业市场调查的内容、步骤及方法

掌握创业计划书的撰写要领

能力目标

能够根据市场调查结果制定客观可行的创业计划

能够撰写富有吸引力的创业计划书并进行恰当展示

素养目标

理解"千里之行始于足下"的内涵,严谨调查、科学谋划

树立未雨绸缪的思想,立足当下、运筹帷幄

【思维导图】

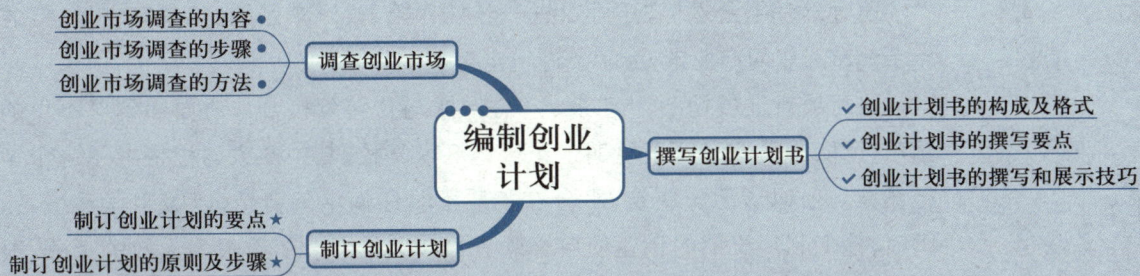

任务一　精心调研促成功——调查创业市场

【引导案例】　只有深度调查才能抓住市场痛点

　　"驾来也"创始人曾经在职业学院主修汽车相关专业。在校期间，面对同学们考取驾照过程中存在的痛点，他利用一年多时间对驾考市场进行细致考察，发现驾考市场存在约车难、服务态度差等许多现实问题。经深度调查，他发现当年全国有近 4 000 万人学车考驾照，整个驾考行业每年市场规模近 1 000 亿元。当时国内持有驾照的人数为 3.2 亿人，预计 10~15 年内市场规模会增长到 7 亿 ~8 亿元，驾考市场仍属于朝阳产业。且多数学员都是学车以后第一次购车，获取驾照后所需购置汽车及养护汽车的市场价值空间非常巨大。基于翔实的考察调查，秉承"让学车更简单"的理念，他创立了基于互联网平台的驾来也科技有限公司，成为一家致力于维护和保障大学生学车权益的互联网驾考公司。

　　公司在深刻把握行业特点、用户需求与移动互联网时代特性的基础上，开发出"驾来也"驾考 App 产品，针对传统驾考行业效率低、服务差的痛点与教练个体作坊式经营的行业现状，率先提出"互联网驾考"概念，有针对性地建立了平台担保代收管学费分阶段支付教练；教学信息化管理一键约车约考；教练工资学员评，倒逼服务提升的互联网驾考运营模式。学员不仅可以通过平台报名学车、预约学车、在线查看题库，而且可以对教练进行评价。评价的高低将影响教练在平台上的排名，进而影响教练的收入，促进传统驾考行业的良性发展，实现了"透明、效率、服务"的驾考新体系。

　　通过驾考平台入口，还可以进一步切入陪驾、汽车团购、用车等市场，打通整个汽车互联网产业链，为学员进行全链条跟踪服务。

　　然而项目进展初期，"驾来也"在寻求与传统驾校合作方面遇到了不小的困难，团队成员花了两个星期走访当地 8 家驾校，其中 7 家驾校拒绝了这个年轻团队。所以该团队决定，平台在初期不收任何中间费用，以吸引学员报名。同时，他们利用早期的创业项目经验进行校园推广。随着报名人数的上涨，很多传统驾校主动找到该团队合作。仅仅几年时间，"驾来也"不仅在广东佛山、云南昆明、陕西西安等地建立了驾考平台，而且发展了自营的线下驾校，提升了服务水平，形成专属的驾考顾问一对一陪伴式学车服务、日常练车上门服务，学车课程根据学员空余时间量身定制，教练可根据学员情况进行自主选择和调换，每月精心组织专属的"驾来也"学员活动日和不定时练车慰问，在学车过程中带给学员很多小惊喜。

【项目思考】

　　"驾来也"创始人是如何发现驾考市场痛点的？当他通过市场发现商机后，

又是通过怎样的创新去拓展新的商机的？他的做法对你有何启示？

【项目启示】

　　"驾来也"的成功，与其创始人进行深度市场调查，了解用户的真正需求，了解市场规模等密切相关。只有通过市场调研，建立丰富的用户画像，利用"参与感"黏住用户，才能获得成功。

【身边的创业导师】

　　创业是根据市场需求，寻找市场机会，通过经营获利的过程。要选准项目、避开陷阱，需要对创业项目进行全方位的调研。

　　调查是通过收集、整理和分析市场信息，掌握市场发展变化的规律和趋势，为识别机会提供可靠的数据和资料，从而找到好的商机。调查要注意样本选取的有效性，要用"随机"原则选取足够大的样本，并避免系统性偏差。如在玩具设计中，设计人员要与小朋友一起交流，了解小朋友对于玩具产品的需求，以保证设计的玩具充分满足小朋友的特点。

　　通过调查确定消费者的需求是提供产品或服务的基础，具体调查过程可以通过与人们进行正式或非正式的交谈来进行，也可以使用调查问卷、访问或者通过观察，以及与你的家庭成员、朋友、厂商、批发商、代理商和零售商这些分销渠道的成员交谈，或许就会找出他们没有被满足的需求。如他们对现有的产品或服务是否满意，他们希望看到什么样的改进或改变。调查或访谈前预先准备一系列有关的问题是非常必要的，问题要贴近和联系消费者、渠道成员，由此更好地判断消费者的需求，什么好卖和什么不好卖。最后，应该尽可能多地与消费者交谈，包括现有和潜在的消费者，从他们那里可以获得更多的信息。

　　除了交谈调查，还可以通过观察获得信息。如了解某条街道是否适合开店，可以观察和计算在特定的天数里通过街道的人数，并和其他地点进行比较。且最好常参加各种活动观察人们有没有未能满足的需求。

动画：都是市场调查惹的祸

【知识研修】

一、创业市场调查的内容

　　创业是建立在可靠信息基础上的，市场调查就是通过对市场环境与行业状况、顾客需求与目标市场状况、竞争对手及自我经营状况等信息的收集，为创业计划的可行性作出科学的预测。一般来说，创业市场调查主要包括以下内容。

（一）创业市场环境调查

创业市场环境指在创业活动中,足以影响或制约创业行为的一切内部及外部条件的总称。它具体包括以下内容,如图4-1所示。

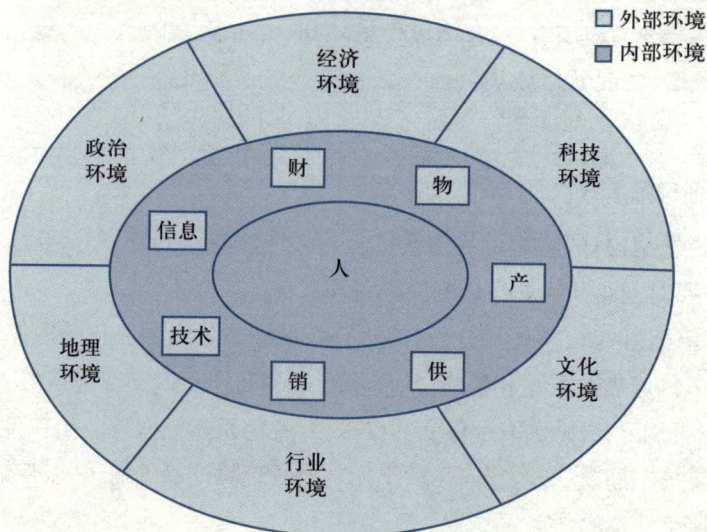

图4-1 创业内外环境因素示意图

1. 外部环境

外部环境指创业的外部条件,包括政治环境、经济环境、科技环境、文化环境、行业环境、地理环境,等等。大学生创业,首先要了解国家的经济发展战略和产业政策,了解哪些产业受到支持和鼓励、哪些产业受到约束和限制、哪些产业是禁止发展的、哪些产业没有进入壁垒,以及地方对产业的引导政策等,其次还要了解政府对创业者和中小企业的优惠税收政策和资金支持,以及国家对高新技术产业的扶持政策等。再次,还要调查清楚所投身的行业是朝阳行业还是夕阳行业,这个行业进入的门槛是高还是低,行业竞争是否激烈,风险如何。最后,还应注意文化和地理环境,如创业者要到少数民族地区去创业,就要理解和遵守当地的文化风俗与禁忌。而地理环境则影响着原材料及产品的运输、销售,劳动力的素质及企业的社会负担,生产的组织,信息的收集,科技开发能力等一系列问题。

2. 内部环境

内部环境是创业者所具备的能力素质及拥有的各种创业要素和资源的总称,包括人、财、物、产、供、销、技术和信息等。内部环境是创业者的家园,是创业活动的根基。创业者要在系统分析内部环境的基础上,对所要进入行业的外部环境进行充分了解及全面分析才有可能降低创业风险。

（二）产品或服务调查

创业者要了解自己的产品或服务所在行业的状况,了解目前市场的容量和产品在当地的消费方式和增长情况。

产品或服务调查主要了解同类产品在目标市场中销售的具体数量和品牌、规格、来源、生产厂家、价格、消费者数量、消费方式、消费范围、消费额度、产品用途，以及具有什么竞争性代用品等，并根据当地的人口、社会经济统计数据、消费习惯等，弄清楚过去和现在发生的变化情况，预测分析产品今后可能出现的消费变化趋势。

创业者在产品研发中最容易犯的错误，就是对自己挖空心思创造出来的产品倍加珍惜，且总认为产品功能越强大越好，其实功能再强大，若用户不需要，那也是舍本逐末。如QQ邮箱刚推出时，市场根本不认可，因为用户感觉非常笨重难用。腾讯就从用户的使用习惯、需求去研究，究竟什么样的功能是他们最需要的。根据用户需要，腾讯对QQ邮箱进行回炉再造，最终取得了成功。在此调研过程中，腾讯形成了一个"10/100/1 000法则"：产品经理每个月必须做10个用户调查，关注100个用户，收集反馈1 000个用户体验。这个看似朴素的方法，却对产品改进有着显著的效果。

在进行产品调查时，还应对产品市场进行细分，了解在当地市场上什么类型的消费者可能会购买自己的产品，准确地估计当地市场的发展潜力，正确地选择产品销售的目标市场，进而了解不同类型的消费者对各种产品的需求，有针对性地采取改进产品的策略和措施，使之适销对路，扩大产品销路。

例如，顺丰速运自创立之日起，就将业务定位于以商务件为主的中高端市场。选择高价值的"小众市场"不仅便于整合资源，而且有利于提升服务质量，开展个性化服务。顺丰在推出"顺丰次日"的速运业务后，通过电话回访、匿名试寄等方式对客户的使用体验进行调查，做到了对不同客户需求的充分了解，既赢得了客户，也提升了自己。

（三）行业调查

企业在寻找切入点时，不仅要考虑自己擅长的事，还要考虑行业情况。近20年来，工业制成品（如彩电、微波炉、空调、计算机等）的价格一降再降，而一些服务行业的价格却节节攀升。这一现象说明，各行业境况可以说"三十年河东三十年河西"。那么哪边是河东？哪边是河西呢？这就需要进行热门行业调查。热门行业调查可从身边做起，首先，观察自己家里每天什么东西消费得最多，在你居住的小区购买它们是否方便；其次，观察你家里经常需要哪些服务，如家用设施维修、接送子女上学，乃至理发、健身等，这些服务在你居住的社区是否方便获得。顺便也了解一下周围的居民小区及新建小区有关民众日常所需的方方面面，其实普通群众的衣食住行就具有稳定而广阔的市场前景。

"热门行业"是一个相对的概念，随着时间的推移，旧的行业格局会被打破。创业项目也需要随着热门行业的转化而变化。

【创新素养】

钓具领军企业转型碳纤维、高新技术企业

1987年,光威集团创始人接手一家濒临倒闭的镇办石化科研器材厂。为找到出路,经过反复的市场调研论证,公司决定进军国内尚属空白的钓具产业,创始人与技术骨干连续奋战150多个日夜,研制出国内首条鱼竿生产线后,很快就发展成世界最大的钓具生产基地之一。碳素鱼竿兴起后,公司瞄准市场,决定制造碳纤维鱼竿。当时,所需原材料完全依赖进口。为降低成本,公司经系统论证,率先从国外引进宽幅碳纤维预浸料生产线,投产当年就收回投资。

2000年,受国外民用航空发展影响,碳纤维需求量大增,原材料涨价时有发生,创始人认为:"外国人能做的东西,中国人也能做!"面对市场蓝海,企业自主研发出钓具用碳纤维。随着国外对我国高性能碳纤维的封锁日益加重。公司以"振兴民族产业,坚持实业报国"为己任,成功突破国际封锁,研发出在航空航天、能源、轨道交通、建筑等领域均能使用的高性能碳纤维,保障了装备制造业的发展,确立了市场先入优势。

【启示】社会在发展,市场需求也在不断变化,只要留心观察,就能从中发现商机。创业者应以市场需求为导向、以技术创新为引擎、以实业报国为己任,争取进行自主研发,不仅会赢得先机、抢占市场,而且能为企业和产业发展积累后劲,从而回报国家、回报社会。

(四)顾客调查

顾客就是市场,创业者要清楚究竟谁是自己的顾客,再想办法让他们购买你的产品或服务。

1. 了解顾客

市场是由顾客形成的,它包含人、需求、购买力三个要素。只有人口多,顾客购买欲望及购买力强时,才能成为一个有潜力的市场;如果产品不适合市场需求,不能引起人们的购买欲望,购买力再强也不能成为现实的市场。如虽然广州人购买力较强,但由于没有现实需求,所以羽绒服不能在广州打开市场。

2. 收集顾客信息

收集顾客信息是企业未来实施客户管理的基础。顾客信息收集的内容包括:① 购买动机,即顾客想要什么产品或服务。② 购买偏好,即每个产品或服务的优势是什么,是规格、颜色、质量还是价格。③ 购买频率,即顾客一般在什么地方、什么时间购物,多长时间购物一次。④ 购买数量,即顾客每次购买的数量是多少。⑤ 期望价格,即顾客愿意为每个产品或服务付费多少。

收集顾客信息的方式有以下几种：① 情况推测。如果对一个行业很了解，可以凭经验进行预测。② 利用行业渠道获得信息。即从业内人士那里了解本行业市场大小方面的有用信息。如要了解某一产品的市场份额以及顾客的需求和意见，可以向经营该产品的主要中间商（批发商）处了解情况，听听他们怎样说；也可以通过阅读行业杂志、报纸、商业报刊等来了解需要的信息；还可以通过网络资源收集并了解相关信息。③ 抽样访问选定的顾客。既可以采用面谈、打电话、发送邮件等方式，也可以采用市场调查问卷等形式，要尽可能多地与潜在顾客交流，了解到底有多少人对你的产品感兴趣。

3．识别顾客

不同层次的顾客需要是不一样的。根据马斯洛需求层次理论，人的需要划分为生理需要、安全需要、社交需要、尊重需要、自我实现需要五个层次，据此可将顾客分为贫困型、温饱型、小康型、富裕型、富豪型，要根据不同的顾客提供相应的产品。千万不要把自己的需求想象成顾客的需求。

（五）竞争对手调查

竞争其实是在对手的帮助下提升自己的能力水平的途径，害怕或者逃避竞争的人一起步就已经输给了竞争对手。只有了解竞争对手的优势、特点和不足，才能做到知己知彼，百战百胜，才能够明确自己在同行业中的位置，从而正确地确定本企业的发展方向与目标。华为20世纪90年代走向海外，跟国际巨头展开激烈竞争，思科当年曾想置华为于死地，可经过长达一年多的激烈斗争，双方达成和解。按理说双方应该是敌手，可任正非却称对手为"友商"。友商就是不仅不排斥对手，反而要主动与对手交朋友，深度了解对手，学习对手，最终战胜对手。

对竞争对手信息的了解，主要包括以下内容：

1．竞争对手的一般情况

竞争对手的一般情况包括竞争对手有哪些，他们的产品或服务的价格怎样，他们提供的商品或服务的质量如何，他们如何推销商品或服务，他们提供什么样的额外服务，等等。

2．竞争对手的主要特点

竞争对手的主要特点包括竞争对手企业坐落的地段，设备的先进程度，雇员是否受过培训、待遇如何，是否做广告，怎样分销产品或服务，等等。

（六）商业模式调查

商业模式就是企业或公司是以什么样的方式来获取盈利。能够获取盈利的这些服务和产品的整个体系称为商业模式。换而言之，商业模式是企业从事赖以生存的业务活动的方法，它决定了企业在价值链中的位置。创业者要仔细调查，分析现存商业模式的缺陷，在改造原有模式的基础上完成企业新商业模式的创新。

二、创业市场调查的步骤

市场调查没有固定的"格式",不同规模的企业、不同的经营要求,市场调查的步骤与方法也不相同。就共性而言,一般包括以下四个阶段。如图 4-2 所示。

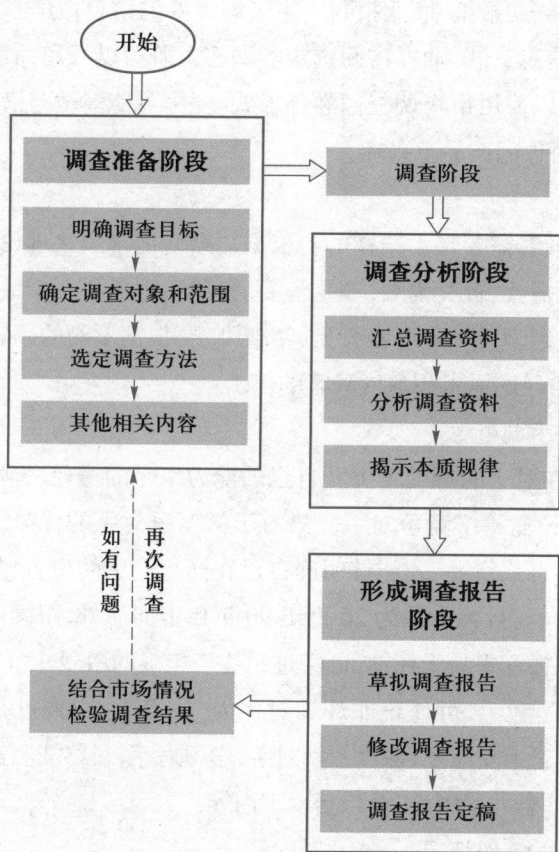

```
                    开始

  ┌──────────────┐          ┌──────────────┐
  │  调查准备阶段  │────────→ │    调查阶段    │
  ├──────────────┤          └──────┬───────┘
  │  明确调查目标  │                 ↓
  ├──────────────┤          ┌──────────────┐
  │ 确定调查对象和范围│         │   调查分析阶段  │
  ├──────────────┤          ├──────────────┤
  │  选定调查方法  │          │  汇总调查资料  │
  ├──────────────┤          ├──────────────┤
  │  其他相关内容  │          │  分析调查资料  │
  └──────────────┘          ├──────────────┤
         ↑                  │  揭示本质规律  │
    如有  再次              └──────┬───────┘
    问题  调查                     ↓
                           ┌──────────────┐
  ┌──────────────┐          │ 形成调查报告   │
  │  结合市场情况  │←────────│    阶段        │
  │  检验调查结果  │          ├──────────────┤
  └──────────────┘          │  草拟调查报告  │
                           ├──────────────┤
                           │  修改调查报告  │
                           ├──────────────┤
                           │  调查报告定稿  │
                           └──────────────┘
```

图 4-2　创业市场调查步骤示意图

(一)调查准备阶段

该阶段是在对企业提供的资料进行初步分析的基础上,找出问题存在的征兆,选定调查的对象和范围,明确调查目标,确定调查方法等。

1. 明确调查目标

市场调查的主要目标是了解市场各要素的具体情况,为所从事的创业行业、创业项目、经营策略的选择提供必要的决策参考。目标是行动的先导,市场调查活动要紧紧围绕调查目标展开。

2. 确定调查对象和范围

为确保调查的针对性和有效性,要确定调查活动的对象和范围。要选择特定的行业、创业项目、创业模式、目标顾客进行深入调查,对特定范围内的对象展开调查。

3．选定调查方法

市场调查的每种方法都有各自的优缺点和适用范围,在调查准备阶段,要根据调查目标和内容选择适当的调查方法,或使用一种,或多种方法结合运用。

4．其他相关内容

除上述工作之外,还需制订调查计划,确定收集和分析资料的方法,做好调查的组织分工,编制调查预算,安排调查时间等。

（二）调查阶段

调查阶段是市场调查研究方案的执行阶段,主要是按照准备阶段调查方案所确立的调查计划、调查方式和调查方法进行资料和信息的收集。

这一阶段是调查者与被调查者直接接触的阶段,为顺利完成调查任务,调查者必须对调查活动进行不间断的外部协调,合理安排调查任务和进程,尽量避免或减少调查活动给被调查者的正常工作带来不利影响。

（三）调查分析阶段

调查分析阶段主要是通过汇总调查资料、对调查资料进行分析,揭示调查对象的本质及发展规律并得出规律性结论。

从某种意义上说,对资料的分析要比收集更重要。为使分析公正客观,排除个人偏见,分析时可以和参与经营的第三人一起进行,甚至转换角度站在对立面来分析,确保分析结论的正确性。

（四）形成调查报告阶段

形成调查报告阶段是经过对调查资料的综合整理与分析,根据调查目的写出结论性的报告。调查报告反映情况要真实、完整,所做分析客观、科学,所得结论明晰、准确。一份完整的调查报告应包括调查目的、调查范围、调查方法、调查内容和提出建议五项内容。

创业者在编写调查报告时,要注意调查对象的代表性,数量的广泛性,重视竞争对手、客户的调查;同时注意获取信息的多元化,重视不利于自己的情况与信息的收集,尽量发现存在的问题和可能遇到的困难。

调查报告不是市场调查的结束,而应继续结合市场情况变化,检验调查结果的准确程度,并发现市场新趋势,为改进创业计划打下基础。

三、创业市场的调查方法

调查方法是调查中对各种具体资料或信息的收集方法,在信息化时代,要借助大数据平台、摄像机、计数器、监测器、闭路电视、计算机、结算终端等工具来观察和记录被调查对象的具体情况。主要方法包括直接调查法、间接调查法和网络调查法三类。

（一）直接调查法

直接调查法是对人或事的行为的直接调查和记录。实施时既可公开调查,也可隐蔽调查。如超市经营者通过公开调查来记录顾客流量,统计客流规律和商品购买人次,重新设计商品的陈列和布局。而竞争对手到商店里进行公开调查往往会引起对方的注意,于是就通过隐蔽调查收集竞争对手资料。如某超市派遣调查人员以顾客身份到竞争对手的商店进行隐蔽调查,获取竞争对手关于商品的花色品种、价格、陈列和布局、商店的促销活动、销售服务等方面的资料。

(二)间接调查法

间接调查法是利用别人调查研究的成果或以"旁观者"身份对被调查对象进行观察,来追溯和了解过去所发生的事情。如一位著名统计学者通过对某一城市街区垃圾的调查创造了"垃圾学"。该方法是由市场调查人员通过对家庭垃圾的观察与记录来收集家庭消费资料。调查人员不用直接对住户进行调查,而是通过查看住户所丢弃的垃圾,对家庭食品消费情况进行调查。该法能节约人力物力且有利于对某些不易直接观察的现象做出判断。

(三)网络调查法

网络调查法指借助 E-mail、网上调查问卷、社交媒体市场调研等网络市场调研工具进行调查。网络调查可以采用多媒体将声音、图像和文字综合在一张电子调研表上,具有图文声并茂、调研高效快捷、互动性好等优点。网络调查法是传统调查方法在网络时代的应用和发展。

任务二 计划围绕市场转——制订创业计划

【引导案例】 将"两轮智能产品"推向全球

九号公司创始人大学就读于北京航空航天大学。他因特别喜欢钻研机械,在大学结识了一位有着同样爱好的学长,合伙创业做智能玩具项目,并卖出 2 000 多台产品,后因运营问题,项目无疾而终,但他一直没有放弃创业追求。

读研期间,他在导师的帮助下成立了一家机器人公司,主打教育及排爆,一年内就完成了两个大订单,公司营业额达到 400 多万元。然而他认为排爆机器人市场空间太小,不是一个理想的创业项目。他主动联系大学时一起合伙创业的师兄,经两人对市场环境的深度预判,达成进军平衡车市场的共识,两人合伙成立了九号公司,专做智能平衡车产品。公司成立两年后即启动收购计划,经过反复沟通,最终完成对平衡车鼻祖——世界上第一辆智能平衡车的发明者 Segway 公司的全资收购,迅速拥有了平衡车的全产品线,在实现全球领先的同时,快速提升了知名度,成为平衡车领域全球第一的公司。然而他们并不满足,又涉足电动滑板车领域,用三年时间,成为全球电动滑板车第一名。

现在九号公司将经营领域定位为短交通出行产品,并拥有平衡车、电动滑板车、电动车和全地形车四大产品线,其中平衡车和电动滑板车已经非常成熟,电动滑板车在欧洲的市场占有率达到50%。公司在全球建立了亚太、欧洲、美洲三大业务区域,在多个国家和地区设立子公司,成为产品遍布全球230个国家和地区的全球性综合企业。

【项目思考】

九号公司创始人的创业计划是一开始就胸有成竹的,还是一步步完善起来的? 他的创业计划为什么能成功? 他的成功给了你什么启示?

【项目启示】

客户是企业的衣食父母,创业计划一定要围绕市场转。在鼓励绿色出行的今天,许多人把电动平衡车或者电动滑板车作为短距离出行的工具之一。九号公司选择在该领域创业,不仅市场广阔,而且可以避开激烈的市场竞争,快速发展。新创公司的产品或服务一定要对客户产生黏性,并在发展中快速迭代更新,使其日趋完善。

【身边的创业导师】

创业计划作为创业者对所创办企业所有事项的总体构想和安排文本,用于对即将展开的创业项目进行可行性分析,向创业团队成员、相关机构、风险投资商、银行等,宣传拟建企业的经营方式、商业模式及核心竞争力,它涉及企业的团队、产品或服务、营销、市场及管理制度等各个方面,是对内吸引团队成员,对外宣传和推介创业项目的良好包装文件。

初涉创业的大学生,由于受经验、资源等客观条件的约束,制订可行的创业计划对大学生显得非常重要。通过制订创业计划来对创业项目进行全方位审视和设计,有利于创业者深度分析创业项目的可行性,理清创业思路,指导创业行为,助力创业融资,提升创业能力,从多方面给创业者提供帮助。

鉴于竞争对手有稳定的客户和市场,根据行业、市场和客户变化分析,制定清晰的市场开发或产品与服务计划,廓清创业脉络,不但会增强创业者的信心,而且会增强合作伙伴、风险投资家、员工的信心,为走向创业成功奠定基础。

【知识研修】

在激烈的市场竞争条件下,将好的创意付诸实践并不是一件容易的事。好的创意只是创业的起点,具备竞争优势才能形成立足之本。制订创业计划就是对所拥有及所需要的一切进行系统梳理,做到运筹帷幄。

一、制订创业计划的要点

创业计划应在尽量提供可供评估的各项资信的基础上，仔细审视自己的创业团队，看看是否具有创业潜质，考虑想做什么，在经营活动中采用哪些策略，拟创业项目有没有盈利空间和发展前景等。为使创业计划重点突出，内容清晰，在制订创业计划时要重点突出"四个一"。

（一）一个创业名称介绍

创业名称是所有创意的高度概括，一定要花精力和智慧起个好名字。恰当的名称能起到画龙点睛的作用。好的名称既要有丰富的内涵，能体现创业的属性和内容，又要形象直观、简洁明了、好记易懂、吸引人。如"稻香村"等。

（二）一项可行性论证

创业必须可行，富有前景。创业计划的可行性论证包括市场预测、政策环境、对手分析、风险评估等。要善于分析行业及市场的产品特征，明确创业项目的优势与劣势，特别是分析自身的团队、经验、资金和风险控制优势。找到战胜竞争对手，成功占领市场的潜能。

（三）一份投资回报分析

创业投资的关键是回报，否则既要冒风险，又要花费精力、时间、资金等，实属没必要。要通过投资回报分析，让投资人、团队、客户和合作伙伴看到希望，坚定信心，形成较好的企业内外凝聚力。

（四）一套创业运作方案

创业计划书应有一套包括如何组织生产、如何把产品推向市场、如何经营管理、如何进一步发展等运作设想的具体行动计划。

二、制订创业计划的原则及步骤

（一）制订创业计划的原则

为使创业计划能真正付诸实践，创业计划的制订必须符合以下原则。

1. 市场导向

创业机会来自市场需求，创业计划必须符合市场现状与发展动态，要始终以市场为导向，把握创业的市场机会与竞争威胁等。

2. 经济可行

创业计划是具体实施的行动纲领，要展现创业者及其团队的经营能力和丰富的经验背景，并显示创业者对于该产品或服务、市场开拓、技术掌握及运行策略等已有完全的准备，以增强实现计划的信心。

3. 先后有序

资源的稀缺性决定了创业活动的有限性，通过制订创业计划，使创业者清楚哪些该做，哪些不该做；哪些先做，哪些后做。创业学教授杰弗里·蒂蒙斯给创业者提出了如下参考建议，如表4-1所示。

案例：22岁穷小伙三年变总裁

4．客观明确

创业计划要尽量陈列出客观的、可供参考的数据与文献资料,市场需求分析所依据的调查方法与事实证据要客观、实际,可操作性强。

表4-1　蒂蒙斯对创业者的建议

应该做什么	不应该做什么
① 让所有管理团队成员参与创业计划准备 ② 分析创业存在的风险及其可行性 ③ 分析企业存在的现实问题和潜在问题 ④ 从市场需求出发,把顾客放在首位 ⑤ 分析可供选择的融资渠道 ⑥ 分析股权结构和投资者的获益方式 ⑦ 研究目标投资者及其喜好,及如何引起潜在投资者的关注和兴趣 ⑧ 条理清楚、内容完整、简洁明快 ⑨ 尽快行动,将计划付诸实施	① 管理团队中不要有神秘人物,如现就职于其他公司、后加入本公司的人 ② 不要讲模棱两可、不能肯定的话语 ③ 言语不要过于专业化 ④ 不要过分讲究创业计划的包装而忽略其本质内容 ⑤ 遇到现实需求时,不要把时间浪费在撰写计划上 ⑥ 投资未到位之前,不要认为自己已经成功

（资料来源：杰弗里·蒂蒙斯．资源需求与商业计划．北京：华夏出版社,2002.）

5．独创新颖

创业计划构想要新颖,经营理念独到,富有创新,无论是内容还是形式都要充满新意。要以独创性、新颖性打动投资者,增强合作团队的信心。

6．完整一致

创业计划要简洁明了、系统完整,需要包括创业经营的各项策略要领,尽量提供各项资信及佐证资料,并使预估与论证相互呼应、前后一致,逻辑性强。

（二）制订创业计划的步骤

不同类型及规模的企业,创业计划制订的步骤也不尽相同,但概括起来,大致包括以下几个步骤。

1．认识机会

认识机会是指看清企业优势、弱势及所处的地位,清晰而完整地认识企业利用机会发展的能力,看清不确定因素对企业可能发生的影响程度等。认识机会是创业计划制订的起点,对企业战胜风险求得生存与发展至关重要。

百度的成功,源于百度创始人发现了互联网创业机会,为抓住这一千载难逢的机会,他做了三个最重要的决定,一是回国创业,二是独立做搜索网站,三是用 5 000 万元买了“好 123”网站。当时仅仅两个导航关键词,一年就给百度带来 5 000 万元以上的收入,成为当年运营成本最低,但回报率最高的互联网产品。

2．确定环境条件

创业计划实施时的预期环境包括外部环境和内部环境。外部环境大多为不可控或部分可控,而内部环境大多为可控。不可控的外部环境条件越多,不确定性就越大,就越需做好预测。只有对环境条件了解得详细透彻,才能很好地加以运用,将创业计划做得协调、周密。

3. 做好准备

此阶段的主要工作是梳理思路,即对发现的创业机会、创业目标、创业模式进行梳理的同时,从多方面对创业项目进行深入了解;通过各种途径收集创业计划制订过程所需资料,并进行分类、整理;同时在此基础上明确创业的宗旨、目标、各阶段具体的时间安排、人员分工。

4. 落实目标

将组织目标层层分解,落实到各个部门、各个活动环节及成员,形成目标体系,包括时间结构和空间结构。新创企业要围绕"集中力量办大事,把钱花在刀刃上"的原则,使计划真正为目标服务。

5. 拟定可行方案

要拟订多个可供选择的方案。方案越多,选择性越大。往往不引人注目的方案或一般人想不到的方案效果最佳,因此,方案的创新性很重要。创业计划要把重点放在分析最有希望的方案上,并通过对可供选择方案的数量加以限制,集中精力对少数最有希望的方案进行分析。

6. 评价方案

评价方案是指根据环境条件和目标,对可供选择的方案进行轻重优劣权衡及评估。该阶段既要分析创业项目的可行性、产品或服务的新颖性、市场营销的适宜性、技术与工艺的科学性、管理团队的适宜性、投资回报的可靠性、筹资方案的计划性、创业风险的可控性等内容,又要考虑创业计划形式方面能否打动投资者或相关人员等因素。要充分考虑创业计划涉及的各方面的可操作性,所对应资料要有相关图表,以便进行比较、筛选。新创企业不确定因素较多,评估较为困难,因此,要重点注意以下几点:一是认真考察每个创业计划的制约因素和隐患;二是要用总体效益观点来衡量创业计划;三是既要考虑创业计划的有形、可量化因素,又要考虑无形、不能量化的因素;四是要客观地评价,既要考虑创业计划落实所产生的利益,又要考虑其可能带来的损失,特别是潜在的、间接的损失。

7. 检查完善

对照创业计划要求及其他企业优秀的创业计划进行检查。并就某些方面征询有关机构与专业人士的意见,如律师、会计师、金融机构等。要慎重对待该阶段形成的方案,要全面检查,反复推敲,善于形成新思路,不厌其烦地修订错误,逐步完善。最后形成内容与形式统一,宏观谋篇与微观细节统一的独到新颖的创业计划。

8. 制订派生计划

制订派生计划即制订主要计划的分支计划。通过制订派生计划可使主要计划更具针对性和可操作性。主要计划一确定,就要制订多个对应的派生计划作支撑,如雇用和培训人员计划、筹集资金计划、广告计划、生产计划等。

9．编制预算

编制预算是指把创业计划转变成预算，使创业计划的内容数字化。便于创业计划的执行及考核，形成较强的硬约束。

合理且可行的创业计划有利于创业目标的有效实施，以及实施过程的控制和调整。创业计划的编制不是一蹴而就的，而要根据实际情况适当调整，科学地进行省略或简化。

（三）制订创业计划需要注意的问题

制订创业计划要考虑的问题很多，除了满足以上内容外，还应注意避免其他人常犯的错误。如面面俱到，主题与特点不突出，引不起读者兴趣；只有描述性的激励语言，缺少规范性的逻辑推理与统计分析；高估市场前景与回报，低估竞争对手实力；只论证结果的必然性，不进行多方案比较；注重仿照别人的同类创业计划，不做自己的创新研究等。这样的创业计划缺乏针对性和可操作性，难以起到指导性作用。

【拨云见日】

同一事件　不同结局

两位年纪相当、体格同样健硕，配备同样齐全、同样英勇矫健的猎人相约上山打猎。历经一天的奔波，两人按照约定，到山前的一棵大桧木处会合，两个人碰面时一比，战果却是殊异：一位猎人猎到一头野猪、一只鹰隼，还捕了不少野兔、松鼠和蛇；另外一位猎人只猎到两只野兔、几尾蛇，相形之下寒碜许多。请问：为什么条件相同的两个人收获差距如此大？

【启示】虽然两人条件相同、打猎环境相同，但是收获大的人肯定做过打猎环境调查，对周边地形、动物习性、出没地点做过研究和观察，并制订了详细的打猎计划，按计划实施则针对性强、有章法，打的是有准备之仗，自然效率高。

任务三　创业纲要应精练——撰写创业计划书

【引导案例】 一份计划书实现利润 500 万元

毕业于某名牌大学的小黎，专注于室内环境污染治理研究，并取得重要突破。考虑到该突破性研究的广阔前景，小黎辞职创业。苦于资金缺乏，无奈中他想到了风险投资，小黎多次与风险机构或个人洽谈，强调技术的广阔前景和未来丰厚的回报，但一直没有实质性进展。后来，一位做管理咨询的朋友对他说："你连一份像样的创业计划书都没有,人家凭什么相信你?"小黎恍然大悟,经向专家请教、查阅资料、精心分析并论证产品和需求的可行性,拿出了一份创业计划书初稿。后几经专家指点,修改成完整而具体的创业计划书。借此,小黎很快得到一家风投公司的青睐,注资当年实现利润 500 万元。

【项目思考】

为什么小黎凭其出色的技术成果也难获得风投青睐? 小黎拿出的创业计划书为什么要经专家指点,反复修改? 小黎的事例对你有何启示?

【项目启示】

没有计划书,就筹集不到资金,难以得到认可,再好的想法也仅仅是一腔热情。一份好的创业计划书也是一件艺术作品,是企业家个性和思路的反映。没有创业计划书,再好的想法也显示不出来。

【身边的创业导师】

创业计划书是整个创业计划的灵魂。如果说创业计划是大脑中的想法和一堆分布在不同纸张上的七零八落的数据的话,那么创业计划书则是将这些想法和可行性分析数据合理地编排在一起,直观清晰地展示未来创业的指南。它为业务发展提供了明确指示图和可评价其可行性情况的标准,是实施创业的纲领性文件。

创业计划书是团队精益求精、合力协同的结晶。通过团队人员逐条推敲,能更清晰地认识各人需要承担的任务、风险和收益,减少失误,激励他们为共同的目标而努力。通过制订创业计划书,还能将以前没想到或想得不是很清楚的问题暴露出来,做到防患于未然。

创业计划书将企业发展蓝图展示给公司筹办合伙人、潜在投资者及融资公司、潜在雇员、合作伙伴及顾问、客户及供应商,可帮助创业者推销企业,让投资者能看到新创企业成功的"魅力",可以估算投资后能够在多长时间获得多少回报,让他们根据创业计划书进行评价和筛选,进而做出投资决策。对于正在寻求资金的创业者来说,创业计划书的好坏往往决定了其创业的成败。

【知识研修】

创业计划书的写作过程,是一个整理思想、调研市场、捕捉商机、运筹帷幄的过程。立志于创业的大学生,应当掌握创业计划书的撰写要领。

一、创业计划书的构成及格式

（一）创业计划书的构成

创业计划书是由创业者描述的创办一个新企业时所有相关的外部要素及内部要素的书面材料，也是筹措创业资金的重要依据。其基本目标在于：分析商机，说明创业者的基本思想和期望目标；描述创业者抓住机会的战略；分析说明影响创业成败的关键因素；分析并确定筹措创业资金的办法、回报及退出安排。创业计划书大致分为两类：一是简式创业计划书，短小精悍；二是详式创业计划书，它不仅是一种业务构思的整体策划和一份信息披露，而且是吸引投资的宣传单，更是以后团队创业的指导书。创业计划书一般包含以下几个部分：

（1）新产品或服务的基本价值是什么？即为什么这是一个有价值的创业机会？

（2）新产品或服务要卖给谁？

（3）如何开发、生产、销售新产品或服务？尤其是应对现在和未来竞争的总体计划是什么？

（4）创业者是谁？他们是否拥有开发创意、经营新企业所需的知识、经验和技能？

（5）如果需要筹资，需要筹集多少资金？用何种融资方式？如何使用资金？创业者和投资者如何实现投资收益？如何成功退出？

这些问题是合伙人和投资人最关心的核心问题。一份精心准备的创业计划书要以有序、简明、具有说服力的方式回答这些问题，才能确保创业计划书得到投资人的眷顾。

（二）创业计划书的基本格式

创业计划书通常包括封面、目录、摘要、正文和附录几部分。

1．封面（标题页）

封面包括创业计划书编号、公司名称、项目名称、项目单位、地址、电话、传真、电子邮件、联系人、公司主页、日期等。封面设计要有美感和艺术性，一个好的封面会使阅读者产生良好的第一印象。保密要求可放在封面，也可放在次页，主要要求投资方妥善保管，不得向第三方公开。

2．目录

目录列出主要的章节、附录和对应页码，目的是便于查找创业计划书的内容。

3．摘要

摘要是对整个创业计划书的高度概括，目的在于用最简练的语言将创业计划书的核心、要点、特色展现出来，吸引阅读者仔细读完全部文本。

4．正文

正文是创业计划书的主体部分，介绍公司的基本情况、经营管理团队、产品或服务、技术研究与开发、行业及市场预测、营销策略、产品制造、经营管理、融资计划、财务预测、风险控制等投资者所关心的问题。要求数据资料丰富,使人信服,又能突出重点,实事求是。

5. 附录

附录是对正文中涉及的相关数据、资料的补充。

二、创业计划书的撰写要点

创业计划书的撰写,是创业者(团队)反复思考、推理并讨论确定的过程。创业计划书的内容与写作要点如下:

(一)摘要

摘要是对创业计划书核心内容的概括提炼,是整个创业计划书的精华。一般是在所有内容编写完毕后,再把投资者最关心的结论性内容及读者有兴趣并渴望得到的信息摘录于此,并力求简练、一目了然,在短时间内给使用者留下深刻的印象。

摘要就像推销计划书的广告,力求简短、清楚、具有说服力。尤其应当强调公司的能力以及局限性,公司的竞争对手、营销和财务战略,公司的管理队伍、产品或服务、对消费者的价值、相关市场、管理技能、融资要求,以及可能的投资回报等,以引起投资者的兴趣。撰写时要反复推敲,用批判的眼光审视摘要,力求精益求精,形式完美,语句清晰流畅且富有感染力,力求简洁地表述创业者的创业理念,说明解决了什么未被解决的问题,或者机会的优势在哪里,以及本企业为什么可能会成功,篇幅一般控制在1~2页。

优秀的摘要不仅要传达丰富的信息,而且要传递创业者的兴奋与激情,把投资者吸引住,给读者留下长久的印象。

(二)管理团队

管理团队是投资者非常看重的资源,该部分主要是向投资者展现管理团队的结构、管理水平和能力,技术团队、营销团队的工作简历,取得的业绩、职业道德与素质,尤其是与目前从事工作有关的经历,还可以介绍企业目前的管理模式及特色,高级职员、关键雇员,以及公司管理人员的职权分配和薪金情况,必要时,还要介绍他们的经历和个人背景,以显示团队人员的互补性,使投资者了解管理团队的能力,增强投资信心。

此外,还应对公司的组织结构进行简要介绍,包括公司的组织结构图;各部门的功能与责任;各部门的负责人及主要成员;公司的薪酬体系等。要使投资者认识到,创业团队人才济济且结构合理,在产品设计与开发、财务管理、市场营销等各方面均具有独当一面的能力,具有与众不同的凝聚力和团结战斗精神,足以保证公司以后发展的需要。

(三)技术产品或服务

投资人员关心的问题是创新的产品、技术或服务对终端客户的价值。即能在

多大程度上解决现实生活中的问题,或者是节约开支,增加收入,这是市场销售业绩的基础。

技术产品或服务介绍一般包括:产品的名称、特性及性能用途;产品处于生命周期的哪个阶段,市场竞争力如何;产品的研究和开发过程;产品的技术改进、更新换代或新产品研发计划及相应的成本;产品的市场前景预测;产品的品牌和专利。这部分内容要详细,说明既要精确,又要通俗易懂,让非专业的投资者也能明白。一般而言,产品介绍都要附上产品原型、照片或其他介绍。

此外,对于一些以技术研发为重点的高新技术企业来说,还要对相关技术及其企业的研发情况进行分析,包括企业的技术来源、技术原理、技术先进性、技术可靠性;公司的技术研发力量和未来的技术发展趋势,公司研究开发新产品的成本预算及时间进度,技术的专利申请、权属及保护情况、技术发展后劲和技术储备等,以使投资者对公司的技术研发实力、公司未来的技术竞争力等有所了解。

（四）市场分析预测

现实可行的中长期发展计划将激发投资者和业务合作伙伴对创业者的信任。行业与市场分析预测主要对企业所在的行业基本情况,企业的产品或服务的现有市场情况、未来市场前景进行分析,使投资者对产品或服务的市场销售状况有所了解。行业分析主要介绍行业发展趋势、行业发展中存在的问题、国家有关政策、市场容量、市场竞争情况、行业主要盈利模式、市场策略等。

（五）组织结构

该部分的任务是设计一个层次清晰、简单明确、任务和职责清晰的组织结构。明确每个人所负责的业务领域,明晰职责,便于独立完成任务,一旦公司内部职能部门（如管理、人力资源、财务和行政管理部门等）确定下来,就可以运作。同时,一旦确定了公司的核心业务并且拟定了公司的业务体系,还必须考虑执行具体活动的最佳人选。在所选定的业务重点之外的其他活动,是"自己做,还是请别人做"的决策也需要在权衡利弊后做出。

（六）市场营销策略

企业营销成败直接决定了企业的生存命运。构思完善的创业计划的关键因素就是规划精密的市场营销和销售活动。在介绍市场营销策略时,要讨论不同营销渠道的利弊,明确哪些企业主管专门负责销售,主要适用哪些促销工具,以及促销目标的实现和具体经费的支出等。对市场进入、市场营销和促销计划等的一整套战略的阐述必须具有说服力。

（七）生产计划

生产计划旨在使投资者了解产品的生产制造及经营过程。为增强评估价值,创业者应尽量使生产制造计划详细、可靠。

（八）财务规划

财务规划主要用于评估创业者的创业理念,以便融资。包括公司过去若干年的财务状况分析,要求附带一份现金流量表、利润表、资产负债表;要有对未来3～5年的预测,至少要有一年是在实现收支平衡(即有了正的现金流)之后;要求最初两年内(每月或每季度)详细的财务规划,其后每年进行一次;要求所有数据都必须基于合理的假设。旨在使投资者据此判断企业未来经营的财务状况,进而判断其投资能否获得理想的回报。

(九)融资计划

融资计划主要是对企业的资金需求数量、融资方式、工具,投资者的权益、财务收益及其资金安全保证、投资退出方式等的计划安排。企业既要对融资需求、用途提出令人信服的理由,又要有令人心动的投资回报和投资退出机制,同时也要注意维护企业自身的利益。主要内容包括:

(1)融资数额是多少?已经获得了哪些投资?希望向战略合伙人或风险投资人融资多少?计划采取哪种融资工具,是以贷款、出售债券未融资,还是以其他形式?

(2)公司未来的资本结构如何安排?公司的全部债务情况如何?

(3)公司融资所提供的抵押、担保文件,包括抵押物品、质押人或者担保机构证明及文件等。

(4)投资收益和未来再投资的安排如何?

(5)如果以股权形式投资,双方对公司股权、控制权、所有权比例如何安排?

(6)投资者介入后,公司的经营管理体制如何设定?

(7)投资资金如何运作?投资的预期回报如何?投资者如何监督、控制企业运作等?

(8)如吸引风险投资,风险投资的退出途径和方式是什么?是企业回购、股份转让还是企业上市?

(十)风险分析

风险分析主要分析企业可能面临的各种风险隐患,风险的大小以及采取何种措施来降低或防范风险、增加收益等。主要包括:

(1)企业自身条件的限制,如资源限制、管理经验和生产条件的限制等。

(2)创业者自身的不足,包括技术、经验或者管理能力的欠缺等。

(3)市场的不确定性。

(4)技术开发的不确定性。

(5)财务收益的不确定性。

(6)针对企业存在的每一种风险,企业进行风险控制与防范的对策或措施。

对企业可能面临的各种风险,要采取客观、实事求是的态度,既不夸大,也不缩小或故意隐瞒风险因素,要通过对企业所面临的各种风险的认真分析,提出针对性的防范措施,以取得投资者的信任,利于引入投资后双方的合作。

(十一)收获与退出

投资回报及退出问题,是创业者与投资者关心的重大问题。这部分要描述投资者的退出战略,即他们如何收获资助新企业所带来的利益。如出售业务、与其他企业合并、IPO,或者其他重新募集资金的事项,使得其所有者和投资者有机会套出先前的投资。

（十二）时间表

这部分内容包括主要活动何时实施、关键里程碑事件何时达到（如开始生产、初次销售、突破盈亏平衡点等）。这部分内容应选择那些从企业资源及所在产业角度看都有关键意义的里程碑事件,以充分表明创业者的确仔细关注了企业的运营,并且为企业的未来发展制订了清晰的计划。本部分可以是独立的,也可以包含在其他部分中。

（十三）附件和备查资料

附件主要是对创业计划书涉及的一些问题的细节和相关的证书、图表进行描述或证明,如企业的营业执照、公司章程、验资审计报告、高新技术企业（项目）证书、专利证书、鉴定报告、市场调查数据、主要供货商及经销商名单、主要客户名单、场地租用证明、公司及其产品介绍等宣传资料、工艺流程图、各种财务报表及财务预估表、专业术语说明等。它与创业计划书主体部分一起装订成册。备查资料只需列出清单即可。

三、创业计划书的撰写和展示技巧

（一）创业计划书的撰写技巧

1. 条理清晰,重点突出

成功的商业计划书最吸引人的首先是它清楚的结构,投资者应当很容易找到他们特别感兴趣的要点。同样的一份创业计划书,根据需要会提供给不同的阅读对象,而不同的阅读对象对创业项目的关心重点与期望不同,如表4-2所示。所以,创业计划书的撰写不能使用一个模板,而要特别注意根据不同的阅读对象进行动态调整,突出重点和优势。

动画:创业计划书的核心要素

表4-2　创业计划书的读者对象及关注重点

创业计划书的读者对象	创业计划书关注的重点
行业投资者	市场优势、创业团队、投资报酬、退出方式
银行	财务计划、贷款偿付、担保条件、风险预防
创业管理者	公司前景、公司章程、决策机制、薪酬方案
创业团队	公司前景、公司战略、股权结构、公司章程
合作伙伴	公司前景、市场优势、合作条件
应聘的关键员工	公司前景、员工发展、薪酬方案

2．创意新颖，直入主题

新颖且富有创意的计划才能引起他人的注意，获得他人的青睐，从而加重创业成功的砝码。在富有创意的基础上，要避免与主题无关的内容，要开门见山地直接切入主题，避免相关人员浪费时间阅读一些对其没有意义的东西。

3．充分调研，真实有据

真实是创业计划书令人信服的首要要素，只有真实的想法和计划才具有现实的可操作性。为此，在写作前应进行充分的市场调研，做到有备而作。语言描述要客观，尽量用准确的数据说话，使投资者有机会仔细权衡论据是否可靠。

4．前后一致，统一风格

如果几个人合作完成一份创业计划书，初稿完成后，必须由一个人负责最后编辑和定稿，通过对方案内容进行整合，以避免方案整体风格不一、分析深度不同。

5．回报丰厚，清晰易懂

通常投资者都是以投资回报或者潜在回报来评价创业计划书，因此，创业计划书中的财务数据要经过慎重考虑和精心准备。在市场分析和财务计划制订时，要将投资者能够得到的回报写进创业计划书中。同时，创业计划书页数最好控制在30～50页，可以更短，且让技术上的外行也能读懂。因为，只有极少数情况下会有技术专家详细评估这些数据。大多数情况下，简单的说明、草图和照片就可以了。

6．展示团队，借助外力

许多投资机构与其说是投项目，不如说是投团队，因此创业计划书必须真实地向风险投资者展示管理团队的情况。创业计划书草稿获通过后，最好交给公司的专业顾问、律师、会计师或者咨询师等润色修改，因为他们都有与投资者、银行和证券交易所打交道的经验，非常清楚创业计划书中包含的内容应该如何陈述，经过修改的创业计划书也会更加完美。

（二）创业计划书的展示技巧

创业计划书准备就绪后，还需要将其向投资者进行展示，主要包括前期准备、演示创业计划书以及访谈三个基本环节。

1．前期准备

创业者要认真分析推介对象。风险投资的核心判断标准有三个：未来的市场是不是够大，是否有成长性？企业的商业模式是否可行，或者部分已被证明可行？创业团队是否优秀，执行力够不够强？前期准备工作应围绕上述内容展开。创业者在做创业计划推介准备时，还要注意训练自己言简意赅的表达能力和良好的表达技巧。

2．演示创业计划书

创业计划书的演示方法多种多样，但在多数情况下，是使用幻灯片演示。演示时，创业者应依照"10、20、30"的原则做好推介内容、长度和文字表现的准备工作，即10张幻灯片、20分钟时间、30磅文字字体来进行推介演讲。

3．访谈

创业者与风险投资方的访谈很重要，访谈时应避免项目介绍找不到重点、材料和演示工具准备不足、时间把握不好等问题。创业者要直截了当地告诉投资者公司做什么产品和服务、怎么赚钱、能赚多少钱、技术先进性如何，准备好一简一详两个版本的创业计划书，让投资人在初次接触项目的 10 分钟内就能判断出这个项目和团队是否具有投资价值。

项目测试

一、单项选择题

1．（ 　　 ）是整个创业计划书的精华。

A．摘要 　　　　　　　　　　　　　　B．管理团队

C．组织结构 　　　　　　　　　　　　D．生产计划

2．创业计划作为创业者对所创办企业所有事项的总体构想和安排文本，其制订应符合的原则不包括（ 　　 ）。

A．市场导向 　　　　　　　　　　　　B．经济可行

C．面面俱到 　　　　　　　　　　　　D．独创新颖

3．制定创业计划时需要重点突出的事项不包括（ 　　 ）。

A．创业名称介绍 　　　　　　　　　　B．投资回报分析

C．可行性论证 　　　　　　　　　　　D．创业计划书的包装

4．创业计划书分为简式创业计划书和详式创业计划书两种。详式创业计划书不仅是一种业务构思的整体策划和一份信息披露，而且是吸引投资的宣传单，更是以后团队创业的（ 　　 ）。

A．汇报书 　　　　　　　　　　　　　B．演讲稿

C．指导书 　　　　　　　　　　　　　D．宣传册

二、多项选择题

1．创业市场调查包括（ 　　　　 ）。

A．创业市场环境调查 　　　　　　　　B．产品或服务调查

C．行业调查 　　　　　　　　　　　　D．顾客调查

2．为提高创业成功率，降低创业风险，在创业过程中要进行周密的市场调查。常用的调查方法包括（ 　　　　 ）。

A．网络调查法 　　　　　　　　　　　B．间接观察法

C．直接观察法 　　　　　　　　　　　D．重点调查法

3．创业企业只有调查清楚谁是自己的顾客，并想办法让他们购买自己的产品或服务，才能在市场上站住脚。顾客调查主要包括（ 　　　　 ）几部分。

A．顾客关怀　　　　　　　　　　　　　B．识别顾客

C．了解顾客　　　　　　　　　　　　　D．收集顾客信息

4．创业计划书的展示主要包括（　　　　　）几个基本环节。

A．演示创业计划书　　　　　　　　　　B．访谈

C．路演　　　　　　　　　　　　　　　D．前期准备

5．创业计划书应该包括（　　　　　）。

A．市场分析预测　　　　　　　　　　　B．生产计划

C．管理团队　　　　　　　　　　　　　D．财务规划

三、思考题

1．创业市场调查的主要方法有哪些？

2．如何进行市场调查？

3．创业计划书的内容有哪些？

4．如何制订和实施创业计划书？

5．创业计划书的基本结构是什么样的？

6．如何撰写创业计划书？

7．如何提炼创业计划书摘要？

8．如何展示创业计划书？

9．创业计划失败的原因可能有哪些？为吸引投资，制订和展示创业计划书时应掌握哪些技巧？

四、综合实训

刚刚步入大学的小付立志在读大学期间自己养活自己，不向家里要一分钱。于是，怎么挣学费成了小付必须要解决的首要问题。

上学的第二年，一个偶然的机会，小付在乘公交车时帮助一位阿姨搬运盆栽，此后他有空便去帮她打理盆栽。小付的热情、憨厚打动了这位阿姨，她把自己积累的卖盆栽的经验教给了小付。看到校门口忙碌的地摊小贩，小付萌生了摆摊卖小盆栽的念头。自此，他走上了创业之路，并通过卖小盆栽赚取了第一桶金。之后，小付号召有创业激情的同学们一起开展了各种创业项目。历经几番沉浮，饱尝成功与失败的酸甜苦辣，肯吃苦、不服输的小付终于取得了成功。大学毕业那年，他利用创业赚取的资金注册了一家股份有限公司，年收入超过100万元，吸纳120位社会人士就业。现在，他的公司经营范围涉及广告设计与制作、内衣、餐饮、教育培训等多个行业，拥有员工300多人，公司总资产3 000多万元，年销售收入8 000多万元。

凭借自己的智慧和勇气，小付不仅实现了自己的创业梦，而且以创业带动就业，为社会做出了贡献。

将同学按4~6人一组进行分组，每组派一人专门记录，然后完成以下实训：

（一）分组讨论

1．小付是怎样选择他的创业项目的？他是怎样创办起自己的公司的？

2．根据小付的创业经历为他制订一份创业计划。

（二）实践提升

1．根据创业计划书的设计和写作要求，以每个小组为一个虚拟创业团队，仿照小付从生活中寻找创业机会的例子，选择一个创业项目，撰写一份规范的简式创业计划书。

2．每组将写好的创业计划书以 PPT 形式在班级展示，全班同学从创业计划书是否重点突出、创意新颖、盈利回报丰厚三个方面进行重点分析，最后由全班同学选出 2 份较好的创业计划书，并根据各组创业计划书的展示效果评定小组成绩。

项目五

创业路遥合力克艰——组建创业团队

【学习目标】

知识目标

了解创业团队领导者需要具备的素质及能力

熟悉创业团队的内涵及配置考量因素

掌握创业团队建设的步骤

能力目标

培养创业团队领导者的素质和领导艺术

能够根据团队管理要领提升团队管理能力

素养目标

树立优势互补、合作共赢的创业团队建设观

树立宽严相济、率先垂范、宽以待人、严于律己的管理观念

【思维导图】

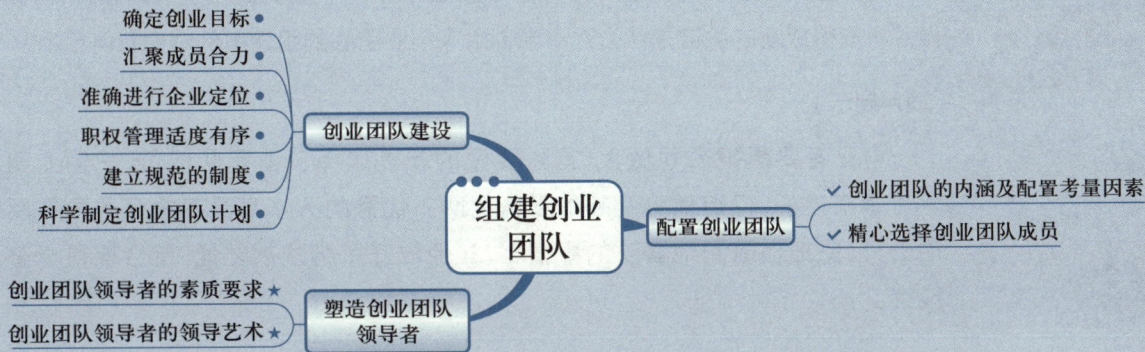

任务一　队友同心利断金——配置创业团队

【引导案例】　小米的创业团队

创业成功最重要的因素是什么？首先是团队，其次才是产品，有好的团队才有可能做出好产品。小米创始人说："很多人都说，找合伙人太难了，但我觉得很简单，你找不到人只是因为你花的时间不够多。"

创办小米时，第一年小米创始人花的绝大多数时间就是用来找人。其中搭建硬件团队花了最多时间。因为公司几个创始人都来自互联网行业，不懂硬件也没有硬件方面足够的人脉及创业经验。当时找硬件工程师非常困难，小米创始人的做法就是用 Excel 表列了很长的名单，一个个找。为找到一个硬件工程师，他打了 90 多个电话；为说服手机硬件结构工程师加盟小米，从中午 1 点开始，双方持续谈了 4 个小时，才出来上了个洗手间，回去后小米创始人说我把饭订好了，咱们继续谈。后来聊到晚上 11 点多，这位硬件工程师终于答应加盟小米。事后小米创始人说："他始终不相信小米能盈利，我就问他，'你觉得你钱多还是我钱多？'他说当然是您钱多，我就对他说'那就说明我比你会挣钱，不如我们俩分工，你就负责产品，我来负责挣钱。'他最后能选择加入小米，正是因为我说的这句话。"

小米的合伙人班子是各管一块，如果没有特殊事项，基本上创始人不知道彼此在干什么，大家都是各负其责，保证业务决策高效快捷。

【项目思考】

为什么说创业要坚持团队第一，产品第二？小米创始人跳出互联网领域，跨界做手机取得成功的关键是什么？小米创始人创业团队的组建案例对你有何启示？

【项目启示】

创业者要想把公司做大，首先要做的就是选择创业团队成员，把创业团队班子搭建好，打造优势互补的强势团队。优秀的人本身具有很强的内在驱动力，只要把他放到他喜欢的事情上，让他放开手脚施展才能，就会取得卓著成就。

【身边的创业导师】

一个人的精力是有限的，由各种能力互补的人员组成的团队才能形成强大的创业合力。选择团队合作创业已成为当今大多数创业者的共识。

企业从产生、成长到最终衰落或扩张，一般要经历创业、集体管理、规范和发展四个阶段，创业团队最容易在从创业向集体化管理过渡的过程中出现问题。

现实中的很多创业团队，存在"一年合伙、两年红火、三年散伙"的行为怪圈。团队分裂如能促进企业成长不是坏事。通常情况下，中小企业团队分裂会使企业元气大伤甚至以破产收场。如果创业团队通过有效地调整融合，形成共同的理念，相互之间优势互补，分配合理，沟通畅通高效，那么因目标、权益不一，个性不合等因素而分离的事件就会减少许多。

【知识研修】

一、创业团队的内涵及配置考量因素

（一）创业团队的内涵

创业团队是由少数志同道合、技能互补的创业者，为实现共同的创业目标，按照利益共享、风险共担、分工合作的原则组合在一起的共同体。创业团队只有作为一种结合了愿景、理念、目标、文化和共同价值观的生活和利益共同体，才能真心团结协作形成向心力及凝聚力，使企业形成强有力的市场竞争能力，从而获取超过市场一般水平的商业利润。

（二）创业团队配置应考量的因素

一般来说，创业之初，创业者的主要精力是打造富有创意的产品，然后带着产品去拜访客户，根据客户意见不断地去迭代更新产品，使产品逐渐趋于完善，此时需要一个强大的产品团队。而当产品得到客户认可后，就需要有较强营销能力的人，针对产品研究一套营销模式，去实现从 0 到 1 的突破，带领人员打开市场销路。当形成一定的客户基础且市场团队逐渐成熟，就要打造品牌，去获取更大的市场份额。当企业做大后，又需要一个强有力的管理团队，既能统筹协作又能分工负责地开展工作，有条不紊地协调供应链和生产链，为客户及消费者提供增值服务，形成市场黏性。这个过程既是一个企业的发展过程，也是其创业团队的组建及壮大过程。

创业者要打造一个能够聚同化异的高效创业团队，需要抓住团队组建时机，合理选择团队人员，明确团队组建目的、规定团队成员应该达到的基本要求。创业团队建设的这四个重要考量因素的具体内容如图 5-1 所示。

1. 团队组建时机

创业者在创业初期，历经从产品到销售再到市场和管理的磨砺过程，才能知道自己的优势与劣势，从而搞清楚需要什么类型的人才加入来弥补自己的短板，这样在选择团队成员时才会有的放矢。创业团队组建是一个渐进的过程，企业在成长，团队成员的结构及规模也应逐步扩大。为抓住创业机会，在创业初期的宝贵时间段，就要开始发展团队，且在从创业初期到快速成长期的整个阶段逐步完善，推动企业快速发展。

```
┌─────────────────┐        ┌─────────────────┐
│  团队组建时机    │        │  团队人员选择    │
├─────────────────┤        ├─────────────────┤
│                 │        │  能力及资源互补  │
│    创业初期      │        │   共同的价值观   │
└─────────────────┘        └─────────────────┘
              ↘          ↙
               ( 创业 )
               ( 团队 )
              ↗          ↖
┌─────────────────┐        ┌─────────────────┐
│  团队成员要求    │        │  团队组建目的    │
├─────────────────┤        ├─────────────────┤
│    相互协作      │        │    服务社会      │
│    利益共享      │        │    成就事业      │
│    风险共担      │        │  收获创业成果    │
└─────────────────┘        └─────────────────┘
```

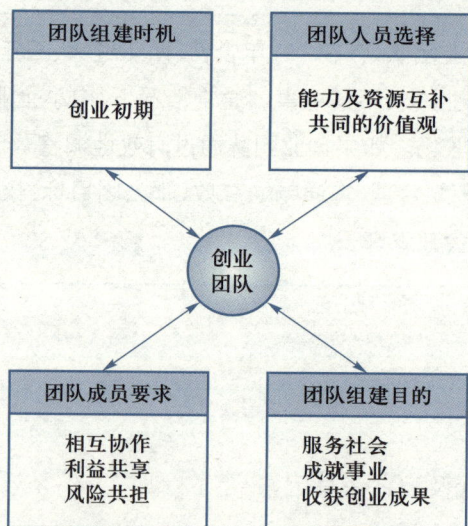

图 5-1　创业团队建设考量因素

2. 团队人员选择

创业者知识再丰富，也难以涵盖创业过程中遇到的技术、管理、营销、财务等方方面面的问题；能力再强，也难以应对日益复杂、多变的技术挑战及市场环境。因此，创业初期要注重从管理、技术和营销三方面选择对企业所从事的事业真正认同且业务方向契合、专业能力及学习适应能力超强的人。要让团队成员每人负责一个板块，充分发挥自己的专业所长，构建良好的沟通协作关系，使团队与企业共同成长。

3. 团队组建目的

创业的目的及动机因人而异，但仅为改变自身生存现状及实现财富增长，只能叫"谋生"，不是严格意义上的"创业"。真正的创业，是在追求自我实现的同时去服务社会。真正意义上的创业者都有担当，任正非70多岁依然奋战在第一线，让全世界看到了中国创业者的力量。华为吸引全世界的优秀人才，和他们一起搭建一个大舞台，做出了对人类社会有益的产品。因此，要选择为实现远大理想或希望通过创业服务社会，愿意付出百分之百的努力去做自己感兴趣的事的优秀人才，通过团队群策群力，发挥超越个体的创造力，在收获意想不到的惊喜中，获得自我实现的满足以及服务社会的成就感。

4. 团队成员要求

企业需要一个强有力的管理班底。初始创业团队伴随企业发展共同成长，避免核心团队成员分崩离析给企业造成重大打击，这对创业成功非常重要。因此，团队成员一定要有共同的价值观，热爱所从事的事业，善于沟通协作，勇于承担风险，做到个人利益服从团队利益，团队利益趋向创业目标。同时，创始人要权衡好利益分配，做到公平公正，并尽可能地多为创始团队成员考虑。

一群志同道合、能力互补的人分工合作，步调一致地围绕共同目标奋斗，对创业成功极为重要。在互联网领域创业取得成功的三大企业,在创业早期都建设了一支可靠的创业团队:百度"七剑客"、阿里巴巴"十八罗汉"、腾讯"五虎将"。为了让能力强且愿意共担风险的人加入团队,创始人要合理匹配时间,将 1/3 的时间用于公司发展战略,包括眼睛往外,协调内外关系;另外 1/3 的时间用于构建"人才联络图",发现人才,引进团队,做好激励;最后 1/3 的时间花在团队管理维护上,打造强大的创业团队。

二、精心选择创业团队成员

创业团队的发展,是一个从小金字塔管理结构逐渐进化为大金字塔管理结构的过程,因此,作为团队发展基础的小金字塔管理团队成员的选择非常重要。

(一) 要有宽厚包容的雅量

"一个篱笆三个桩,一个好汉三个帮。"无论是创业还是守业,核心竞争力都是人才。创业者不仅自身要有能力,更要有不以小恶弃人大美的智慧和远见。要用一双慧眼发现人才,还要尊重其个性特征、处事风格,用诚信、精心、仁义、雅量、宽厚待人留住人才。如很多人知道快手创始人宿华,但很少人知道创始人程一笑。其实快手前身 GIF 快手是由程一笑创办的,而宿华在技术和算法驱动方面的优势吸引了程一笑,为说服宿华入伙,程一笑不仅让出 40% 的股份,而且同意让宿华做CEO,自己专心负责产品开发。由此快手迅速在短视频领域崛起。

(二) 要具有共同的价值观

价值观是人认定事物、辨别是非的一种思维或取向。价值观直接影响和决定着人的理想、信念、思维、目标和标准。只有团队成员有共同的价值观,才能形成强大的凝聚力。创业团队要经受得住创业过程中的艰难险阻,向成功迈进,就需要高度趋同的价值观。遇到艰难险阻能同甘共苦、荣辱与共,出现分歧能以大局为重,将企业整体利益放在第一位。为发挥价值观对创业团队的凝聚与约束作用,企业初创时期,最好选择价值观高度趋同的校友、同学、亲戚、朋友等形成初创团队。

(三) 要做到团队成员优势互补

优势互补的创业团队是创业成功的关键。"主内"与"主外"、耐心的"总管"和具有战略眼光的"领导者"、技术与市场等各方面的专业人才,都不可偏废。要注重成员构成的"三个共同"和"三个互补"(即"三三"原则),如图 5-2 所示。创业者应充分考虑团队成员的能力、性格等方面的因素,以此来达到团队优势互补,从而形成团队合力。

图 5-2 团队成员选择"三三"原则

（四）注重创业伙伴的素养

创业是一个系统工程，需要创业者具有较高的多维素质，创业者在挑选创业搭档时，应从以下几个方面来关注合作伙伴的素养。

1．脾气性格

创始人要有人格魅力和容人之量。团队成员要互相信任、沟通、配合、换位思考和密切协作。切忌相互猜疑、嫉妒、易怒等。反复无常者及斤斤计较者，在选择创业伙伴时要慎重考虑。

【创新素养】

团队合力成就腾讯

腾讯自创建至今的20多年间，成功穿越了多个经济与技术周期。从PC互联网、移动互联网到产业互联网时代，腾讯都保持了行业领导者位置，现在又在人工智能、虚拟现实与量子计算等前沿科技领域积极布局。腾讯在多个周期、多个业务领域都取得巨大成功的背后，是其创始人谦逊、利他的领导力，以及给予合伙人充分的信任、尊重与赞美，凝聚形成的团队合力。

腾讯创始人曾表示："我的个性比较急躁和固执，能力不全面。是创业伙伴们对我的包容，让我可以发挥所长，修正我的缺点，帮助我成长。在公司发展的过程中，遇到过很多难关，难免有激烈的争论，但腾讯的管理团队一直具有很强的包容性，大家相互扶持，凝聚力量。能和这样的伙伴一起共事，一起成长，是我的幸运。"

【启示】团队成员之间的关系是相互的，和则双利，斗则两伤。要密切协同，激发主人翁精神，使每个合伙人的创造叠加，才能创造惊喜、互利共赢、相互成就、共同繁荣。

2．事业态度

胸无大志、没有事业心的人，可能会在新技术引进和革新方面为团队添加不少阻力，短期合作可以，如果想长期合作，应慎重考虑。

3．能力经验

在选择团队成员时，应注重考察其所具备的能力和过往的经验是否与企业需求相匹配，应选择最适合的人才而不一定是最优秀的人才。

4．外部评价

了解一个人，最好走进他的社交圈，看看他身边的人对他的评价，如果选择帅才还应关注竞争对手对他的评价。

5．道德品质

经验证明，一些创业企业的失败，不是因为团队成员不能共患难，而是在成功后相互算计,从而导致事业失败。因此,应选择道德品质高尚,懂得感恩,忠诚度高的人合作。

选择合作伙伴时,不但需要其有良好的性格、习惯、为人、处事、个人能力,而且需要其具备一定的知识储备、行业经验、资源整合能力、人际交往能力和管理能力,同时还要求各成员之间相互信任、以诚相待、公平相处,并在企业创立初期建立完善的管理制度和利益分配制度。因此,在初创时期,创业搭档的选择要"宁缺毋滥"。

【创新素养】

创业成功靠团队

随着我国一系列扶持集成电路行业的产业政策出台,国内陆续新成立了多家芯片设计企业。凭借丰富的从业经验,从事音频终端产品制造行业20多年的黄志强联合33岁的芯片设计专家刘助展创设了中科蓝讯,立足芯片领域创业,立志在智能耳机、智慧家居、智能可穿戴设备、高性能物联网等领域实现产品的立体布局。

他们在半年时间内,就招募了多位数字电路设计、模拟及射频电路设计、版图设计、应用软件设计、应用硬件设计等方面的专业人才,完成创始技术团队组建。团队人员皆有多年芯片相关技术经验,对音频、蓝牙芯片领域理解透彻,具有深厚的技术积累和敏锐的市场洞察力。

为了实现核心技术完全自主可控,规避高额的授权费,降低前期芯片开发的资金投入和芯片成本,提升芯片的综合性价比优势,团队基于在蓝牙音频市场上的敏锐洞察力及长远的目光,群策群力,科学决策,争分夺秒地研发、设计TWS真正无线立体声蓝牙耳机芯片。

在首颗芯片流片测试环节,研发人员发现芯片中的一条线没有连接,为及时解决问题,整个团队齐心协力,通过软件方式成功"解救"硬件失误。赶上了2019年TWS的爆发期,站在行业风口,产品推出当年即实现盈利,在半导体行业中极其罕见。随后公司迅速推出多款TWS耳机芯片、蓝牙音箱芯片等产品,凭借市场的高速增长和产品的优异竞争力,获得第十四届"中国芯"优秀市场表现产品的荣誉。实现产品的立体布局和业务的全面开花。

【启示】在音频终端产品制造行业有着20多年经验,并在行业内积累了广泛的客户资源,且具备较强的资金实力的黄志强与芯片设计专家刘助展合作创业,不仅形成了资源黄金组合,而且有利于快速完成团队建设。这也是中科蓝讯在成立之初就能精准判断市场格局,找准自己的定位,依靠自主研发获得快速发展的重要原因。

（五）精简高效、动态调整

为减少创业期的运作成本，最大比例地分享成果，创业团队人员构成应在保证企业能高效运作的前提下尽量精简，减少高管的数量和架构层级。团队成员要下沉到一线，既当指挥员又当战斗员，在具体业务中把握市场方向。同时，在维护团队稳定性的同时，保持团队的动态协同性和发展性，使真正匹配的人员能被吸纳到创业团队中来，通过"新陈代谢"提升团队整体竞争力。

任务二　发挥所长避所短——创业团队建设

【引导案例】　赢得理念　赢得团队

理想汽车创始人从高中就开始创业，先是把泡泡网做成中文 IT 垂直网站领跑者，将其卖给盛拓传媒后，又创办了汽车之家，在纽交所上市。第三次创业，创办理想汽车，2020 年在纳斯达克上市，当天市值超过 97 亿美元。

一个连续 3 次创业，连续成功的创业者，其秘诀就是赢得理念、赢得团队。他认为创业者的使命就是带着团队去赢。要使从上至下，从下至上，都具有赢的理念。团队每个人都有赢的心态，每个人都会用赢来激励自己，都有很强的自我驱动力。理想汽车创始人认为自己擅长用户和内容的经营，所以找的第一个合伙人是做技术的，CEO 是做管理的，财务副总裁是普华永道的，销售副总裁是经营广告公司的。他找到的这些团队核心管理成员所擅长的，都是他完全不擅长的，甚至不会的，他们都是能独当一面且能力充分互补的合伙人。

团队管理推行谁决策谁负责的管理模式。如创始人与负责企业媒体业务的副总在每年第四季度，都要对未来一年的重要方向和目标达成一个共识，并以任何人都能听懂和理解的方式表达出来，以大幅减少沟通成本，然后大到年度的财务预算、人员预算，小到一个帖子、一篇文章，具体负责人和其团队都拥有 100% 的决策权和责任。至于创始人自己，只保留了两项权力：建议权和否决权（一年只能行使三次）。但轻易不使用否决权。在决策中，无论是费用预算，还是人员预算，以及设备预算，创始人说得最多的是：这些钱够吗？需不需要再加点？得到的答案往往是：我们深思熟虑过了，够了！

因为团队非常努力，希望在每一个领域、每一个环节都能赢，所以合伙人经常会压给自己很多事情，独立地看每件事都很有价值，但因精力有限，实际执行会遇到困难。而创始人就是和团队一起做减法，带着团队梳理所有正在做或准备做的事情，然后从团队外和用户的角度把所有事情按照优先级排列，选出不多于三个重要的事情加以解决。

理想汽车创始人从高中开始创业，为什么能连续创业成功？他组建创业团队的理念你是否认同？为什么？他的创业团队建设经对你有何启示？

【项目启示】

很多人都认为自己会创业成功，其中一些人也具有敏锐的商业眼光和深厚的专业功底，但因为缺少理想汽车创始人那样的团队管理理念及运作模式，结果在创业过程中屡战屡败。要想创业成功，不妨借鉴一下理想汽车创始人的创业团队建设经，使合伙人同心同德，合力成就创业成功之梦。

【身边的创业导师】

企业创业成功后能够做大做强，更多的是依赖创业团队成员的齐心协力、相互补台。团队成员要有各种不同的才能，才能应对企业发展过程中各方面的挑战。团队要有精神、有灵魂、有想法，要团结，这样的共同体才能称得上团队。

新创企业起初规模都很小，人员少，配置紧凑，一人身兼数职，相互之间的边界不是很明显，人治是主要手段。但"没有规矩不成方圆"，不能因为人治效率高就忽视团队建设。团队建设要公开、平等、透明地进行各种争论和应对各种挑战，但是最后一定要达成一致意见。对于团队建设，要有一个具备领导能力、有责任感、有威望的核心领导人。要重视制度对行为的约束，要使最基本的责权利清晰明确，尤其股权、利益分配机制一定要明确，包括增资、扩股、融资、撤资、人事安排及解散等。以便在企业发展壮大后，不会因利益、股权等的分配分歧使团队之间产生矛盾，进而导致创业团队的解散。同时，要妥善处理创业团队成员间的薪酬分配关系，形成合理的激励机制，使创业伙伴能获得与企业长期绩效相关的成长性薪酬。

【知识研修】

组建团队和管理团队是成功企业家需要具备的主要能力之一。面对不同性格类型及诉求的创业团队成员，如何既有利于调动团队成员的积极性，又有利于吸引资金，同时避免削弱企业整体控制权，这是一个需要巧妙平衡的问题。创业者要具有凝聚共识的能力，能够提出凝聚人心的共同目标、企业愿景和经营理念，作为相互信任和利益共享的基础。尽管不同创业团队的人员来源、素质、能力与结构各不相同，但概括地看，创业团队建设的步骤主要有以下六方面。如图5-3所示。

一、确定创业目标

创业目标是指期望达到的成果,它为企业整体、各部门和各成员指明方向、描绘未来,且可作为标准用来衡量实际绩效。创业目标包括总目标及分目标。总目标通过完成技术、市场、规划、组织、管理等各项工作,推动企业从小到大、从雏形到成熟。总目标可以分解为若干可行的、阶段性的分目标。

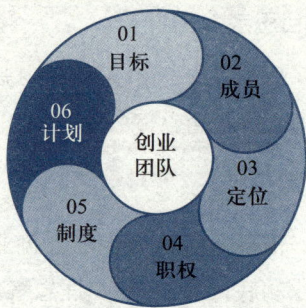

图5-3 创业团队建设的步骤

(一)目标设置要科学

创业目标是立足经营领域、面向市场,经过慎重思考和调研后确立的。创业目标最好能弥补市场空白或开辟新领域。如电子商务填补了互联网营商的空白,智能手机则开辟了手机新领域。目标明确才能使团队成员形成凝聚力,激发奋发向上的动力。创业目标必须是合理的、切实可行的,且得到团队成员的高度认可,并愿意为之努力奋斗。

1. 目标要明确

目标明确才能使团队成员认清奋斗方向。要使目标定量化,用具体的语言清楚地说明要达成的预期成果,并将目标有效地传达给相关成员,确保目标考核的可行性和准确性。

2. 目标要分解

为了推动团队最终实现创业目标,要将总目标加以分解,设定若干可行的、阶段性的分目标,直到可操作的具体业务目标,形成上下贯通的目标体系,使团队每前进一步都能带来成就感,激励团队为逐步实现目标而努力。

3. 目标要可衡量

创业目标要使用明确、具体的数据表达,以便衡量目标达成情况。

4. 目标要可操作

目标初步拟定后,要征求团队成员意见,做到先进合理、适当、可执行、可操作、能落地,以便执行及实施。

5. 目标要平衡

要在兼顾短期目标与长期目标平衡的基础上,兼顾组织内部各系统、各利益相关方的目标平衡,使投资、生产、销售、质量、工资待遇等各种目标平衡。

确定创业目标并非可以一蹴而就,而是经过整合和提炼形成的。创业者要善于将愿景凝练为最有价值的目标。

(二)目标实施要顺畅

目标实施是企业实行目标管理的核心内容,要做到顺畅地实施目标,应做到以下几点。

(1)为目标的实现创造良好的工作环境,保证企业在目标责任明确的前提下形成团队合作的工作氛围。

（2）发挥团队自我控制的能力，同时将领导者的信任与企业完善的自检制度相结合，保证企业具有自我控制和自我调整的积极性和制度保障。

（3）保证信息及反馈渠道的畅通，以便及时发现问题，采取措施，必要时适当修正目标。

【拨云见日】

从大处着眼　从小处落实

枭龙科技创始人谈及创业梦想时说，人总会求上者得中，求中者得下，目标要永远设得比第一高一点。他希望枭龙科技未来可以成为像苹果、微软一样引领时代潮流的科技型企业。但在创业伊始，他的目标却很简单，就是从研究他痴迷的 AR 技术入手，先做出一款跟谷歌一样的 AR 眼镜。为实现目标，他和团队聚在一起探讨 AR 技术，经常通宵达旦。第一个目标实现后，又确定了通过快速迭代更新产品，将 AR 技术和传统行业相结合的目标。他的痴迷与坚持深深感染了团队成员，大家凝心聚力，逐步实现目标，使企业快速发展。

【启示】确定目标不是本事，把大目标分解为现实可行的小目标，通过小目标的逐步实现，向着大目标逐步迈进，并最终达成大目标才是本事。创始人要善于通过目标管理，层层递进，让团队在实现目标的过程中得到提升，形成一个能逐步达成目标的富有战斗力的团队。

（三）目标评估与考核要高效

根据考核评估目标实施效果确定部门和个人绩效、贡献，论功行赏，以调动团队积极性，提高工作成效，改进管理。

1. 严格按照标准进行考评

要采用科学的考评方法，上下结合开展考评，使考评结果有公信力。

2. 实事求是地总结经验教训

考评要认真分析主观原因和客观原因，总结经验，肯定成绩，吸取教训，改进工作，为下一轮目标完成创造条件。

3. 根据完成情况科学奖惩，调动积极性

要将目标完成情况与创业团队成员及部门员工的主动性、积极性结合起来，依据完成情况进行科学奖惩，表扬先进，鞭策后进，并帮助未完成目标的成员分析原因，制定改进措施，把团队集聚到目标的实现上来。

二、汇聚成员合力

创业起步靠个人,企业发展靠团队。创业者要将团队成员协同起来,形成统一的认知,通过目标协同、利益协同、行为协同,构建协同管理机制,使团队成员心向一处想,劲往一处使。

（一）成员分工要明确

具有不同背景的异质性团队拥有更为丰富的社会资源和人力资本,有利于集中不同观点以提供对问题的创造性解决方案。为使不同的人有不同的工作重心,分工是最好的手段。明确的分工能最大限度地发挥团队成员各自的优势,降低团队成员的工作难度,保证企业的高效运转。新创小微企业可采用"扁平化组织结构",不做岗位细分,实行"创始人—合伙人—员工"或"合伙人—管理员—员工"管理模式,团队成员一人多岗,根据每个人的强项和性格特点确定岗位及所担负的工作,做到职责、权限、业务范围明确,不存在重叠交叉,防止成员将自己的义务和责任转移给其他人。对于团队处理不了的业务,可委托专业外包公司完成。

（二）成员能力结构要互补

创业团队成员是企业最宝贵的资源。团队成员在配置上要做到能力或技术优势互补。在团队成员结构上,第一要有"高空的鹰",能看得远,能制定组织内部战略思维布局;第二要有"镇山的虎",坐镇公司能使企业经营平稳有序;第三要有"觅食的狼",善经营,会赚钱;最后还得有一个"守财的貔貅",守住底线,严把财务关。成员之间还要熟悉并承认彼此的优势和劣势,最大限度地发挥每个成员的长处,形成"1+1>2"的协同效应。

（三）成员要有归属感

创业者要站在企业全局高度,给成员创造释放自我能力、实现自我价值的平台,为团队成员提升工作效率、拓展工作业绩及创新提供支持。要创造一个轻松自由、积极进取的工作氛围,让团队成员在这个团队里都能有归属感,能为自己是团队的一分子而感到自豪。要建立创新容错机制,允许创新失败,让团队成员感觉到被尊重,工作有成就感,以感情凝聚团队,从内心理解企业,进而实现对企业管理制度的认同与遵守,增强奉献意识。

（四）成员沟通要顺畅

高效的团队需要有效的内外沟通。沟通要围绕团队目标和未来的远大理想展开,要多给团队成员一些鼓励。创业者要善于进行高效沟通,间接沟通解决不了的问题要及时直接沟通解决。随着企业的发展,成员的心态也在同步变化。在创业过程中要正视问题,要以向前看的态度,通过充分的沟通和交流,形成一致意见,形成被团队成员广泛理解和接受的决定,以促进创业团队成员之间的融合。如果发现团队中的某些成员心怀不轨,想利用矛盾来损害团队利益,达到不可告人的个人目的,就要快刀斩乱麻地将其清除出去。

（五）激励要赋能企业发展

1．激励要人性化

尊重是最人性化、最有效的激励方式之一。创业者要从内心尊重团队成员。关注团队成员的心情变化及所思所想，隔段时间就向团队成员发出邀请，一起参加聚餐、娱乐、活动等，在愉快的氛围中与团队成员恳谈，关心团队成员的进步。建立大家同舟共济、休戚与共、一起攻坚克难的精神和信念。

2．激励要适当

激励应当体现出团队成员的工作量及业绩的差异化，要根据成员对企业贡献的不同建立报酬分配方案，创造公平的竞争环境。且要留出改进和调整的空间，使分配方案能随着企业发展和成员贡献大小的转变得以动态调整，使激励制度具备灵活性。

3．利益均沾风险共担

创业团队要按照风险共担的原则，共同面对创业过程中的各种困难，按照利益均沾的原则，分享创业所获得的财富。要让团队成员感觉到企业是我家，发展靠大家，只有把企业做大做强，提升企业的整体财富和价值，个人收益才会增加，个人发展目标才能实现。

4．股权分配要科学

股权激励虽然成效明显，但若分配不当可能会造成控制权的削弱。不利于吸收天使投资和风险投资。特别是企业进入变革期，企业的控制权往往成为团队成员的争夺对象，如果出现难以化解的矛盾和对立，股权分散，则会造成企业分裂，对企业后续发展造成致命损害。因此，创业者要审慎考虑股权分配，只有对企业发展具有不可代替性的人，才能考虑赋予其股权，对需要赋予股权的数量也应团队上下共同协商讨论。

（六）培育团队精神文化

1．培养团队精神

团队精神是企业的精神支柱，是促进企业凝聚力、竞争力不断增强的精神力量。在强调团队协同效应的同时，要注重培育团队精神，在团队精神的旗帜下，使集体利益与个人利益达到较高程度的一致性，创业团队成员要了解自己的优劣势，与能弥补自身差距的人合作，互相帮助、互相体谅、为他人着想，齐心聚力地实现团队目标。

2．培育团队文化

优秀的团队一定要有优秀的文化。为最大限度地统一团队成员意志，规范其行为，凝聚力量，为团队总目标服务，要在企业制度建设、标志、精神、口号等方面体现出独具特色的团队文化。同时，团队领导的精神追求和价值取向对其带领的团队也有着重要影响。团队领导要运用以人为本、友好和睦、忠于使命、奉献社会、恪守承诺、勇担责任、勇于进取、艰苦奋斗的优秀文化来统领团队的思想理念、价值理

动画：团队合作
共赢策略

念、目标理念、行为理念、品牌理念和服务理念，进而影响员工、感染客户。

3. 构建学习型组织

不断学习进步对于初创企业来说是非常重要的。要通过动态有效的学习、沟通与协作，培养弥漫于整个组织的学习气氛，提升团队知识、经验和技能，提高创造性，建立一种有机的、高度柔性的、扁平的、能持续发展进步的组织。使团队成员能够共同学习，共同进步。

【拨云见日】

创业合伙人共治范式

腾讯的团队治理采取的是创业合伙人共治范式，即公司不刻意营造领导者个人权威，而是主动推动腾讯成为一个民主、平等、多核驱动，由合伙人共治的企业。

企业合伙人共治范式在腾讯刚创业时就有很好的体现。如一般创业者都喜欢在自己创建的企业里一股独大，拥有绝对控制权。但公司创始人作为核心发起人，当时却只持有 47.5% 股权；腾讯"五虎将"的其他四人股权之和大于公司创始人。在腾讯公司上市时，公司创始人不仅让四位合伙人都成了亿万富翁，而且让七位早期核心员工都成了千万富翁。如果这些员工持股至今，也会成为资产高达数十亿元的亿万富翁。

即使腾讯发展至今，公司创始人也是优先保障其他合伙人的利益。如作为腾讯的一把手，公司创始人始终不是腾讯体系内薪酬最高的人。据 2021 年年报数据，公司创始人的年度薪酬为 4 414 万元。腾讯 13 位高管总酬金大约 30 亿元。5 000 万元至 2 亿元的有 6 位，其中有两位薪酬在 3.5 亿元左右，还有两位高层薪酬超过 11 亿元。除了给予合伙人与核心高管慷慨的薪酬与股权激励，公司创始人对中基层员工也极为慷慨，陆续发放了数百亿元人民币市值的股权。

除了在薪酬与股权激励上的慷慨，公司创始人在公司业务决策上也极为民主，多是经过协商沟通，最终推动核心决策层达成一致。

【启示】腾讯每年约有 6 000 亿元的营业收入，2 000 亿元的净利润，以及约 3 万亿元的市值，创造了中国民营企业的多项纪录，这背后是腾讯创始人对团队的充分信任、尊重与慷慨所激发出的每个人的主人翁精神与创造热情，腾讯创始人的企业合伙人共治领导范式，值得想成为卓越企业家的创业者们深度学习借鉴。

三、准确进行企业定位

企业定位是指企业通过其产品及其品牌，基于顾客需求，塑造企业独特的个性、文化和良好形象。简单地说，就是把企业做成什么样，它取决于创业者的意识、眼光和态度。企业定位科学，才能凝聚团队成员，形成共识，才能使企业走得更远。如阿里巴巴的成功是将淘宝定位成一家帮助众多企业做生意的电子商务平台，而不是卖自己产品的互联网公司。

（一）企业定位的原则

1．健康积极的经营理念

创业者要以健康的心态和积极向上的精神为企业定位，以正能量引导消费者，带动市场，为企业发展注入持久的动力。

2．清晰的个性特征

创业者在进行企业定位时要富有创意，使企业有明显的个性特征，能和其他品牌有明显区别，有助于形成差异化优势。当京东往中高端市场发展、阿里巴巴紧紧咬住不放时，拼多多看到了巨大的三四线市场的商机，反其道而行，走中低端消费路线，快速成为新的电商霸主。

（二）企业定位的内在分析

要想创业成功，必须有正确的自我认知。团队要深度了解企业自身，确定企业的客户群体。准确的企业定位要搞清以下三个问题。

1．我是谁

明确所创办企业从事的经营活动，提供的产品和服务的属性。主要理清"企业是干什么的"这个问题。如我的企业是生产制造商、品牌商、工贸一体经销商还是贸易商？

2．我能做什么

明确所创办的企业"能做什么"。如，我的企业有什么资源？能生产什么产品？能为客户创造哪些价值？

3．我的优势在哪

明确所创办企业的优势特长，如，如何利用企业的优势特长让客户选择你的产品或服务？怎样才能实现持续盈利？企业的哪些优势可以吸引客户形成消费黏性？

创业者对创办的企业有清晰的自我认知，才能够进一步弄清客户群体是哪些人，以及如何满足客户群体的需要。

（三）企业定位组合

企业定位是广告定位、产品定位、品牌定位和营销定位的有机组合。

1．广告定位

广告定位是为突出企业商品的个性和特色，即同类其他企业商品所没有的优点。广告定位既可以聚焦商品本身，也可以从使用者角度进行。

2．产品定位

产品定位是指企业以怎样的产品（服务）来满足目标消费者需求。新创企业资源有限，所以要对产品进行精准的、有针对性的定位。如果产品经过市场考验，受到市场认可,就要借助营销扩大市场,覆盖更多的目标客户。如果产品不受市场欢迎,就应通过调查目标客户和市场,基于客户需求重新进行产品定位,生产新产品。

3. 品牌定位

品牌定位是指对企业品牌在文化取向及个性差异上所做的商业性决策,使本企业商品在消费者心中占领特殊位置,当消费者产生某种需要时,会随即想到该品牌。如提到手机,人们就会想到华为,这就是手机品牌定位所致。品牌定位的目的就是将产品转化为品牌,以利于潜在顾客认知。如九号公司对 Ninebot 九号、Segway 赛格威两大品牌定位是高频、高客单价、高性价比。

4. 营销定位

营销定位是指企业为商品确定一个适当的市场位置。营销定位扮演着顾客青睐的源点和竞争取胜的重点两个角色。没有营销定位,不仅消费者无法在第一时间认识、选择商品,而且很容易被竞争对手战胜。

四、职权管理适度有序

职权是指每个团队成员所担负的职责以及所享有的权限。职权是指职务范围以内的权利,即管理职位所固有的发布命令和使命令得到执行的一种权利。每个团队成员职权划分都要明确,既要避免重叠和交叉,又要避免疏漏。只有赋予每个成员与其履行职责相适应的权限,才能有助于他们完成目标,奠定团队成员良好合作的基础。要按照"适才适所"的原则将团队成员的职权定好位,通过有效授权,做到"人尽其才、才尽其用"。创业初期需要通过适度集权来保证创业团队目标的实现,组织稳定发展后适度放权则能够激发团队成员的工作积极性。

职权是由职位派生出来的,是一种职位的权利,与担任该职位的管理者个人特性无关。职权包括执行权、领导权、管理权、用人权、检查权、监督权、协调权七种形式。比较理想的状态是最高领导者比其他管理者多一点权威,但是每位团队成员都有实质性的权利和策略性的位置,特别是在他们负责的领域内,每个人都能充分发挥自身能力,尽职尽责地作出贡献。要通过维持权利结构的平衡,在团队中创造一种公平的环境,提高在动态环境中决策的速度。创业活动作为一种动态变化的复杂活动,创始人要通过在创业过程中对客观环境、人员状态、工作效能等多方面因素的综合考虑,进行动态调整,利用"集权"和"分权"两只手来激励团队正向发展。

五、建立规范的制度

制度是对创业团队成员进行约束和激励的基础。新创企业不能因为规模小,人员少,就忽视制度建设。要通过各种约束制度,包括纪律条例、组织条例、财务条例、保密条例等,形成约束机制。要通过制度建设使企业经营管理的各项事宜都做到科学合理,使团队成员的奖惩、职务调整和薪资安排都公平公正,最大限度地发挥团队成员的作用,防范战略决策失误。

企业制度是一个逐渐规范、完善的过程。在企业发展壮大的过程中,要不断地发现漏洞、修补漏洞,对组织自身出现的问题要及时改进,并用规范文件约定下来,形成定例。

六、科学制订创业团队计划

创业团队计划是在对创业目标进行具体分解的基础上,从团队整体角度综合考量确定的团队及成员在不同创业阶段需要完成的相关任务。它规定了不同创业阶段需完成的阶段性目标,要通过阶段性目标的逐步实现以最终实现整体目标。创业团队计划要通过编制、审查、执行及考评等进行科学管理。其中,编制是基础,审查是手段,执行是保障,考评是结论。创业团队计划要做到编制科学、审查独立、执行有效和考评公正。

任务三　火车需要车头带——塑造创业团队领导者

【引导案例】　任正非成就华为传奇

任正非出生于贵州安顺镇宁县一个贫困的小山村,青少年时代在极度贫寒中度过。1988 年,华为在深圳创立时几乎零起步,无力与对手竞争。任正非看到当时国外厂商尚未涉足县城及农村市场,便推出农村数字交换解决方案,培养出一支精良的营销队伍和研发团队。依靠“农村包围城市”策略,从一些偏远的城镇电信局获得突破。如今,华为已成为全球领先的信息与通信技术解决方案供应商。2021 年,华为全球销售收入达到 6 368 亿元,净利润高达 1 137 亿元。

伴随着华为的高速成长,任正非开始为公司“发展太快,赚得太多”感到焦虑。深谙“过冬理论”的任正非,一直把“多余的钱”花到前瞻性领域。

某天下午,在华为坂田基地会议室里,公司高级副总裁聚集在一起对华为未来 5 年的销售收入进行预测,大多数人认为前景不乐观。就在大家激烈争论时,徐文伟突然接到一个电话,他接完电话后说,我们把预测数据再调高 2 亿元吧。看到大家不同意,他便略显无奈地说道:“就这样吧,这是老板定的。”

华为的任何一次重大决策都是任正非亲自参与并决定的,华为历史上一系列的战略决策基本上号准了市场发展的脉搏。许多华为高层都认为,起初他们经常会认为老板的许多决策是错误的,但是后来的事实证明,恰恰是自己对企业的发展理解不够。

【项目思考】

从网上查找资料,说说任正非具备哪些杰出企业领导者的素质?

【项目启示】

创业者与企业是天生的命运共同体,对企业的使命感、号召力和重塑力是职业经理人难以匹敌的,华为的发展史也是一部"创业者创造企业历史"的创业史。

【身边的创业导师】

成功的创业者能为企业勾勒出一个切实可行的美好前景,始终着眼于企业的长远目标去推进。成功的创业者都有一种很强的领导力量,他们可以不需要凭借领导权力就能向别人施加影响,能够很巧妙地解决各种问题。

但在创业过程中,创业者不要希望一开始就把所有的事都想清楚,以变应变是常态。只有在变化中应对变化,去调动所有的想象力、创造力,以及资源整合能力来解决好当下每一个问题,企业才能活 10 年、20 年乃至 100 年。

就草根创业而言,创业初期公司 50% 以上的业绩都是由创业者创造的,这个阶段如果想让公司顺利度过创业"死亡谷",需要创业者事无巨细,亲力亲为,此时的创业者既要做领导者,又要做管理者。公司度过"死亡谷"进入发展阶段后,创业者变成单纯的领导者,这时只需激励一些有才干的人,让他们把事情做得更好即可。因此,领导者除了逐步放权,还得培养、教育管理人员,依靠个人魅力、魄力、智力、权力以及非权力因素的亲和力和影响力获得他人追随,提高自身情商和处理问题的能力。

例如,电影《亮剑》中李云龙团队在装备、队伍数量弱于对手的情况下不断取得胜利,其成功的秘诀就在于李云龙有一种让士兵们折服的个人魅力和领导能力,有不墨守成规、出其不意的智慧和才能,有恰当的组织能力,能化整体弱势为局部强势,从而取得团队胜利。

【知识研修】

一、创业团队领导者的素质要求

创业团队领导者是指具有创业欲望、从事创业活动、创办新企业的创始人。创业团队领导者的素质要求,因所处市场环境以及社会文化的差异各有不同,较为共性的有以下几方面。

（一）企业家精神

创业者作为团队的领导人,当团队遇到重大决策或危急关头时,所有的人都不

敢、也不能出来承担时,自己必须做决定,出面承担企业责任和社会责任。因为投资者可以变卖股票退出企业,企业员工也可以退出企业,但企业家却是唯一不能退出企业的人。只有这样,创业团队才有中流砥柱,员工才有主心骨,才能赢得所有相关人员的尊重和信赖,才能使团队有战斗力、有持久力。

【创新素养】

创业素质赢得信赖与成功

"国产基带芯片第一股"翱捷科技成功登陆上交所科创板,首日收盘,市值近500亿元。成立仅 6 年,翱捷科技就取得里程碑式的成就,与其创始人的创业素质打动了上海浦东新兴产业投资有限公司(简称浦东新产投)的法人代表不无关系。

在洽谈锐迪科微电子有限公司(简称锐迪科)收购业务过程中,浦东新产投法人代表发现,锐迪科创始人(后创办翱捷科技)作为一家纳斯达克上市公司的董事长,没有专职的驾驶员、秘书,也没有专属的办公室,而是哪里需要他就去哪里办公,出差都是坐折扣最高的经济舱,住最经济的连锁酒店。"这代表了他对科技企业如何在高度竞争的市场中保持生命力的理解,并以身作则地倡导节俭、控制成本。"浦东新产投的法人代表回忆,"当时就决定,一定要投他。"当锐迪科创始人决定再次创业,创立翱捷科技时,浦东新产投经过与创始人多次深入沟通、开展市场调研分析,认为国内通信芯片市场空间广阔,公司创始人有能力在该领域打造一家国内一流、世界领先的企业。故而,浦东新产投联合上海浦科投资控股有限公司(简称浦科投资)投资翱捷科技,并帮助企业对接资本、市场等发展资源,助力翱捷科技开启了崭新的集成电路行业征程。

【启示】在当今商品极度丰富、价格透明、市场竞争十分激烈的时代,创业者要想取得成功,就必须加强自身修炼,持续提高自身的创业素质,成为具有企业家精神的创业人物。这样的创始人才能凝聚起强大的团队,获得丰富的产业资源、人脉和行业影响力,进而取得创业成功。

(二) 强烈的创业意识

意识不仅决定行动,还决定行动的方向和力度。只有具有强烈的创业意识,才能对创业产生无限的好奇心和巨大的心理冲动,才能满怀憧憬地去发现新领域和提出新问题,并以健康的心态、激昂的精神、执着的追求和顽强的意志去探索与开拓。

（三）强健的身体

创业意味着一生，而不是一阵子，创业就是一种状态，一种生活方式，一种为之奋斗的代价，而不是一种风景。所以需要身体健康、体力充沛、精力旺盛、思路敏捷，能从容应对创业中的各种困难和挫折。

（四）健康的心理

心理健康可以使人心情愉快、精力充沛、头脑敏锐、想象丰富、行为协调，可以从根本上提高工作效率，激发创造性。创业者心理包括自我意识、性格、气质、情感等心理构成要素。创业者要有积极进取的人生态度、处变不惊的自信心、力挽狂澜的气魄、慎独而恒久的自律性等。

1. 自主判断的果敢勇气

创业过程中机会与风险并存。创业者必须人格独立、志存高远、超越诱惑、排除干扰、敢闯敢干。要具备评估风险程度的能力，具有驾驭风险的有效方法和策略。只要瞄准目标，判断有据，方法得当，就应敢于实践，敢冒风险。

2. 克制盲目冲动和私利欲望

创业者要防止冲动，使创业活动始终在正确的轨道上进行，要自觉接受法律、社会公德和职业道德的约束。要能克制个人欲望，约束自己的行为。

3. 坚持不懈、快速反应

创业是一个探索未知领域的过程，创业者的心理和行为会不断地受到挑战，不仅要面对竞争，还要面对抉择；不仅要面对成功，还要面对失败。因此，创业者需要百折不挠，坚持不懈，快速反应。

4. 善于进行自我调节

创业过程中遇到经济拮据、事业暂时陷入低潮、人际是非长短等各种挫折，都会给人带来苦闷、彷徨、烦恼或沮丧。创业者要具有超凡的心理调控能力，善于进行自我调节，自信、乐观、能够承受各种压力，能把创业看作是一种追求和乐趣，做到"胜不骄，败不馁"。要善于总结和吸取失败的教训，承认暂时的失败现实，做出适当的调整和"退却"，为将来的"进攻"积蓄力量，以便转败为胜。

5. 自信和谦逊

不论是在团队内部还是外部，创业团队领导者都必须诚实地对待每个人，既要激发自己在个性上和专业上的自信心态，又要谦虚地容纳、整合不同专长的人，进而转化为企业组织运作的力量，共同完成组织任务。

6. 智慧、品行正直

创业团队领导者需要具备足够的智慧和能力，还要具备正直的品行和良好的工作习惯，善于适度授权和委托他人来完成任务等。

7. 自我超越

创业者的使命是通过创新改变世界，让世界变得更美好。而改变世界要从改变自己、超越自我做起。要积极主动地进行知识更新、能力提高以及思想境界的跃升。在实现创业梦想的征途中,披荆斩棘、永不止步,为组织、社会和国家的发展做出贡献。

(五)合理的知识结构

创业者的知识结构对创业成功起着举足轻重的作用。创业者要进行创造性思维,要做出正确决策,必须掌握广博的知识,具有一专多能的知识结构。包括创业所需的专业技术知识、经营管理知识、与社会各方面交往所需要的相关知识等。

(六)完善的管理能力

创业在多数情况下是通过团队运作的,而团队的默契必须依靠高效的管理。因此,创业者需具备以下管理能力(如图 5-4 所示)。

1. 创新能力

成功的创业者一般应具有独立性、求异性、想象性、新颖性、灵感性、敏锐性等人格特质,并能将其运用于管理经营活动当中。

2. 预见能力

预见能力是指根据事物的发展特点、方向、趋势进行预测、推理的思维能力。预见能力是成功的指南针。

3. 决策能力

创业者要能根据主客观条件,因地制宜,正确地确定创业的发展方向、目标、战略,选择正确的实施方案。

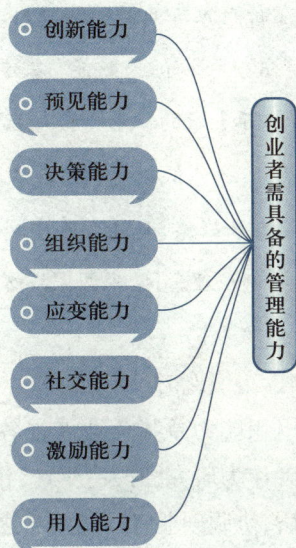

创新能力
预见能力
决策能力
组织能力
应变能力
社交能力
激励能力
用人能力

创业者需具备的管理能力

图 5-4　创业者需具备的管理能力

动画微课:决策要科学

【创新素养】

赋能新能源　服务国家战略

寰泰能源股份有限公司(简称寰泰能源)创始人在大学学习期间,不仅建立了扎实的跨学科知识储备,而且锻炼了整合信息并快速作出决策的能力。他意识到基础设施建设影响着国家的经济发展,是改善民生的重要手段。大学毕业之际,适逢全球能源结构从传统的石油、天然气向太阳能、风能等清洁能源转变,他放弃当时追赶互联网、金融行业创业的热门"风口",抛开向"钱"看,选择了向"前"看,顺应能源转型的未来趋势,投身清洁能源行业。创立寰泰能源股份有限公司,创业当年就与哈萨克斯坦合作伙伴成立了合资公司。截至 2022 年底,寰泰能源在哈萨克斯坦投资建设了 6 个新能源电站,全部投入运营后,除了每年可以减少 90 万吨二氧化碳排放外,还可以满足当地约 60 万户居民对低廉、环保、可持续电能的需求。该项目建设带动了约18亿元国产风力、光伏等电力设备出口，改变了哈萨克斯坦市场长期由欧洲品牌垄断的局面，有力地促进了中国产品和品牌"走出去"。

与"一带一路"倡议倡导的"共商共建共享"原则相契合，寰泰能源在哈萨克斯坦的投资项目均采用"中哈合作设计、中国设备采购、哈国土建施工、中哈技术人员合作管理"的模式，不仅带动了当地就业，也促进了两国团队的技术交流，促进了两国人民的人文互通。

在新能源行业站稳脚跟后。寰泰能源创始人又瞄准国家"碳达峰"和"碳中和"这一"双碳"目标，为赋能"零碳"未来，决定在储能技术创新领域进行二次创业。

【启示】党的二十大报告指出，要协同推进降碳、减污、扩绿、增长，推进生态优先、节约集约、绿色低碳发展。在清洁能源及新能源领域创业，不仅能造福地球和人类，契合国家发展战略，而且有着广阔的国际市场。对于新创企业而言，创业者要想走得更远，就要创新理念，紧跟国家战略，以新视野、新观念、新思维提升持续创新能力。

4. 组织能力

组织能力是指创业者把各项生产要素有机组合起来，形成整体合力的能力。创业者作为研究、开发、生产、销售等各个环节的协调者、组织者和团队领袖，为化解矛盾，协调创业者与竞争者之间、创业者之间、创业团队之间的关系，提高工作效率，需要高超的组织能力。

5. 应变能力

应变能力指人在外界事物发生改变时所做出的反应。面对不断变化的外界环境，为迅速地通过分析信息，做出正确的创业抉择，需要具有良好的应变能力。

6. 社交能力

社交能力包括表达能力和理解能力，表达能力是指充分有效地将自己的观点阐释给对方，良好的表达能力可以使客户充分理解企业的产品或服务，使创业团队更有效地为实现目标而努力；理解能力则能够帮助创业者随时随地领会和把握服务对象的诉求，有效调整服务内容和方式。

7. 激励能力

激励包括两种形式：一是工作激励，分配恰当的工作来激发员工的工作热情；二是成果激励，正确评价员工的工作成果，以此为标准给员工合理的报酬，并给以物质或精神上的激励。

8. 用人能力

创业者要吸纳德才兼备、志同道合的人共创事业，必须学会用人，要善于吸纳比自己强或有某种专长的人共同创业。腾讯成功靠的是"五虎将"，阿里巴巴创业有"十八罗汉"。华为更是重视人才、珍惜人才,很少有企业家能像任正非一样给人才极大的自由和发挥空间。他善于广揽全世界的人才,然后和他们一起搭建一个大舞台,做出对社会有益的产品。

二、创业团队领导者的领导艺术

高超的领导艺术是实现团队良好管理,团结一致,避免分裂的重要手段。

(一)加强沟通营造良好工作氛围

良好的工作氛围能提高员工的自觉性、积极性、能动性、创造性和企业归属感,同时能增加企业产出的效益和组织凝聚力。创业团队领导者要放下架子,主动抽出一定时间和员工交流,了解员工的心思与需求,并及时解决问题,使员工少一些牢骚,多一些理解。

(二)充分信任是团队合作的基石

管理者要在团队成员互相沟通、互相了解的基础上,给予每个成员充分的信任,相信他们的能力、人格和信誉。相关调查结果显示,多数人认为团队散伙是因为"合作不愉快,人际关系难处理""对公司未来发展前景感到渺茫和不确定"以及"当初建立的信任基础发生动摇"。以信任作为基础的经济活动会减少企业对未知事件的不确定性,高度的信任会使企业以更具弹性的方式来开展工作。

动画:团队合作秘籍

(三)放权给能担当权利的人

放权是团队管理之道,也是企业发展的必经之路。适当放权,已经成为企业基业长青的重要管理手段。通过放权,管理者可以从烦琐的具体事务中解脱出来,着眼于更高层面上的重大问题;增强员工的主人翁意识,满足员工建功立业的个人追求。但是,放权一定要选对人,对创业团队成员的权利、分配要与成员的能力和贡献相一致。京东前总裁王笑松刚入职京东时担任手机数码业务负责人,他感到公司发展很快,资金一直很紧张。有一次,他拿着一张 500 万元的预付款单找总裁签字,总裁抬起头瞪着他:"我告诉过你付款权限是多少吗?只要你签了字,财务有钱,直接拿钱就行。"王笑松后来说,他拿着付款单扭头的那一刻,眼泪差点掉了下来,"有这样的老板,一定要把事儿干成"。

(四)尊重员工比奖励更有效

士为知己者死。管理者要让团队成员体验到真正的关怀和未来美好的前景,才能塑造团队成员的向心力与归属感。管理者要注意了解员工的基本情况,并让员工知道领导在关心他。如人力资源部应详细记录每位员工的姓名、籍贯、生日、兴趣爱好等基本特征,生日当天发送生日祝福邮件,或者订购生日蛋糕庆祝生日等,使员工感到自己在群体中的位置和价值。

(五)善于表扬和赞美

每个人都有较强的自尊心和荣誉感,表扬作为一种有效的激励措施,可以激发和保持行动的主动性和积极性,产生积极进取的精神,弥补物质刺激的不足。领导

者表扬下属时,注意要基于事实,并发自内心,诚心诚意。管理者要用理性去管理,用感性去激励。遇到问题站在对方的角度换位思考,这样就会更好地理解同事、员工,员工就会和企业同甘共苦,和企业一起成长、发展壮大。

（六）开展批评与自我批评

管理者要以身作则,开诚布公,敢于承担,从而调动员工开展批评与自我批评的积极性,形成宽松、民主的氛围。华为每月要定期召开民主生活会,会上有水果、零食之类,不像一般工作会议一样形式严谨。但有一项议题很严肃,就是批评和自我批评:各小组要写出自身需要改进的三个方面和其他小组或项目经理需要改进的两个方面,并阐述理由。如此一来,各部门之间能够互相帮助、互相改进,既增进友谊又消除误会,提高了合作效率。

项目测试

一、单项选择题

1. 激励要赋能企业发展,并努力创造（　　）竞争环境。

A. 平和的   B. 公平的

C. 合理的   D. 适宜的

2. 创业者良好的身体素质不仅是身体健康,还要（　　）。

A. 体格强壮有力   B. 经常运动锻炼

C. 身体健康不生病   D. 精力旺盛,思维敏捷

3. 创业者要（　　）每个创业团队成员的个性特征、处事风格。

A. 理解   B. 保护

C. 关注   D. 尊重

4. 对创业团队成员的权利分配要与成员的（　　）相一致。

A. 年龄   B. 经济水平

C. 与核心人物的关系   D. 能力与贡献

二、多项选择题

1. 创业团队配置应考量的因素有（　　　　）。

A. 团队组建时机   B. 团队人员选择

C. 团队组建目的   D. 团队成员要求

2. 要充分激发职工的工作热情,调动职工积极性和创造性,促进职工发挥其才能,释放其潜能,要建立激励机制,激励要注意（　　　　）。

A. 人性化   B. 适当

C. 股权分配要科学   D. 利益均沾风险共担

3. 创业者应具备的素质包括（　　　）。

A．企业家精神　　　　　　　　　B．强烈的创业意识

C．强健的身体　　　　　　　　　D．健康的心理

4．创业者需要具备的健康的心理特征包括（　　　　）等。

A．自主判断的果敢勇气　　　　　B．善于进行自我调节

C．坚持不懈、快速反应　　　　　D．自信和谦逊

三、思考题

1．怎样组建创业团队？如何管理？

2．假如你是创业团队领导者，你认为应从哪些方面提高自身素质和能力？

3．创业团队可能会产生哪些冲突？哪些有利于改善团队绩效？哪些则相反？

4．结合一家你了解的成功创业的企业实际，说明组建创业团队的程序和方法。

四、综合实训

1999 年 10 月，李彦宏作为海外杰出的华人技术专家，受邀回国参加 50 周年国庆观礼。当时的他敏锐地发现，中国的互联网产业已积蓄了足够的爆发力，但背后的技术却很薄弱，缺乏具有全球性影响力的互联网公司。这种家国情怀和使命感，促使他下决心利用自己掌握的搜索引擎技术回国创业，百度用硅谷的技术做出了中国人自己的中文搜索引擎，成立不到两年，百度就成为国内 80% 的门户网站搜索引擎技术提供商。

百度从诞生伊始就带有李彦宏保守稳健的特质，120 万美元的天使投资计划半年花完，他却将其做成一年的预算，使百度在接踵而至的互联网寒冬中生存下来。在公司选址上，李彦宏避开租金昂贵的城市中心，选择四周高校林立、人才储备丰富的北大资源宾馆。这个选址直接促成了百度第一批员工由 3 个北大人和 4 个实习生（即"百度七剑客"）组成，也决定了百度简单纯粹的工程师文化。

作为百度联合创始人的徐勇热情外向，与李彦宏的沉稳内敛恰好互补，保证了两人在共同回国创业过程中的高度默契。刘建国，北大毕业后留校任教，在李彦宏伸出橄榄枝之前，有 20 余家国内的上市公司邀请他加盟，但他发现这些公司不是真想把搜索引擎做好，而是只想炒个概念，让股价飞涨，所以都拒绝了。他发现李彦宏是真想做搜索引擎，且坚信搜索引擎有着巨大的社会价值和商业前景，从而进入百度，成为百度首席技术官。当时还是百度实习生的郭眈先后在百度担任高级工程师、技术经理、百度技术高级总监等职。雷鸣放弃了美国七所大学的全额奖学金，担任了百度技术攻关小组的组长。王啸在百度创业时还在北京邮电大学读研究生，后加入百度，出任企业搜索软件事业部运营总监以及客户端软件部负责人。崔珊珊作为中科院的研究生，被百度的招聘信息所吸引，成为第一批实习生之一，后任百度技术总监、高级技术总监百度资深副总裁等职。

公司创立初期，"百度七剑客"经常一起去打羽毛球，一起拎着饭盒到北大食堂吃饭。员工可以有理有据地批评李彦宏和徐勇哪里做得不对，形成了百度宽松、

包容、平等的企业文化。

将同学按 4~6 人一组进行分组,每组派一人专门记录,然后完成以下实训:

(一)分组讨论

1.创业伊始,百度创始人对自己的使命有没有清晰的认知?

2.百度的初始创业团队是如何走到一起的?百度的企业目标、人员结构等要素有哪些优越性?

3.李彦宏具备哪些创业领导者的才智?

(二)实践提升

1.请每组同学凭借师友的帮助,利用周末实地调查一家与自己专业密切相关的小微企业。通过和员工的实际接触,了解该企业的团队领导成员构成及业务分工,企业的经营状况、管理组织、公司章程、制度和经营模式。

2.结合该企业的发展现状,分析该企业团队管理模式是否科学,存在什么问题,问题产生的原因是什么,并从团队管理的视角提出改进意见,形成分析报告。

3.每组将写好的分析报告以 PPT 的形式在班级进行展示,全班同学从创业团队管理的角度进行讨论,最后由全班同学选出 2 份较好的分析报告作为参照,由各组进行后续修改。根据各组分析报告展示效果评定小组成绩。

项目六

企业创建把好三关——设立创业企业

【学习目标】

知识目标

了解商业模式的价值逻辑及设计方法

熟悉影响企业选址的因素及选址应掌握的策略方法

掌握企业组织形式的选择方式及企业注册登记的要求

能力目标

能够结合实际设计适合不同企业特点的商业模式

能够通过多因素综合分析选择企业的组织形式及经营地点

素养目标

了解创业优惠支持政策，具备敏锐的创业政策意识

树立企业服务社会的责任观，诚信经营、依法纳税

【思维导图】

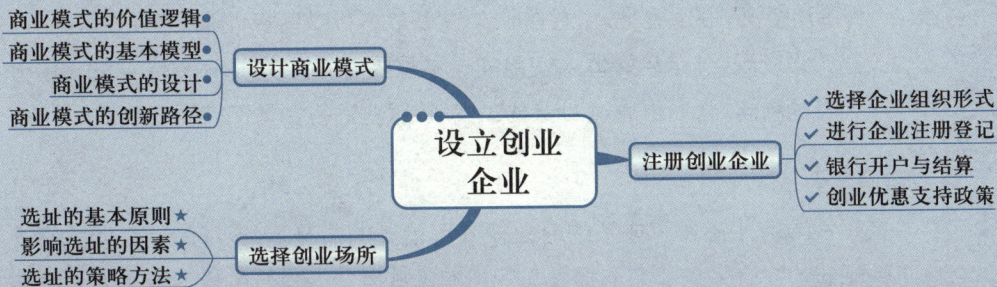

任务一　创造价值最关键——设计商业模式

【引导案例】　抖音的商业模式

短视频领域的商业模式一直都比较单一，主要集中于广告、电商、直播打赏、平台抽成等形式。抖音之所以能成为目前较火爆的短视频平台，是因为其背后所蕴含的独特商业逻辑。

抖音是以"中心化"流量分发，以音乐短视频和直播形式输出内容的，无须用户选择，让用户沉浸式使用，依赖强运营，以广告为生的内容平台产品。抖音的启动页面广告模式与大部分 App 采用的模式相同，不同的是抖音在广告上做了一些创新，即通过个性化推荐，让广告成为用户感兴趣的内容，将广告与抖音产品特性充分融合。抖音采用"中心化"流量分发模式，倾向于给用户推荐其可能感兴趣的内容，让用户以上下滑动的形式沉浸式使用，用户不能自己选择，这点偏媒体方式，本质上和今日头条相似，只是使用的载体不同。短视频作为碎片化时间使用的软件，目前较为流行的商业模式主要有三种。

一是商业主播。即用户依靠高质量的视频和直播赢得流量，从而在直播中获得虚拟货币和礼物，并转化为现金。流量巨大的主播也可以和抖音签约，成为黄金主播，获得抖音提供的专门流量支持及进行线上线下商业活动的机会。

二是销售商品。具体有两种形式：带货或开店。当主播的粉丝数量和流量达到一定量，就可以为别人推广产品，从商家那里赚取分成收入。带货到一定程度后，可以自己开店，通过直播销售自己的商品，依靠抖音巨大的影响力和粉丝流量获得商业利益。制作高质量视频的创意收入、直播收入、卖货收入可以直接从抖音 App 提取。

三是知识变现，这是自媒体人使用的一种重要商业模式，通过对专业知识的分享吸引大量的粉丝，之后再通过对课程、培训等服务进行销售而获得盈利。

【项目思考】

在短视频行业还没有成熟的商业模式可借鉴的情况下，抖音为什么能凭短视频迅速崛起？抖音采用的商业模式与同行有哪些差异？抖音的商业模式对你有何启示？

【项目启示】

短视频平台的本质在于连接人和短视频内容。核心是人和内容的关系，即如何鼓励生产者给平台输出丰富优质的内容，又如何把优质适用的内容推荐给合适的用户。这种连接的关系经过沉淀就形成了平台文化，也就决定了产品在市场上的差异化定位。抖音的商业模式不仅让抖音平台受益，更让很多个人和企业赚取了收入，激励大家踊跃加入其中进而获取属于自己的创作收益。

【身边的创业导师】

经营同样产品的企业,有的成功,有的却失败。令人费解的是有些产品质量一般的企业生存下来,而一些产品质量好的企业却被淘汰出局。原因就在于其商业模式的差异。许多新创企业的成功,并不是因为其技术创新性有多强,而是因为其开发出了一套切实可行的商业模式。也就是找到了满足顾客需求、创造价值和获取盈利的方式。

阿里巴巴及 90 后创业新秀们通过"互联网 +"进行盈利的法宝,是其独特的商业模式。他们的创业故事充分体现了商业模式的重要性,许多富有创造力的企业凭借商业模式创新,在没有投入大量资源的情况下快速实现了价值创造。商业模式是解决企业如何获取盈利这个问题的重要手段。

商业模式是资源的组合、流动机制,这里所说的资源包括行业内的技术、资本、人才等,要实现商业模式创新,必须对所在行业进行深入思考。好的商业模式既能为利益相关方创造价值,又能大幅实现自身的增值服务。如企业价值链过于单一,只有企业和客户,就难以提供增值服务,利润源较单一。如能利用价值链上的各种关系,大大提升增值服务的范围和广度,即可建立全方位的利润源。

【知识研修】

优秀的商业模式是创业者成功的法宝,也是风险投资者评估一项创业计划优劣的重要指标之一。新创企业要超越竞争对手,首先要构建优秀的商业模式。

一、商业模式的价值逻辑

商业模式是一种简化的商业盈利逻辑。商业模式设计的任务是找到一种获取盈利的途径,使顾客愿意为之付钱。它涉及顾客利益、新企业角色、合作网络建设,公司所能为客户提供的价值,以及公司的内部结构、合作伙伴网络和关系资本等,用以实现产品或服务价值,并产生可持续盈利,形成产品或服务溢价销售。它通常表现为产品和服务独特性的组合。这种组合或者能向客户提供额外的价值;或者能使客户以更低的价格获得同样的利益,或者用同样的价格获得更多的利益。

商业模式的核心是企业的价值产生机制(即价值逻辑),价值发现、价值创造、价值传递、价值获取是商业模式的基点,如图 6-1 所示。

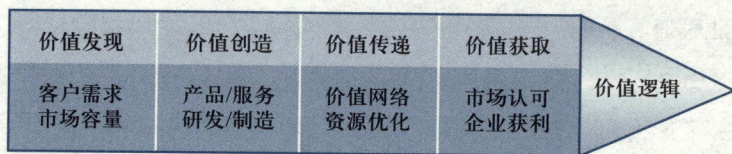

图 6-1　商业模式的价值逻辑

（一）价值发现

价值发现是在对客户需求进行精准分析的基础上，摸清市场容量，发现客户所需要的价值。优秀的商业模式要能得到客户的积极响应，在为客户创造价值的同时，实现自己的利润目标。

（二）价值创造

价值创造是创造客户所需要的价值。这是企业为自己、客户、合作伙伴及供应商创造价值的来源。互联网时代，要使价值创造符合客户的期望，就要尽可能让客户参与价值创造活动，并体现出产品或服务的便捷性、新颖性、成本低廉性和用户黏性，从而锁定客户。

（三）价值传递

价值传递是指企业以利益相关者价值网络构建为核心，建立和协调与商业伙伴之间的关系，实现对资源和活动的有效整合与最佳配置，形成合作共赢的价值网络体系，为客户创造所需价值并传递给客户。

（四）价值获取

价值获取是指企业创造的价值被市场认可并接受，从中取得一定份额的价值的过程或机制。只有获取价值，企业才能获得持续发展。

图 6-1 显示，价值发现、价值创造、价值传递及价值获取四者之间相互关联、彼此影响。价值发现是基础；价值创造与价值传递是企业将价值发现变为现实，并传递给客户的过程性手段；价值获取是企业实现盈利的方式。只有在发现并创造出价值传递给用户后才能谈得上价值获取。不过，聪明的企业也会在价值创造与价值传递过程中引入某些价值获取机制，从而在满足客户需求的同时提升自身的价值获取能力。

【拨云见日】

互动共赢洗衣模式

有位老板经营了 30 多年的洗衣店，开了几十家分店也没赚到大钱。经过广泛的市场调查和苦思冥想之后，他做了一个手机 App，你若有衣服要洗，按一下服务，就会有人拿个袋子到你家，你可以把所有要洗的衣服塞在里面，一袋 99 元，48 小时内洗好再送回。两年后，该连锁洗衣店估值和盈利大涨，最终获得风投注资。

【启示】风投之所以看重这家洗衣店，是因为其构建了一个重度垂直的家庭服务模式，不仅便于客户参与互动，而且满足了客户便捷、经济、高效的现实需求，能极大地扩展市场，获得价值实现。

顾客是企业的"衣食父母"。为顾客创造价值是一切商业模式的逻辑起点，企业只有能为顾客创造价值，才能持久盈利，置顾客利益于不顾的短暂暴利模式只能得益于一时，在长期是必然会失败的。

二、商业模式的基本模型

商业模式的价值逻辑落实到企业运行中，就形成了商业模式的三维度基本模型。所谓商业模式的三个维度，是指商业模式的市场定位、经营系统和盈利模式，如图 6-2 所示。

（一）市场定位

市场定位要表明企业的价值主张，即能够帮助顾客解决什么问题，并界定这一价值主张瞄准的目标顾客。因此，企业必须认真思考企业能为顾客创造什么价值；创造什么样的产品价值链可以成功实现产品的商业化；在这一价值链中，新企业将扮

图 6-2　商业模式的三个维度

演什么角色；还有哪些合作伙伴需要加入；他们将分别扮演什么角色；其获利点在哪；在即将建立的价值链中，顾客是谁；是否有足够多的顾客愿意加入；如何保护价值等问题。弄清楚这些问题，才能设计合适的产品或解决方案来满足目标顾客的需求。

（二）经营系统

经营系统即价值传递的运作系统。主要涉及企业改善价值创造与传递效率和效果而进行的资源和活动配置，以及企业为了在价值网络中找到有利的位置，提升创造和获取价值的能力而进行的与价值创造伙伴之间的分工。

（三）盈利模式

盈利模式是指价值获取机制。即企业在给顾客传递价值的同时赚取利润的方式，这涉及企业的成本结构、收入来源和收入潜力等问题。

商业模式的三个维度之间存在内在逻辑关系，即相互作用、彼此影响（具备反馈机制）。企业必须做好价值创造和价值传递工作，在满足顾客需求的同时实现自身的利润与发展。

商业模式作为企业进行价值创造的转换器，把技术性投入与社会性产出连接起来。企业能否为顾客、合作伙伴和自身创造价值，取决于创业者对商业模式的选择。许多创业企业的成功，并不是因为技术创新性有多强，而是因为开发出了一套

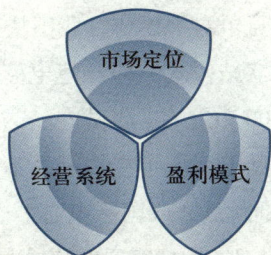

切实可行的商业模式。成功的商业模式不仅难以模仿，而且能有效提高行业进入门槛，防止企业利润来源受到侵犯。

三、商业模式的设计

设计一套既切实可行，又具有独特竞争优势的商业模式，是创业成功的关键。

（一）商业模式设计的基本要求

1. 能够提供独特价值

能够提供独特价值的商业模式是指具有独特性并可以为客户提供额外价值。如与众不同地对客户悉心照顾，以及无与伦比的实施能力等。

2. 具备可持续性且难以模仿

要实现长期稳定的盈利，保证利润来源不受侵犯，就要提高行业进入门槛，防止竞争对手模仿。我国快速崛起的本土跨境电商网站 SHEIN（希音）的运营采取独立站模式。即自建电商网站，从外部导入流量，通过小单快返的做法，即小批量（100 单左右）测试产品，然后批量上架，找准爆款以后再全力推荐，将供货工厂与自己牢牢绑定在一起。不仅将所有的客户数据均掌握在自己手中，而且节约了交易佣金（一般国际电商平台的佣金在 9%~15%），打通了供应链。

3. 增加客户转移成本

客户转移成本是指转移产品或服务所需的时间、精力或金钱。转移成本越高，客户越忠诚。

4. 具有循环盈利价值

循环盈利价值是指使客户由一次购买变成多次重复购买。比如小米视频 App 聚集了很多主流视频网站，吸引人们买了小米电视接着买视频会员，形成持续盈利模式。

（二）商业模式的设计思路

商业模式的有效设计和运行需要人物、场景、动机、地点和情节。商业模式要清楚地回答初始情境是什么，事情发生的顺序是什么，哪些人或组织参与其中，商业模式中的情节是什么，情节是如何驱动的，等等。要使商业模式的情节令人信服，人物必须被准确安排，人物的动机必须清晰，最重要的是情节必须充分展示新产品或服务如何为客户带来价值和利益，同时又如何为企业创造利润。通常，商业模式设计思路要遵循以下几点原则：

1. 准确定位

商业模式最基本的定位是客户定位和产品或服务定位。客户是企业利润的主要来源。客户群要有足够的规模，其特点决定了产品或服务定位究竟是高档、中档还是低档。如果定位于经营高端产品，就要有针对性地搞好品牌服务，抓住高端客户的心。即使把握好客户的一点需求，如果市场足够大，也能产生巨大利润。

2．构建内外运作价值链

创业者需要明确内部经营与外部供应链有哪些业务环节,各个层面的利益相关者有哪些,与相关业务环节利益相关者的具体合作方式是怎样的。要清晰界定企业活动范围,明确经营方向,确保抓住客户,保护利润流,让生意的参与者都能在利益驱动下尽心尽力,对内要建立组织系统,确保内部有能力完成任务,让外部合作能顺畅进行。名创优品与门店的合作加盟商业模式很独特。与其他加盟品牌不同,名创优品负责产品从设计到销售的全部环节,门店加盟商不进货,也不负责门店运营,只负责租金、装修及人员水电费用,就像一个投资商。本质上,名创优品是借别人的门店,直连工厂和消费者,将自己的供应链能力变现,很像 C2M 模式,即"用户直连制造",在为用户带来价廉质优的产品的同时,提高了制造商的柔性生产能力,降低了高库存风险。

3．构筑利润屏障

企业要选择适宜的盈利模式,科学确定价格、成本、规模、资金等定量指标,测算实现盈利所需要的时间。同时,要通过建立行业标准、控制价值链、确立领导地位、建立独特的企业文化、形成良好的客户关系和知识产权保护等利润屏障,防止对手掠夺自己的目标客户,保护利润源。

4．形成关键资源获取能力

企业要准确计算在一段时间内自己所需要的关键人力资源、社会资源、物质资源和现金资源,并形成这些关键资源的获取能力,通过运用这些资源实现公司业务增长的最大化,或者尽快达到某种规模,以使公司现金流达到平衡点。

5．打造现金流结构

为实现企业价值最大化,要借助各种金融工具,科学运作,做到投入最少、回报最大。为此,要对包括现金流入结构、现金流出结构、净现金流形态等现金流结构进行设计,以金融手段改善现金流结构,使企业"重资产"变成"轻资产"。

【拨云见日】

黑芝麻智能科技有限公司的商业模式

研发芯片是一个大工程,面对耗资巨大的芯片研发IP、工具链,黑芝麻智能科技有限公司创始人选择了一条与多数芯片初创公司不同的经营模式"一快一慢"。"一快"就是面向生产周期短的快消费电子产品市场,提供AI视觉方面的智能影像技术,快速形成现金流;"一慢"就是面向生命周期较长的自动驾驶市场,自研核心算法芯片IP,做车规级产品。用快消费电子产品带来的现金流,支撑公司相继推出了华山一号 A500、华山二号 A1000L、华山二号 A1000、华山二号 A1000Pro 系列车规级智能驾驶芯片,构筑起顶端核心竞争力。该企业"一快一慢"的商业模式,使公司在成立第一年就拥有了现金流,补充自研芯片所需资金,同时形成新的业务增长点,并使芯片研发迭代步入了快车道,成为中国自动驾驶芯片的领跑者。

【启示】黑芝麻智能科技有限公司创始人立志于汽车芯片行业创业,为渡过高耗资的车规级芯片研发创业难关,将能快速形成现金流的快消费电子产品市场与生命周期较长的自动驾驶市场相结合,形成"一快一慢"的组合经营模式,从而成功建立起包含芯片、算法、数据、软件和工具的完善的客户赋能体系。

(三) 商业模式的设计方法

商业模式的设计方法很多,较简洁好用的方法是商业模式画布。其设计简单易懂,是一种理解、描述、思考、构建商业模式的可视化语言。可供创业者构建、测试自身商业模式的可行性。

商业模式画布是一个九格框架。它将商业模式中的元素标准化成九个模块,如图6-3所示。

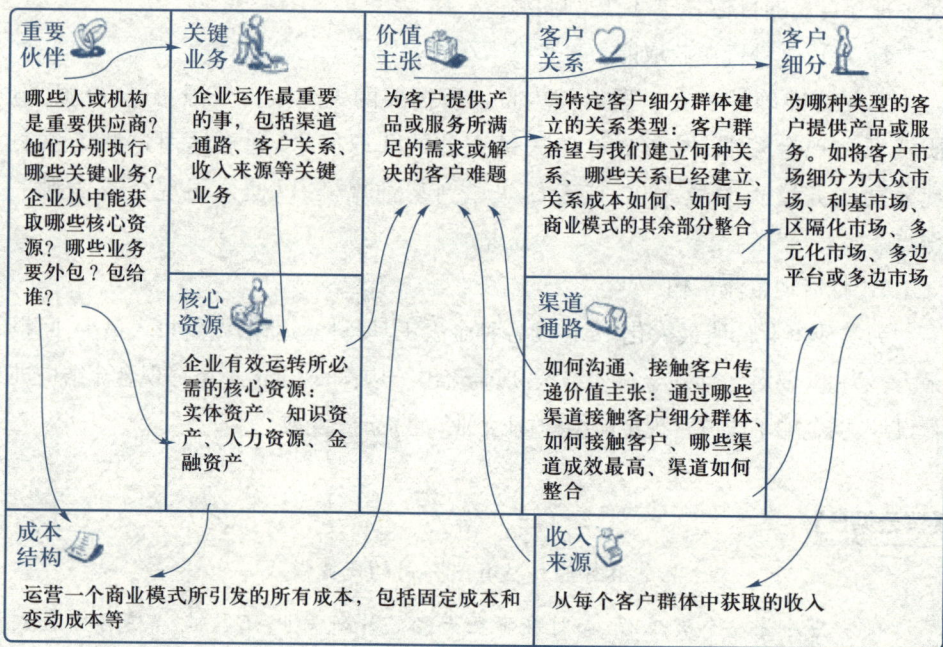

重要伙伴	关键业务	价值主张	客户关系	客户细分
哪些人或机构是重要供应商?他们分别执行哪些关键业务?企业从中能获取哪些核心资源?哪些业务要外包?包给谁?	企业运作最重要的事,包括渠道通路、客户关系、收入来源等关键业务	为客户提供产品或服务所满足的需求或解决的客户难题	与特定客户细分群体建立的关系类型:客户群希望与我们建立何种关系、哪些关系已经建立、关系成本如何、如何与商业模式的其余部分整合	为哪种类型的客户提供产品或服务。如将客户市场细分为大众市场、利基市场、区隔化市场、多元化市场、多边平台或多边市场
	核心资源		渠道通路	
	企业有效运转所必需的核心资源:实体资产、知识资产、人力资源、金融资产		如何沟通、接触客户传递价值主张:通过哪些渠道接触客户细分群体、如何接触客户、哪些渠道成效最高、渠道如何整合	
成本结构			收入来源	
运营一个商业模式所引发的所有成本,包括固定成本和变动成本等			从每个客户群体中获取的收入	

图6-3 商业模式画布

画布中每一个方格都代表着多种可能性和替代方案,创业者要做的就是集思广益地找出每个方格的最佳答案,然后经过优化整合,构建起健全的企业商业模式。这样可以堵塞可能的漏洞,减少决策失误造成的损失,乃至避免创业失败。

独特的"电商＋品牌IP"商业模式

　　S坚果是一家以休闲食品为主的电商主渠道品牌商,产品涉及坚果、干果、果干、花茶及零食等多个品类。现透过商业画布分析其商业模式,如图6-4所示。

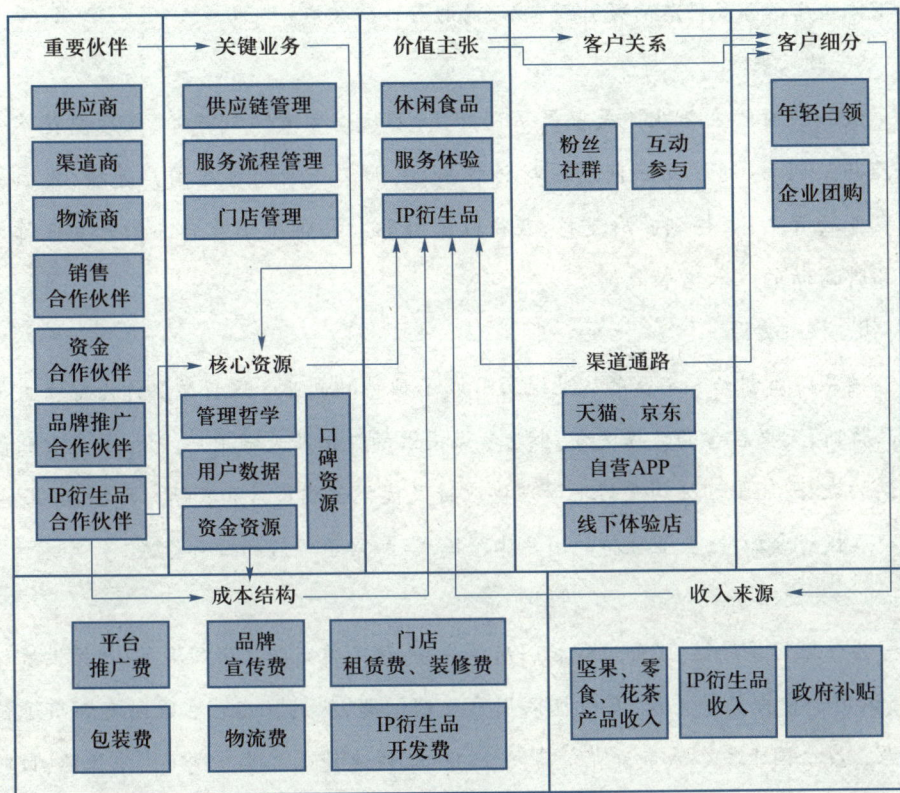

图6-4　S坚果品牌商商业画布

　　1. 客户细分

　　该品牌商目标客户群为时尚、讲究健康品质生活的年轻白领一族,他们乐于接受新生事物,参与感强。另外,企业团购也是重要的目标客户。

　　2. 价值主张

　　该品牌商秉承不仅提供休闲食品,更要提供极致的服务体验的理念,除满足用户的食欲外,还要满足其情感需求,让品牌留下烙印,在用户心中占据一席之地。品牌形象拟人化,互动过程突出萌感营销。依托品牌形象的IP化,衍生到电影、动漫等相关衍生品。

　　3. 渠道通路

　　产品销售渠道由初期的天猫商城、京东等第三方平台,发展到自营App,再到开启线下体验店，店铺空间大部分是上网、唱歌、喝奶茶的休闲区域，其次是其衍生品，只有一小部分是产品区。线上线下双渠道运营。

4. 客户关系

突出品牌动漫形象，从包装的视觉体验到特色服务，潜移默化地塑造"萌"文化，并渗透到 IP 营销各环节，辅以动漫和电影开发，通过粉丝社群建立品牌情感。线下体验店举办多种活动吸引顾客参与，形成口碑效应。

5. 收入来源

该品牌商的主营业务是坚果系列产品，其次是零食系列产品，最后是花茶系列产品。同时，通过互联网将原材料种植方、加工场所与终端用户连接，发展新型农业经营主体，得到政府支持，获得政府补贴。品牌 IP 衍生产品的开发也作为该品牌商新的收入增长点。

6. 核心资源

该品牌商创始人丰富的从业经历形成了独特的创业管理哲学。作为电商主渠道品牌商，天猫后台的数据魔方、生意参谋提供的数据及天猫用户评价，社交互联网提供的数据，能驱动公司更好地管理供应链及优化创意设计和营销。再加上 IDG 等多个风投资金加持，企业独特的用户体验模式，积累了较好的口碑资源。

7. 关键业务

为管理好供应链、服务流程和门店等业务，该品牌商成立公司廉署，严控供贷环节；运用云中央品控系统，实时抓取用户反馈问题，从供贷商到客服所有环节进行溯源。在全国十多个城市设有仓储、配送中心，快速处理订单。线下门店体验、口碑盈利双达标。

8. 重要伙伴

公司自身定位为产业链平台，供应商、渠道商、物流商等都是其合作伙伴。销售合作伙伴为天猫、京东等线上平台。IDG、今日资本、峰瑞资本及相关金融机构为资金合作伙伴。以某知名电视剧作为品牌推广合作伙伴。以乐视动漫、工夫动漫作为 IP 衍生品合作伙伴。

9. 成本结构

平台推广费、品牌宣传费、包装费、物流费等是该品牌商的主要成本支出项。线下实体门店的租赁、装修等开支次之。IP 衍生品开发也需要大量资金。

"商业模式画布"能让全员和相关方看到企业愿景，便于启动从战略到执行层面的运作。

商业模式作为一个有机的价值系统，其关联形式是多元的，商业模式中不同的利益相关者紧密合作，相互依存，共同满足客户需求，并与其他商业模式展开竞争。只有善于洞悉客户需求，发现竞争对手商业模式的缺陷，才能设计出具有竞争力的商业模式。企业应该在分析所在产业、行业及企业自身条件的基础上，从价值的视角，遵循价值交易及系统的关联逻辑进行商业模式的构思、设计和选择，对以上内容进行精心设计，构建具有竞争力的商业模式。

创业者如果只选择一两种模式简单模仿创新，很容易被复制、超越，但综合运用多种模式进行创新，形成新的商业模式，就容易形成竞争优势。

四、商业模式的创新路径

商业模式创新是企业的立命之本，离开商业模式创新，其他的管理创新、技术创新就失去了可持续发展的可能和盈利的基础。

商业模式的构成要素很多，获得资本的方法称为融资模式；获取盈利的方法即"做什么""给谁做""做了卖给谁"称为经营模式；整个系统高效率运作的方法称为管理模式，如图6-5所示。

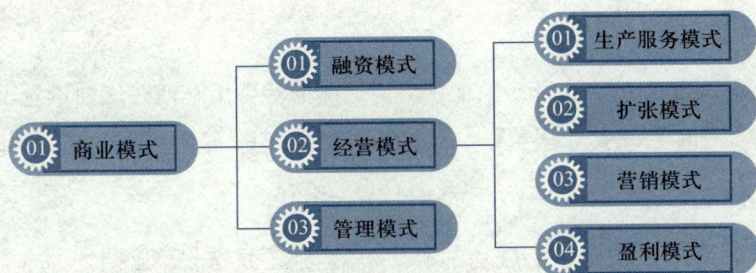

图6-5 商业模式的构成要素

融资模式、经营模式、管理模式都是商业模式的重要组成部分，生产服务模式、扩张模式、营销模式、盈利模式则是经营模式的重要组成部分。其中，任何一种模式构成及其要素改变都会导致商业模式的变化。商业模式创新要从客户需求出发，考虑如何有效满足客户，才能保证客户价值最大化。

金融科技企业滴灌通提出了一种新的风控模式，面向餐饮、零售、洗车、健身房等小微实体领域投资，既不需要小店担保，也不占门店股权，为解决小微企业融资难的问题提供了强大助力。这种模式迅速获得大量知名投资机构青睐，滴灌通成立仅一年多，就获得融资1.2亿美元。为公司继2022年实现"千店计划"之后，2023年投资数达到"万家小微企业"创造了条件。

任务二　地段选择需重视——选择创业场所

【引导案例】"十面欢腾"小店大道业

　　位于上海长乐路上的一家小面馆"十面欢腾"是旅游达人笑先生开的。门口布置一些花花草草,叮咚流水、单车和木船改造而成的靠椅,似有大隐于市的味道。店内内饰透着亮堂的金黄,很能吸引人进店一探究竟。下沉式的店面空间不大,却很温馨。笑先生有过一些做小生意的经历,做过服装代理,开过东南亚风格的家具店,但是开面馆还是头一次。他对于连锁店铺有一定的管理经验,但是餐饮行业却是另外一回事。长乐路这家 60 平方米的小店租金每个月在 3 万元左右,小店开张后不久就实现了盈亏平衡。由于独特的海鲜浇头面的味道,"十面欢腾"成了上海的网红面馆。笑先生自己是个爱琢磨的人,"一些事情一开始没有人会教会你。"就拿进货来说,蔬菜去哪里买,海鲜去哪里买,怎么买便宜,要不要供货商送上门,笑先生通过自己不断地跑菜市场、海鲜批发站去了解真实的价格情况,弄清了"餐饮业毛利率要达到百分之多少才能盈利"这些看似简单的商业秘密。从而将经营风险控制到最低程度。

【项目思考】

　　为什么笑先生第一次开面馆很快就能达到盈亏平衡?他在店面选址上有哪些策略?你从中能得到哪些启示?

【项目启示】

　　仅凭好吃的面就能创业成功的小店,与店铺位置选择,谁来吃,如何买主材,如何买辅材,还有卫生、城管、工商、税务、消防等很多因素有关,很多人的餐饮梦就是从一道好吃的菜开始的,但选在什么地段开店才能成功地吸引顾客也是非常关键的。

【身边的创业导师】

　　一个好的地理位置可能会使一个普通的企业生存下去,一个糟糕的地理位置可能会使一个优秀的企业失败。而人口变化、消费者购买习惯变化、新的交通运输方式和社区扩展方向变化等因素,都影响着企业的选址。企业选址一是看所在地区的独特性,二是看所在地点的独特性。

　　不同行业的企业有不同的选址侧重点,零售商店和服务类企业位置选择非常重要,要靠一定量的客流来维持生存。这类企业要想成功必须靠近目标顾客。而对一些商品批发类企业,地理位置在吸引客户方面却没有那么重要。如果商品售价较高(如家具等),则可用产品招揽顾客。某些服务类企业,如会计公司、税务咨

微课:企业选址要科学

询公司等,即便是位于较偏僻的地方,仍然可以实现很高的营业额。因为消费者愿意花费时间去寻找这些企业的产品和服务。制造企业、建筑企业及其他一些服务类企业,一般通过销售人员或广告寻找客户,也不太在意地理位置。这类企业选址主要考虑成本、环境,以及原材料供应等问题。一般而言,经济、人口、政策、法规、技术和竞争因素是影响选址的典型环境因素。同时,地域气候、周边设施配套和创业者的个人爱好也影响着企业的选址决策。

经营场所作为创业者事业发展的平台,一般在相当长的时间内处于固定状态。且经营地点一经确定,购置、装修和经营都要投入大量资金。选对经营地点,可能会顾客盈门、财源不断,而选错经营地点可能会导致经营惨淡。因此,创业者要在深入调查、周密考虑和妥善规划基础上,综合考虑所在区域及经营地点的各项因素后再进行科学选址。

【知识研修】

一、选址的基本原则

新创企业选址是一个比较复杂的决策过程,涉及的因素较多,同一项目选址会因创业者考虑的角度不同,造成决策结果的不同。为防止出现明显偏差,要遵循以下三项原则。

（一）切实可行

选址既要符合企业自身的经营状况,又要符合政策法规、城市发展和交通规范要求。要根据企业经营状况和环境要求决定企业选址是在高端商务区还是普通的居民区,是在繁华的市中心还是清静的郊区。根据企业对环境的要求,有污染、有危险的企业要远离市区,甚至要集中在某个特定区域;城市发展和交通规范方面,如老城区改造、道路扩宽改造等,对企业选址都有影响。

（二）易于赢利

易于赢利指有利于企业取得较好的收益。企业选址要根据企业利益要求,选择能降低企业成本,获取更多利润的地点。在地点选择方面,一是要把一次性成本降到最低,包括购买成本、建筑成本和装修成本等;二是要把持续性运营成本降到最低,包括生产成本、物流费用、公用设施配套和税收等。

（三）长远发展

企业选址是一项带有战略性的经营管理活动,选址工作要以战略的眼光,从全局角度考虑企业生产经营布局的合理性,既要有利于市场开拓,又要有利于获得新技术、参与市场竞争。

二、影响选址的因素

企业选址不仅要考虑国家或地区的经济、人口、政策、法规、技术、自然等外部因素,还应考虑企业自身的规模、实力、市场定位、业务类型等内部因素。具体包括:经济因素、人口因素、技术因素、经营方式、经营品种、政策法规、竞争因素、企业规模。

(一)经济因素

经济因素决定了当地的购买力,而关联企业间存在着广泛的合作关系。在购买力强且关联企业相对集中的地区创业容易成功。选择接近原料供应或能源动力供应充足的地区可以获得相对成本优势。某一领域内相互关联的企业和机构选址时集中在一起可以形成"集群"。对于原料所占成本比重较大的企业,选址靠近原料丰富且价格低廉的地区,这能有效降低产品成本。对消费品生产企业,选址则要接近产品消费市场,以降低物流成本,加快市场信息反应速度,快速而灵敏地捕捉市场信息,据此及时调整产品开发与生产。对居民生活有较大影响的饮食服务、商业便利店、小超市等商业服务型企业,则要求选址在居民区附近。

(二)人口因素

人口因素对零售类和某些服务类企业影响巨大。创业者要对可能成为其消费者的人群有所了解。包括该地区的劳动人口数、家庭总收入、银行存款、人均零售总额,以及当地家庭的数量等。这些数据与当地的繁荣程度密切相关。此外,还要看人口流动性,人口流动有无规律,人口数量是上升还是下降。

(三)技术因素

高新技术对高科技创业公司的成功至关重要。由于技术市场变化具有不确定性,技术进步难以预测,为了解和把握技术变化趋势,高科技企业选址时,可将企业建在技术研发中心附近,或建在高新技术信息传递比较迅速、频繁的地区。如北京的中关村等。

(四)经营方式

不同类型的企业有不同的经营方式,零售类企业因直接面对消费者个人,需要设在人流量大、交通方便、停车便利的地点。若是在购物中心内部设店,则要多考虑选在位置醒目、距离电梯口近的地方,此外还要考虑周围店铺的业务类型。批发类企业要选择在原产地、集散地或主要客户所在地,并考虑在办公地点或门店附近选择仓储地点。科技类企业对科研人员的依赖性较强,一般选择在高校、科研院所附近或者高新技术园区。便利店、超市等小型零售商业企业要选择接近居民区的位置,专业店和专卖店等可选择中心商业区、商业街等位置。

(五)经营品种

商业零售企业经营商品的特性,如商品的价格、消费方式、大小、购买频率、挑选性强弱等都会影响选址。经营高档耐用消费品的企业宜在繁华地段选址,日常消费品宜在居民区选址,大件商品的经营要考虑有足够的陈列和展示空间,购买频率高的商品要考虑门面方便顾客进出,挑选性强的商品要考虑是否可与周边企业形成共同吸引力。因此,经营不同的商品宜选择不同的地址。

(六) 政策法规

企业的建设和经营受国家和当地政策法规的约束较大,创业者要仔细研究各种法规、法令和行为限制,确定它们对企业的潜在影响,以及所在行业对有关建筑、电、水、防火、健康和其他方面的法律要求。企业在建设和经营时必须符合特定的标准,从而保护公众的健康和安全。为了获得相应的资格,企业还需要得到各种授权和许可。

创业者要优先选择有政策鼓励的地区,如某地对兴办某项产业会给予税收、土地供应、电力供应等优惠。而对某地区政策法规限制兴办的某项产业,在其他地区却不一定限制。当投资者到国外去设厂时,更应该考虑不同国家的政治环境,如国家政策是否稳定、有无歧视政策等。

(七) 竞争因素

竞争因素对企业的选址也有"正""负"两方面的影响,正的方面,竞争对手汇集在一起,会产生集聚效应,相互之间激烈竞争,会迫使企业不断提高自身竞争能力。如电子元件和手机整机生产企业,不妨选在同类公司林立的地方。虽然生意会受到竞争对手的影响,但有助于吸引有相同需要的客流。而负的方面,同行挨在一起,会产生挤出效应。如对于日常生活用品商店,附近居民的消费能力有限,多开一家店铺,其他商户的生意就会减少,会发生挤出效应。

(八) 企业规模

规模大的企业搬迁成本较高,选址要符合所在地的城市规划要求,以规避城市规划调整带来的搬迁风险。规模小的企业,选址时可优先考虑成本因素,以减少初期投资风险。

三、选址的策略方法

为提高选址的科学性,首先,创业者应对所选择的经营方式、经营业务、企业初始规模等进行明确界定;其次,收集包括拟选址地区政府部门有关规定,规划信息,工商管理部门有关规定,土地、电力、水资源等有关情况,以及与企业经营相关的物料资源、劳动力资源、交通运输条件等方面信息;再次,经过信息汇总、整理,并对各种影响因素进行分析后,作出权衡取舍,并拟出 3～5 个初步方案;最后,通过定量分析和定性分析的综合比较,对候选方案进行排序,找出具有明显优势的方案,按候选方案的优先顺序进行商务谈判,或租或买,确定意向性成交价格,根据实际谈判的结果签订合同,最终完成选址决策。大学生创业者在缺乏相关信息资源及分析评价能力的情况下,可运用以下策略。

(一) 跟随竞争者策略

在确保所选地区有足够的市场容量的前提下,可在竞争者企业附近的区域选址。为此,进入某区域前,先调查该区域内的竞争者,从中选择那些与创业者自身相近的成功企业作为参照系进行选址,选址时选择参照的企业可以是多家,因为任何一个竞争者的选址都有局限性,不可能覆盖所有合适的商圈,可以通过比较,依据自身情况做出选择。

(二)跟随业态互补者策略

有些企业在经营范围、服务内容等经营业态上是互补的,创业者可以利用联合共赢策略,把企业开在其周边,为顾客创造完整的"一条龙"式联合服务。如在大学城周边,大学生的消费需求很多,创业者可以提供餐饮、运动服装零售、便利店或咖啡茶饮等。而在旅游景点旁边,创业者可以开设餐饮店、照相馆、纪念品零售店或提供手机充电服务等。

(三)搭车式选址策略

如果具备很强的人际交往能力或人脉关系,可以与自身业务有密切联系的公司结成战略联盟,不仅选址成本低,而且可以扩大市场。

(四)实地考察选址策略

通过实地现场考察,寻找适宜的企业地址。

1．确定重点考察区域

在考察前要制定好详细、科学的路线图,以免重复或遗漏。

2．准备好考察工具

考察工具包括纸、笔、照相机、"房屋基本情况表"等,要带上智能手机、当地地图和自己制定的路线图。对于较大区域的考察可乘坐机动车;否则,最好用自行车甚至步行。

3．现场实地考察

对公开的企业地址租售信息,要通过联系了解基本情况,记录在"房屋基本情况表"上,并现场看房或约定看房时间。如果该地址符合基本条件,要多角度拍摄场地照片作为分析资料。对于非公开的符合选址标准的地址信息,则应主动询问。询问时,一定要讲究礼貌和技巧,以免给出租人带来不适。

4．考察记录及总结

每天考察结束后,都要做完整的记录进行总结,尤其要认真整理"房屋基本情况表",以便将来审核、评估企业地址。如果有几批人分头考察,则每天还应互相交流信息。

5．分别评估谈判

对所有备选企业地址分别进行评估、谈判,直至最终签约。为防止竞争者捷足先登,创业者也可以看房和谈判同时进行。

(五)找职业中介

房地产中介拥有一定数量的房地产关系网和资源,要善于借助其资源,在核实中介的实力与资信的基础上,确定几家能够帮助创业者贷款、提供第三方担保、协助办理租售事宜、甚至协助创业者分析市场与商圈、规划装潢店面等方面的正规中介公司进行洽谈。如果选址是秘密进行的,那么创业者要与对方签署保密协议,以免选址信息被泄露。最后通过谨慎辨别,评估确定。

(六)通过广告选址

企业也可通过在报纸、电视、互联网上发布广告或张贴海报等媒介信息手段进行选址。所选媒介只要能覆盖创业者想选址的区域即可,广告的形式、格式、措辞和设计既要考虑保密性和其他特殊要求,还必须与媒介特质相匹配。发布广告后要时刻保持联系方式畅通,详细记录反馈信息后,经过详细的反馈调查最终做出取舍。

(七)利用供应商资源

企业供应商种类很多,包括设备、商品供应商、人员、信息、资金、技术、装修和服务等。他们一般同时为多个竞争对手服务,熟悉同类型企业在各个地址的经营状况,且多数为扩大业务范围,会去刻意研究自己的商品或服务市场,能帮助企业作出准确的判断。为防止决策失误,要选择规模大、供应范围广、客户多和业内名声好的供应商。并实地访查对手企业的经营状况,如对手订货量一直较大甚至持续增加,不妨调查该区域的同类市场是否饱和,若严重不饱和,则创业成功率会显著增加。

(八)利用免费地址源信息

要善于发现并利用各种媒介提供的关于企业地址的信息,尤其是互联网、店外张贴和广告等免费的企业地址信息。然后在系统分析的基础上作出判断。

任务三　用好政策图发展——注册创业企业

【引导案例】 乡村注册县城经销有门道

某县木竹资源丰富,小张毕业后决定投资兴建一个木竹制品有限责任公司,在注册地选择上有两个方案:一是在县城工业园区,二是在乡村木竹产区。

方案一的优势有三点:一是园区对进驻企业有各种优惠政策,基础设施比较完善;二是外来投资企业比较集中,便于管理和服务;三是人流、物流、资金流比较集中,有利于企业产品销售。

方案二的优势有四点:一是乡政府对进驻企业有和县里一样的优惠政策,基础设施也不错;二是便于当地木竹承包户长期供货;三是该乡富余劳动力比较多,工资较低,加工为成品运输可降低运费;四是就地办厂,能增加当地就业机会,能得到当地政府和老百姓的支持。

在纳税方面,注册地为县城、镇时,城市维护建设税税率为5%;注册地在乡村,城市维护建设税税率为 1%。同时,在县城工业园区办厂要缴纳房产税和城镇土地使用税,在乡村办厂不需要缴纳房产税和城镇土地使用税。

小张根据投资规模算了三笔账:一是工资。企业预计用工 100 名,如在县城工业园区注册,平均月工资为 2 000 元;而在乡村只需 1 000 元。一年能节约工资支出 120 万元。二是运费,在县城工业园区注册,一年运费 100 万元;在乡村一年只需 80 万元。三是税收,按企业占地 3 500 平方米,建筑物投资 300 万元,一年预计实现增值税 100 万元计算。在县城工业园区,应缴纳城市维护建设税 5 万元、城镇土地使用税(2 元/米^2) 7 000 元、房产税 2.52 万元(300×70%×1.2%);而在乡村,只需缴纳城市维护建设税 1 万元。两种方案相差 7.22 万元。

经综合分析测算,小张最后决定把公司注册在乡村,即主要厂区、管理机构在乡村,同时在县城工业园区设库房和业务办事处等非独立核算的分支机构。这既最大限度地降低了企业支出,又发挥了园区的辐射效应。

【项目思考】

小张是如何做出木竹制品有限责任公司选址注册决策的? 他为什么将注册地址与库房和业务办事处的经营场所分设? 他的注册思路对你有何启示?

【项目启示】

税收政策对企业选址及注册有很大影响。税务筹划已成为企业管理体系的一部分,是提高企业收益水平的重要手段之一。企业在进行选址及注册时,应将税务筹划方案放在企业发展的战略范畴中去综合考虑。

【身边的创业导师】

为利于企业日后的顺利发展,创业者要精心选择合适的名称、注册地点、开户银行并合理筹划纳税申报。企业刚创立时,资源有限,在大银行开户难以得到金融支持,选择小银行则相对好得多。

企业注册登记地址对税收筹划有很大影响,创业者可以通过咨询会计师及税务师,合理利用相关政策法规进行税收减免,如当地对大学生创业出台的税收减免优惠政策等,使税务筹划的目标既符合企业发展战略,又能达到合理减免税收、降低成本的效果。

案例: 有梦想才能成功

【知识研修】

企业要获取经营资质,需要在具备法定条件后,向登记部门提交必要的法律文件并履行相关法律程序。

一、选择企业组织形式

企业组织形式是指企业财产及其社会化生产的组织状态,它表明一个企业的财产构成、内部分工协作与外部社会经济联系的方式。企业组织形式决定了企业的组织结构和法律地位,同时也决定了投资人的投资风险责任范围。企业的组织结构形式必须与创业者、服务对象及投资者的目标相符合。

(一) 个人独资企业

个人独资企业,是由一个自然人投资兴办的企业,其业主享有全部的经营所得,同时对债务负有完全责任。如手工艺人、修鞋铺、小农场主、饭馆小老板等个体经营者。这类企业规模较小,其优点是经营者和所有者合一,经营方式灵活,建立和停业程序简单。缺点是受自身财力所限,抵御风险能力较弱,业主对企业债务承担无限连带责任,企业存续和发展缺乏可靠性。

(二) 合伙企业

合伙企业,是由两个以上的出资人订立合伙协议,共同出资、合伙经营、共享收益、共担风险的营利性组织。合伙企业分为普通合伙企业和有限合伙企业。普通合伙企业由普通合伙人组成,合伙人对合伙企业债务承担无限连带责任。有限合伙企业由普通合伙人和有限合伙人组成,普通合伙人对合伙企业债务承担无限连带责任,有限合伙人以其认缴的出资额为限对合伙企业债务承担责任。其特点是:

1. 生命有限

合伙企业比较容易设立和解散,合伙人签订了合伙协议,就宣告合伙企业的成立。新合伙人的加入,旧合伙人的退伙、死亡、自愿清算、破产清算等均可造成原合伙企业的解散,以及新合伙企业的成立。

2. 责任无限

合伙企业作为一个整体对债权人承担无限连带责任,即如果一个合伙人没有能力偿还其应分担的债务,其他合伙人须承担连带偿还责任。

3. 相互代理

合伙企业的经营活动由合伙人共同决定,并由全体合伙人承担民事责任。

4. 财产共有

合伙人投入财产,由合伙人统一管理使用。

5. 利益共享

合伙企业在生产经营中所获取、积累的财产损益由合伙人共同承担。

合伙意味着为了共同的利益,把各自的技术和资金集合到一起。合伙人之间利益同享、风险共担、荣辱与共。选择合伙人不光要考虑感情和方便,更重要的是必须在经营观点上志同道合。合伙企业最好由律师起草制度,用制度确定合伙人之间的关系。

(三) 公司制企业

根据我国《公司法》规定:"公司是指依照本法在中国境内设立的有限责任公

司和股份有限公司。"公司是企业法人,有独立的法人财产,享有法人财产权,公司以其全部资产对公司的债务承担有限责任。

1. 有限责任公司

由法定的一定人数的股东共同出资,股东以其所认缴的出资额为限对公司承担有限责任,公司以其全部资产承担有限责任的法人企业。

2. 股份有限公司

股份有限公司是指公司资本为等额股份所组成的,股东以其认购的股份为限对公司承担责任的企业法人。股份有限公司发起人限定 2 人以上 200 人以下,发起人认购和募集的股本要达到法定资本最低限额。股份有限公司设立可以采取发起设立或者募集设立方式。

发起设立,是指由发起人认购公司应发行的全部股份而设立公司。

募集设立,是指由发起人认购公司应发行股份的一部分,其余股份向社会公开募集或者向特定对象募集而设立。

公司股东作为出资者按投入公司的资本额享有资产收益、重大决策和选择管理者等权利。公司享有由股东投资形成的全部法人财产权,依法享有民事权利,承担民事责任。

(四) 不同企业组织形式之间的差异

选择的企业组织形式不同,其法律地位、承担的责任及缴纳的所得税也不同。

1. 法律地位差异

个人独资企业、合伙企业依附于投资人而存在,企业与企业的所有者、经营者往往是重合的,投资人一般需承担无限责任;公司制企业独立于所有者和经营者而存在,拥有独立财产,享有民事权利,具有法人资格,公司独立承担有限责任,投资人仅以其认缴股份为限对债权人承担责任。个人独资企业、合伙企业注册时,名称中不能包含"公司"字样,可注册为"工作室""中心""事务所"等。

2. 所得税征收方式差异

个人独资企业不需缴纳企业所得税,按经营所得缴纳个人所得税,税后利润归投资者个人所有。合伙人按从合伙企业取得的利润缴纳所得税,按经营所得或股息、红利所得征税。公司制企业缴纳企业所得税。投资人获得的税后利润需要另行缴纳个人所得税,如图 6-6 所示。

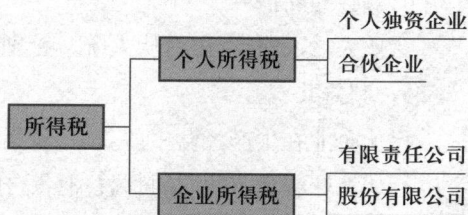

图 6-6　缴纳所得税类型示意图

3. 企业决策机制差异

个人独资企业经营事项由投资人决定;合伙企业的合伙人可就决策事项在合伙协议中进行约定,没有约定的,重大事项一般由全体合伙人一致同意;公司制企业重大事项由股东会决定,委托董事会负责,日常事务由董事长负责,事务较多时可聘请职业经理人负责。

（五）企业组织形式选择策略

企业组织形式反映了企业的性质、地位、作用和行为方式，各种组织形式各有优点与缺点。公司制企业有利于控制风险，便于融资，适合长期经营；合伙制企业综合税赋比公司制企业低。大学生创业应该根据自己的实际情况，综合考虑企业存续期限、投资人的权利转让、投资人的责任范围、企业的控制和管理方式等因素，选择合适的企业组织形式。

【拨云见日】

由小到大的华为

任正非与5位合伙人共同出资2万元创建华为，开始时全公司只有6个人，租赁了一家电子厂的办公室作为经营场所，仅靠代理香港公司的通信设备起步。历经30年，华为发展为涉及通信网络中的交换网络、传输网络、无线及有线固定接入网络、数据通信网络及无线终端产品的全球通信电子业巨头。2022年华为实现销售收入6 369亿元。

【启示】刚踏上创业之路，最好先踏实做好一个小公司。如果一开始就迅速做大，反而会落入规模扩张陷阱，最终可能会因现金流断裂导致失败。

二、进行企业注册登记

企业注册登记是企业依法成立的法定程序，分为企业法人登记和营业登记两种。企业法人登记是登记注册主管机关依照法定程序，对具备法人条件的企业确认其企业法人资格所进行的核准登记。营业登记是对不具备法人条件，但有条件进行经营活动的单位确认其合法经营资格进行的核准登记。

（一）公司注册登记需要准备的材料

创业者在注册登记前，需要准备以下材料：

1. 投资者身份证

投资者无论有几人，都必须提供注册登记、税务局实名认证和银行开立基本账户所需身份证原件，以及备案所要求的身份证复印件。

2. 公司名称

为避免因本地企业名称简单重复导致公司名称重复，最好注册前多取几个企业名称备用。

3. 编制公司经营范围

按照公司计划经营的产品类别和业务范围编制公司的经营范围。

4. 筹备企业注册登记地

很多地区对企业注册登记地要求较宽泛，商业用途房屋，甚至是居民居住房屋均可用来注册企业。为保证企业注册登记地真正可查，事先要整理准备好房产证复印件。

5. 拟定公司注册资本金额和投资人出资比例

虽然现在设立公司不需要编制验资报告,但公司章程应记载注册资本金额和投资者的出资份额。股东的出资若有多种出资方式,如货币、实物、房屋等,要准备好相关资料,以备注册登记时填报。

6. 公司制企业的相关文件

设立公司制企业,如果法律、法规规定必须报经审批的,应当自批准之日起90日内向公司登记机关申请设立登记。公司设立要提交以下相关文件:公司董事长签署的公司设立登记申请书;全体股东指定代表或者共同委托代理人的证明;公司章程;载明公司董事、监事、经理的姓名、住所的文件以及有关委派、选举或者聘用的证明文件;公司法定代表人任职文件和身份证明;法律、行政规章规定设立有限责任公司必须报经审批的,应当提交有关的批准文件。公司设立登记申请书应由公司董事长签署,并就申请登记注册事项是否符合国家法律、行政法规和公司章程的规定作出承诺。公司章程需经全体股东签名盖章。

(二)公司注册登记的流程

我国国家授权的企业注册登记机关是国家市场监督管理总局和地方各级市场监督管理局。我国企业登记按照分级管理原则进行。在当前我国深化商事制度改革的背景下,公司制企业注册登记,只需填好"一张工作表格",提交到市场监管登记窗口,申请加载统一社会信用代码的营业执照即可。营业执照还兼有组织机构代码证、税务登记证、社会保险登记证和统计登记证的功能,简称"五证合一"。"五证合一"为申报者提供了方便,实现了"一表申请""一门受理"。企业注册登记的一般程序如图6-7所示。

1. 企业名称查询

在商事登记部门领取"企业(字号)名称预先核准申请表",填写公司名称后交由工作人员核名。

2. 网上登记申请

经核名发现无重复企业命名,申请人可通过全流程网上登记系统填写联合申请书,并将准备齐全的相关材料进行提交。市场监管登记窗口收到申请资料,经审核,资料齐全并符合法定形式的,应向申请人出具《"五证合一"受理通知书》,并及时将相关申请信息录入企业注册登记系统,进入联合审批流程;申请资料不齐全的,应当场一次性告知申请人需要补正的全部内容,并出具《补办通知书》。同时,综合窗口对受理的相关资料进行拍照或扫描,并及时传至平台。

3. 审核"五证"申请材料

商事登记部门审核"五证"申请材料。因审核结果产生异议或有其他问题的,由申请人到所申请证照的对应主管部门办理相关业务后再到网上提交申请。审核通过后,相关登记信息和办理结果共享至代码登记部门、税务登记部门、公安部门和社保部门,实现"一次审核"和"信息互认"。

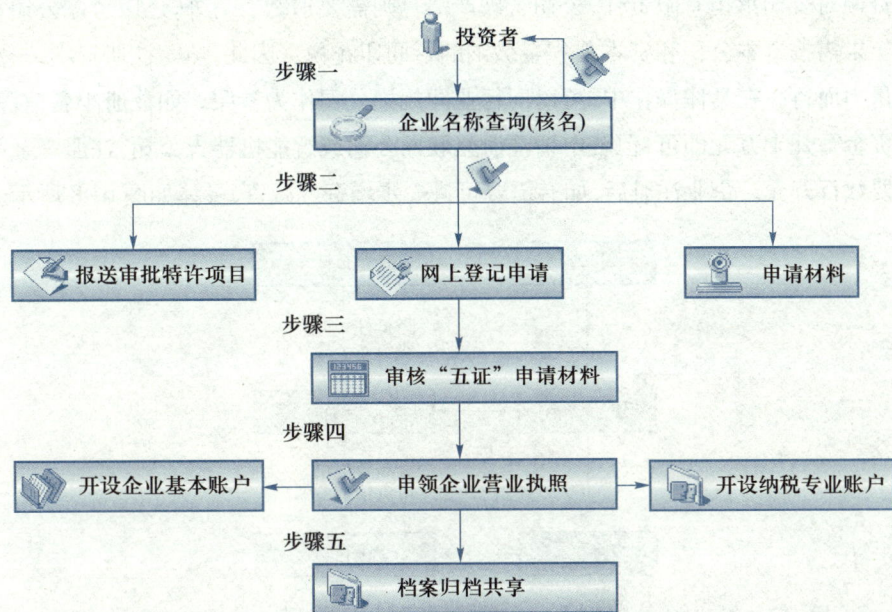

图6-7　企业注册登记的一般程序

4.申领企业营业执照

商事登记部门审核通过后,商事主体申请人即可到当地市场监督管理机构对外窗口一次领取加载统一社会信用代码的营业执照。凭营业执照,到公安局指定的刻章地点刻制公章、财务专用章、发票专用章、合同专用章和法定代表人章,然后到银行开设企业基本账户,到税务局办理税务登记,申购发票,购买税控器。

5.档案归档共享

归档档案原件由商事登记部门保存,档案影像共享给代码登记部门、税务登记部门、公安部门和社保部门,实行"档案共享"。

(三)公司注册登记注意事项

1.企业名称

为规范企业名称登记管理,保护企业的合法权益,维护社会经济秩序,优化营商环境,国家对企业名称做了明确规定。国务院发布了《企业名称登记管理规定》,原国家工商行政管理总局(现国家市场监督管理总局)出台了《企业名称登记管理实施办法》。企业命名要遵循国家法规要求,不要在企业名称中含有与法律法规相冲突的内容和文字:如汉语拼音字母(外文名称中使用的除外)、阿拉伯数字;可能对公众造成欺骗或者误解的内容,等等。

2.注册资本

因企业注册不需要验资,有些人认为既然不用真缴,为显示公司实力,就把注册资金写得多一些。但是,认缴不等于不缴,有限责任公司股东必须以其所认缴的出资额对公司承担有限责任,公司若破产清算则需要追缴。另外,还应考虑公司每年年末需按资本公积和资本公积金缴纳的合同印花税。因此,填写注册资本,一定要量力而行。在具体操作中,可以同行业同规模公司作为参照。如注册小餐馆,注册资金写几十万元即可,但若申请注册互联网公司或智能机器人公司,注册资金则需要数百万元。企业注册后,如有需要可进一步增资或减资,具体如图6-8所示。

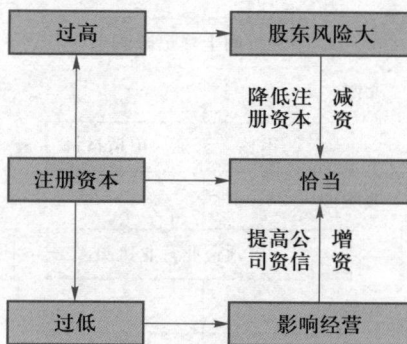

图6-8 企业注册资金增减示意图

3. 企业纳税

我国对增值税纳税人实行分类管理,分为一般纳税人和小规模纳税人。小规模纳税人的增值税采用简易征收办法。达到一般纳税人资格认定条件的企业应及时向其主管税务机关办理一般纳税人资格登记。注册成功的第一个月就应开始报税。

4. 社会保险登记

企业成立后要依法及时进行社保登记,开设相关社保账户,为员工正常办理社保。《中华人民共和国社会保险法》规定,用人单位应当自成立之日起三十日内凭营业执照、登记证书或者单位印章,向当地社会保险经办机构申请办理社会保险登记。用人单位应当自用工之日起三十日内为其职工向社会保险经办机构申请办理社会保险登记。

办理社会保险登记,要携带企业营业执照副本及复印件、单位公章及法人身份证、开户银行账号及复印件、劳动者的身份信息证明、职工名册以及其他所需提交的材料,填写"社会保险登记表"和养老、失业、工伤、医疗等各种险种申请表,到社保机关办理。

三、银行开户与结算

银行在企业的投资和融资以及结算过程中发挥着不可替代的作用。银行开户和结算的相关程序如下:

(一)银行账户

银行账户是指为办理存款、贷款、结算以及现金收付而在银行开立的户头。根据国务院规定,各单位之间的经济往来,除按现金管理办法规定可进行的现金交易外,其他较大的交易往来都必须通过银行办理转账结算。只有在银行开立账户,才能委托银行办理各种资金往来业务。银行账户分为三大类:基本账户、专用账户和辅助账户。新创企业一般只开设基本账户即可。基本账户是企业日常办理转账资金收付和现金收付的账户。符合开户条件的单位,可按照单位的性质,以及对不同资金管理的要求,开设对应的基本账户。申请开设银行账户要交验营业执照正本、法人代表身份证、代办人身份证、租赁凭证或租赁合同等各类相关资料,所有资料都应提供原件核对,交复印件存档备查,复印件须用 A4 纸复印,所有复印件均应加盖公章。如有上级单位,还需提供上级单位营业执照正副本、组织机构代码证正副本、开户许可证及法人身份证。

（二）债权和债务结算

企业债权和债务结算分为两种:现金结算和转账结算。

现金结算是指直接使用现金完成货币收付。即在商品交易中,通过一手交钱一手交货,来完成商品所有权转移和价款的结算。

转账结算是通过银行把款项从付款人账户转移到收款人账户的一种货币收付行为。大额交易要使用转账结算。

根据我国银行结算办法的规定,结算种类主要有银行汇票、商业汇票、银行本票、支票、汇兑、委托收款等信用支付工具和结算方式。

四、创业优惠支持政策

近年来,国务院办公厅、教育部、人力资源和社会保障部等出台多项鼓励和帮助大学生自主创业、灵活就业的优惠政策。

（一）注册登记优惠

（1）程序简化。凡申请个体经营或申办私营企业的,申请人只需提交登记申请书等主要登记材料,可先颁发营业执照,并在一定期限内按规定补齐相关材料即可。

（2）费用减免。除国家限制的行业外,自工商部门批准其经营之日起 1 年内免收其个体工商户登记费、管理费和各种证书费。对申办高新技术企业的,如资金确有困难,注册资本达不到最低限额的,允许分期到位。高校毕业生从事社区服务等活动,一定期限内免予办理工商注册登记,免收各项工商管理费。

（3）创业孵化器支持。国家鼓励各类孵化器面向大学生创新创业团队开放一定比例的免费孵化空间。政府投资开发的孵化器等创业载体应安排30%左右的场地,免费提供给高校毕业生。有条件的地方还可对高校毕业生到孵化器创业给予租金补贴或资金支持。

（二）金融贷款优惠

（1）实施普惠金融支持政策。在将高校毕业生个人最高贷款额度提高至20

万元基础上,对10万元以下贷款、获得设区的市级以上荣誉的高校毕业生创业者免除反担保要求;对高校毕业生设立的符合条件的小微企业,最高贷款额度提高至300万元。

(2)简化贷款手续。

(3)利率优惠。对高校毕业生创业贷款,在法定贷款利率基础上可适当优惠。

(三)税费减免优惠

在国家规定的领域内创业,可以免征或减征一定年限、一定限额、一定比例的增值税和个人所得税。

(四)员工待遇优惠

(1)员工聘请和培训享受减免费优惠。

(2)人事档案管理免一定年限费用。

(3)社会保险参保有单独渠道。

(五)人事管理服务优惠

自谋职业、自主创业的高校毕业生可将人事关系存放在人力资源和社会保障部门所属的人才服务机构,这些服务机构将为其提供全方位的服务。

创办创新型科技企业,要了解相关法律,善于用知识产权保护自己,使企业能保持一定时期内的市场地位,避免自身利益受到非法侵害。

项目测试

一、单项选择题

1.优秀的( )是创业者成功的法宝,也是风险投资者评估一项创业计划优劣的重要指标之一。

A.企业规章   B.商业模式

C.营销策略   D.管理制度

2.( )是指企业建立和协调与商业伙伴之间的关系,实现对资源和活动的有效整合与最佳配置,形成合作共赢的价值网络体系。为客户创造所需价值并传递给客户的过程。

A.价值获取   B.价值创造

C.价值传递   D.价值目标

3.影响企业选址的因素很多,不同的行业企业有不同的侧重点,对于像零售商店和服务类企业位置选择非常重要,要靠( )来生存。

A.繁华程度   B.服务质量

C.营销策略   D.顾客流量

4.商业模式的有效设计和运行需要人物、场景、动机、地点和情节。其中最重要的是（　　）它展示了新产品或服务如何为客户带来价值和利益,同时又如何为企业创造利润。

A．人物　　　　　　　　　　　　B．场景

C．动机　　　　　　　　　　　　D．情节

二、多项选择题

1.（　　　　）都是商业模式的组成部分之一,其中,任何一种模式的改变,都会导致商业模式的变化。

A．融资模式　　　　　　　　　　B．盈利模式

C．经营模式　　　　　　　　　　D．管理模式

2．设立公司制企业,需要提交下列（　　　　）文件。

A．公司设立登记申请书

B．公司章程

C．全体股东指定代表或者共同委托代理人的证明

D．公司法定代表人任职文件和身份证明

3．制造企业、建筑公司及其他一些服务类企业,一般通过销售人员或广告寻找客户。这类企业在选址的时候,主要应考虑（　　　　）等问题。

A．成本　　　　　　　　　　　　B．环境

C．原材料供应　　　　　　　　　D．地理位置

4．以其个人财产对企业债务承担无限责任的企业包括（　　　　）。

A．有限责任公司　　　　　　　　B．个人独资企业

C．合伙企业　　　　　　　　　　D．股份有限公司

三、简答题

1．商业模式的设计思路要遵循哪些原则?

2．商业模式的价值逻辑是什么?

3．新创企业选址是一个比较复杂的决策过程,为防止出现明显偏差,要遵循哪几项原则?

4．初涉创业的大学生,可运用哪些选址策略?

5．初创企业注册登记的一般程序有哪些?

6．近年来,教育部、人力资源和社会保障部等部门出台的鼓励和帮助大学生自主创业、灵活就业的优惠政策主要有哪些?

7．查找资料,提炼一家成功的"互联网+"创业公司的商业模型,分析该商业模式的利弊,并写出你从中得到的启发。

四、综合实训

与众不同的"饭店生意经"

小李大学毕业后在家具公司就业,从当销售代表干起,积累一定经验后,想要

自己创业。经慎重调查后,他把目光投向了自己喜欢的美食,想在北京开一家餐饮店,打出品牌后通过连锁方式迅速向全国辐射。但京城饭店数量众多,想打出品牌,首先要从菜品做起。他尝遍了京城知名饭店的主打菜品,比较色香味后,决定以较受欢迎的川菜为主打菜系,并请人专门研究制作出主打菜品及与菜系相搭的店面装修风格。开业后生意逐渐兴旺起来,为快速扩大知名度,并把更多的美食网罗到自己的饭店,小李再想奇招,张榜打出广告:"教我一道水煮鱼,给你五万元。"几天后,两位知名大厨来"揭榜",吸引很多食客前来就餐及观赏,他们边烧菜边直播做营销。五万元买来的菜方,着实给他带来了不小收获,之后他每过一段时间就如法炮制一番,他店里的许多菜都是从别人那里"买"来的。既开发了许多知名菜品,又扩大了社会影响力。花五万元购买一道菜谱,看着成本很高,但按一个店卖出 40 份菜,一份 50 元钱算,一天就是 2 000 元钱,刨除成本,三个月就能收回投资。且以后所有的连锁店均可用,着实划算。小李在北京开的第一家饭店投资总额 100 多万元,6 个月收回成本。他测算第二家店投资 60 万元即可,预计 2 个月就能收回成本。

将同学按 4~6 人一组进行分组,每组派一人专门记录,然后完成以下实训:

(一)分组讨论

1. 小李的饭店为什么能从众多的饭店中脱颖而出?其商业模式有什么独到可取之处?

2. 小李为什么第一家店投资 100 多万元,而第二家店投资只有 60 万元?他预计 2 个月就能收回成本的依据是什么?

(二)实践提升

1. 对案例中的创业项目进行深度分析,绘制该项目的商业画布图。

2. 从电商创业的角度,选择一个自己熟悉的项目,结合当前较为典型的"互联网＋创业"模式,凝练形成自己的商业模式。

3. 展开分组讨论。以组为单位运用头脑风暴法对每人选择的创业项目展开讨论,通过思维碰撞激发出一个更好的创业项目,然后各组展示并路演自己的创业项目,由老师对各组展示的创业项目商业模式,依据下表进行评价打分。

商业模式	独特价值	不可复制性	可操作性	持续稳定性	扩展性	协调性	盈利性	创新性	总分
	20分	15分	15分	15分	10分	5分	5分	15分	100分

项目七

资金是企业的血液——筹措创业资金

【学习目标】

知识目标

了解创业启动资金的测算方法

熟悉创业融资的过程及步骤

掌握创业融资的常用方式

能力目标

能够根据创业企业实际正确测算所需启动资金

能够根据企业所处发展阶段运用恰当的融资方式筹集所需资金

素养目标

建立和维护良好的个人信用

树立诚信经营、互利互惠的经营观和融资观

【思维导图】

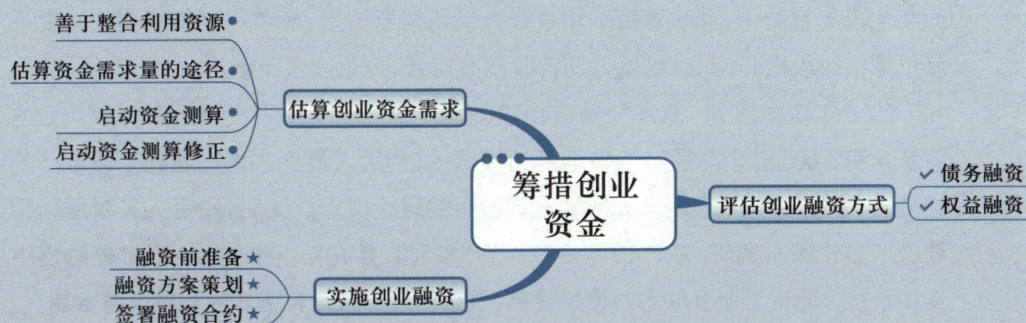

任务一　筹资不易精盘算——估算创业资金需求

蘑菇物联创始人毕业进入格兰仕成为一名市场研究员,但与大多数员工不同的是,他天然有一种"企业是我家"的想法,这种主人翁意识,让他看到了格兰仕的一些不曾被注意的问题。在解决一个个相关问题的过程中,他从市场研究员变成集团执行委员会秘书,又进一步被提拔为冰箱洗衣机事业部的副总经理,兼任智能家居产品委员会秘书。在协调集团智能家居建设的过程中,他由家居产品智能化联想到几十万、几百万高价值的工业设备更应该智能化,于是他决定投身工厂设备智能化创业,以降低工业设备运维成本,为工厂节能减排。

2016年初,他找到了物联硬件研发经验丰富的高中师兄、从事软件研发的大学师弟和对机电设备行业非常熟悉的好友,筹集了200万元,租了个办公室,创建了蘑菇物联。设备互联一需要网关模组,二需要APP,这就要硬件、软件研发齐头并进。创业半年不到,就花光了初始投资,当时产品尚没有影子。到2016年底,蘑菇物联第一次推出产品获得收入,但跟成本投入比却是杯水车薪。

工业物联领域虽然市场竞争不激烈,但这也意味着客户认知度不高,未经教育的市场给销售带来很大阻力。2017年9月,公司资金只够发一个月工资,差旅费已欠发两个月,再筹不到钱只能卖房子渡过难关。

幸好一个月后,启赋资本领投的Pre-A轮进账,年底国务院发布相关指导意见,"工业互联网"进入大众视野,公司发展正契合了国家战略。然而,从信息化到数字化再到智能化,意味着每一步迭代升级都需要资金,数字化到智能化的转变难度更呈指数级增长,此时尽管公司营收已有好转,但依旧入不敷出。

2018年资本遇到"寒冬",蘑菇物联创始人微信里备注为投资/资本/VC/PE的联系人有1 000多个。通过不停地拜访投资人,创始人最终才真正遇到了懂自己的投资人,经过谈判公司终于拿到了一笔救命的风险投资。此后,投资人又对蘑菇物联做了多轮深入调研,在2019年B轮融资时领投,并在接下来的B+轮、C轮融资中连续跟投。随着工业互联网热度的提高,蘑菇物联的融资之路才变得越来越容易。

【项目思考】

蘑菇物联创始人在格兰仕工作得顺风顺水,为什么会选择自立门户自主创业? 又为什么会走到准备卖房子渡过难关的境地? 他在创业资金测算上出了什么问题? 他的成功对你有何启示?

【项目启示】

蘑菇物联创始人在格兰仕兼任集团智能家居产品委员会秘书的过程中,善于发现问题,探究真相,由家居产品智能化联想到了高价值的工业设备智能化,从而自主创业,走向了工业物联创业之路。创业过程中,遇到资金枯竭问题不气馁,不厌其烦地拜访投资人,最终遇到合适的风投,助力他成功创业,以企业发展服务国家战略,实现华丽蜕变。

【身边的创业导师】

　　巧妇难为无米之炊,没有创业资金,只能望机(机会)兴叹。资金作为企业的血液,是创业的重要资源,也是启动新企业的第一推动力。企业筹资包括筹资量的确定,筹资渠道与方式的选择,资金的实际取得等过程。

　　聪明的创业者清楚地了解自己的资金需求和筹资渠道,懂得利用一切可能的渠道去筹集创业资金。启动资金不是越多越好,因为企业筹措资金是有成本的,高估成本,创业者会因无法凑齐数额较大的启动资金而难以起步。但也决不能低估了需求,造成资金不足,在没实现盈利前就捉襟见肘。如果你有 10 万元,但某个项目需要你投入 3 万元租门面,4 万元装修,3 万元进货,那么半年内倒闭的风险就很大。

【知识研修】

　　拥有必要的创业资源是启动创业的前提。创业资源种类繁多,自有技术、资金、管理、信息、人才、发现的创业机会、自建的营销网络,及企业能控制的物资等资源,称作自有资源;外部的资金、政策、信息、技术等,称作外部资源。自有核心资源越多,获得外部资源的空间就越大。创业伊始,要在整合利用资源的基础上,精确估算所需启动资金。

一、善于整合利用资源

　　成功创业的利器之一是整合利用已有资源,应对快速变化的环境,形成竞争优势。创业者要在使有限的自有资源最大化的同时,巧妙获取并整合利用外部资源。

(一) 掌握资源配置技巧

　　成功的创业者往往都是资源配置高手,通过在已有的资源中加入一些新元素,进行创造性地组合创新,获得新优势。创业者要有善于在沙子中发现钻石的眼光,洞悉周边各种资源的属性,利用自己独特的经验和技巧进行资源整合创新,巧妙拼凑出新优势,占领新市场。

(二) 学会对资源加杠杆

　　要想以最少的资源消耗获得最大的效益,实现投入产出比最大化,就要善于运用资源的杠杆效应,实现以小博大。对资源加杠杆可从五方面入手:延长已有资源的使用时间；以资源补资源，即利用自有资源置换急需的重要外部资源；挖掘资源新用途，获取更高的附加值；巧用他人资源，先人一步抢占并利用别人没意识到的资源，利用廉价的他人资源服务自己的事业；重复利用资源，即深度挖掘自身管理、技术、制造、营销网络和品牌等资源的重复利用潜能。

（三）缩短资源周转回收期

企业是通过资源投入，转化出客户所需的产品或服务后获取利润回报的。经营中资源周转速度越快，回收利用率就越高，效益越好。因此，创业者要关注资源利用率，经常比对劳动生产率、存货周转率、应收账款周转率等财务指标。

二、估算资金需求量的途径

创业者测算创业所需资金时，不仅要计算正常情况下必需的资金，而且要把一些可能会发生的额外所需资金计算在内。创业者可从以下途径获得估算创业启动资金的信息。

（一）同行

经营同类业务的企业家是计算创业初期运营成本的最佳信息来源。同一区域的未来竞争对手可能不想帮你，但若不在同一区域，可能还是乐意帮忙的。

（二）供应商

供应商是一个不错的创业成本信息来源。创业者可以直接联系供应商，告诉他因为你打算创业，想了解某个行业的费用信息。他们通常都乐意帮忙，因为他们也想从你身上寻找生意机会。但在实践上，不要完全相信初次接触的供应商，因为不同区域的创业成本会有很大的差异。要向供应商询问设备租赁、大量购买的折扣额、信用条件、启动的库存量，以及可能降低前期成本的其他选择。

（三）行业协会

行业协会是一个非常好的信息来源。行业协会可以提供行业内相关的企业家和供应商名单、市场调研的数据和其他有用的信息。供应商的行业协会也是好的信息来源。

（四）退休企业高管

退休企业高管不仅可以对创业者提供非常有价值的资源，还可以为创业者推荐非常有经验的退休企业家，指导创业者完成公司创设的整个过程，为企业发展指明方向。

（五）创业指南及相关文章

创业者可以从行业出版社和商会获得创业指南。这些指南，尤其是信誉卓著的行业指南是研究创业启动资金的有利资源。既要确保指南没有过时，也要考虑到不同地区的费用会相差很大。创业相关文章也可以让你大致估算所需的启动成本，并帮助你列出需要调查的费用清单，获得供应商信息、行业所需成本和最新行业动态。

（六）特许人与被特许人

如果你想购买特许经营权,特许人会给你特许经营费用的相关数据。然而,不要把这些数据当作绝对值,因为费用会因为地区的不同有所变化。创业者可以给现有的被特许人打电话,问问他们实际的费用是否符合特许人给出的预测值。

（七）创业顾问

一个合格的创业顾问可以提供关于启动资金的相关建议,也可以为你做很多实际调查,还可以帮你将自己的调查变成有用的财务预测和具体方案。注意创业顾问应该找熟悉你所处行业,并且有创业经验和实际运营经验的人。

三、启动资金测算

创业需要足够的启动资金,启动资金可以用于支付场地(土地和建筑)、办公家具和设备、机器、原材料和商品库存、营业执照和许可证、开业前广告和促销、工资以及水电费和电话费等日常开支。这些支出可以归为两类:

微课: 启动资金测算

（一）固定资产投资测算

创业启动后,用于购买价值较高、使用寿命较长的建筑物、设备等的开支称为固定资产投资。如办企业需要有适合的场地和设备。如果能在家创业,就能降低投资。不同企业对固定资产的投资不一样,有的企业用很少的投资就能开办,而有的企业却需要大量的投资才能启动。明智的做法是把必要的投资降到最低限度,特别是要尽量减少那些不能直接带来效益、非生产性的固定资产,以减少风险。

1. 企业用地和建筑

如果企业对场地和建筑有特殊要求,最好自己造房子,但这需要大量的资金和时间。如果能在合适的地点找到合适的建筑,则买现成建筑既简单又快捷。但往往需要经过改造才能适合企业需要,且需要花费大量的资金。租房相比造房和买房所需的启动资金少,也比较容易改变企业地点。

在车库或仓库创业成功的公司有很多,尚在读书阶段的大疆创始人与两位同学来到深圳,在车公庙一间不足20平方米的仓库里创办了大疆。如今,大疆已成为全球领先的无人机品牌。极米从成都高新区的清水房开启"车库创业",靠自主创新成为国内智能投影行业的龙头企业,打破了国外品牌在中国投影市场的垄断局面。

2. 设备

设备是企业需要的所有机器、工具、车辆、办公家具等。对于制造业和一些服务行业,最大的投资往往是设备。创业者要计算租用的费用、购买的费用、设备的使用寿命,折算经营期间能否积累充足的资金来更替设备(折旧费)。

（二）流动资金测算

企业开张后,要运转一段时间才能有销售收入。制造商在销售之前必须先把产品生产出来;服务企业在开始提供服务之前要购买材料和用品;零售商和批发商在卖货之前必须先买货;所有企业在拓展顾客时必须花时间和费用进行促销,这

就是流动资金支出。流动资金指企业日常运转所需要支出的资金。如原材料和商品库存、开业前的广告和促销、每月的工资以及水电费和电话费等。要做好流动资金预测，防止现金流断裂。

1. 库存

为保障企业经营活动正常进行，适当的库存是必需的。但控制库存又是非常重要的，特别是对一些生产型企业的原材料、辅料、外协件、半成品、成品等库存。因为库存越多，用于采购商品或材料所需的流动资金就越大。因此要科学筹划购买存货需要的资金，将库存降到最低限度。如果你的企业允许赊账，资金回收的时间会更长。

2. 促销

无论是企业新投产还是新产品开发入市，都需要开展促销活动让顾客知道你的企业及产品，以达成促进客户购买的结果，产生经济效益。而促销活动需要流动资金，要善于运用新营销手段，通过创新找到适合自己的低投入高效率的营销策略和活动布局。

3. 工资

雇用员工需要支付工资。同时你还要给自己开工资以维持家庭生活开支。计算初始流动资金时，要计算用于发工资的钱，其数额可以用每月工资总额乘以还没达到收支平衡的月数来测算。

4. 租金

企业要运转就要支付企业用地、用房、设备等的租金。正常情况下，企业一开始运转就要支付用地用房的租金。考虑到租金的预付（3~6个月），流动资金占用会更多。

5. 保险

企业运作必须投保并给付所有的保险费。根据《中华人民共和国劳动法》和《中华人民共和国劳动合同法》的规定，企业要依法为职工缴纳养老保险费、医疗保险费、失业保险费、工伤保险费和生育保险费等社会保险费。其中前三项由企业与职工共同负担，后两项由企业负担。

6. 其他

在企业初创阶段，还要支付一些其他费用，如水电费、电话费、办公用品费、交通费、维修费、注册资金、税务登记工本费、工商行政管理费等。

四、启动资金测算修正

为比较准确地测算出所需的启动资金，要将上面的过程重复多次，反复斟酌并作适当调整，直至达到一个可行的启动资金数额为止。这个数额还要与筹资能力相比较，如果需要的启动资金远远超过自己的筹资能力，那就必须调整计划，如可以将创业计划分成几步去实施，这时需要重新测算启动资金。

由于初创企业前期投入大，故短期内难以盈利。创业者要准确预测，在获得盈利之前自己的资金能够支撑多久。一般情况下，至少要准备 3 个月至半年的流动资金。同时，为从容应对意外和不测，除准备比上述资金预算更为宽裕的资金外，在满足经营要求的情况下，还可以采用租赁厂房、采购二手设备等方法节约资金。

【拨云见日】

巧用信用卡启动创业

王嘉廉在美国读大学时，看到《纽约时报》整整两页半都在招聘计算机程序员，认为这个职业将来有前途，于是他学了程序开发。王嘉廉毕业后进入一家计算机公司工作，既编程又推销，学到一身本事。不久，一个创业机会来临：一家瑞士软件公司在美国寻找销售代理。王嘉廉觉得这是一个绝好的机会。但遗憾的是，他无法筹措到必需的启动资金。

为此，他想到可以找人合伙一起凑钱来解决启动资金不足的问题，即让所有合伙人都去申请信用卡，并透支最高的允许金额。为节约成本，他还找了一个需要劳动力的房东，以给房东干活抵消房租。

每个月收入入账后，就把上个月的还掉，然后再透支。经过连续几个月的周转，成功还清贷款，最后王嘉廉成为全球第一个把软件公司做到年营收起 10 亿美金的企业家。

【启示】软件公司代理商所需启动资金不多，运行过程中的流动资金需求也容易预测，投资回报也较为稳定。因此，为筹集启动资金，王嘉廉找人合伙透支信用卡解决资金短缺的方法不失为一种实用的筹资方式。

任务二　借鸡"生蛋"或"留蛋"——评估创业融资方式

【引导案例】　白手起家的蒙牛

蒙牛创始人自主创业初期，蒙牛注册资本只有 300 万元，经过一年的运营，通过增加股东方式，吸引了一些民间资本，使资本增加到 1 380 万元。蒙牛当时一没厂房，二没市场，三没品牌，只是一家全国乳业排名 1 000 名开外的小企业。按照常规的企业运作路径，买土地—盖工厂—盖车间、盖办公楼—买设备—生产产品—打广告，如此运作，蒙牛那点资金买地都不够。

面对此困境，蒙牛创始人别出心裁地提出了先建市场，再建工厂的理念。先打品牌,把 300 万元资金主要用于在中央电视台打广告,一边做广告一边做产品。通过广告边宣传品牌边生产,再通过增加股东来扩大资金来源,筹措 1 000 多万元资金,通过委托同行加工的方式运作,自己提供品牌、技术、配方、包装,用托管、租赁、承包的方式让别人给他代工,通过塑造品牌及打造商标来开拓市场。

没有资金,仅凭委托代工,要想把企业做大很难。为此,蒙牛创始人想到了借用别人工厂的办法,为找到全国可利用的牛奶加工厂资源,他让手下收集全国同类生产企业中经济效益相对较差,但是有厂房、设备、工人、技术资源的企业信息。他发现当时中国最大的一个乳业生产基地在黑龙江,该企业是一家外资企业,投资 7.8 亿元人民币后因水土不服,市场无法打开,连续几年亏损,处于半停产状态。

蒙牛创始人找到这家企业,经过谈判获得了企业托管资格。仅用 3 个月就把这个 7.8 亿元的项目盘活了,蒙牛拥有了自己的生产基地。随后,他如法炮制,在全国各地建立生产基地。

然后蒙牛依样画葫芦,自己没买运输车、不养司机、不建车库,整合了 600 多辆运输车、奶罐车、冷藏车……通过签定协议,每个月给足相关个体运输司机运输业务量,让对方先干活后付款,每月一结解决了物流问题。另外,仍用同样方式整合了 500 多个奶站。短短两年,就形成 5 亿元左右的现金流。

【项目思考】

蒙牛创始人为什么能用极少的资金撬动一个大产业? 他为什么能仅凭一家 300 万元注册资金的小企业,就说服 7.8 亿元资产的外资老板将工厂借给他使用?

【项目启示】

蒙牛创始人在资金极少的情况下,从资源整合的视角挖掘别人看不见的资源,借以壮大企业,形成了别具一格的融资模式。创业者一定要树立大资源观,明确创业过程中的融资其实是融资源,不只是现金流,这样才能开拓思路,克服创业过程中的资金困难,从而成功创业。

【身边的创业导师】

没有一个创业者不渴望找到懂自己的投资人,相互成就一番事业。获得投资,是一个知己知彼的过程。随着创业项目越来越多,融资也变得越来越难。创业者要清醒地认识到,要想获得投资人青睐,就要使创业企业持续产生收益。所以创业者一定要持续打磨好产品、发展客户,做好资金运营、挖掘人才等工作,积累信用,杜绝数据造假,给企业营造出广阔的发展空间。同时,创业者应在把握各种融资机会的基础上,适时地进行融资方式创新,珍惜使用每一笔外部资金,在用投资人的信任成就自己的同时,营造更好的融资空间,保障企业可持续发展。

【知识研修】

只有了解可能的融资方式和融资过程,才能策划最适合的融资方案。概括起来,创业者的融资方式主要分为两大类:债务融资和权益融资。

一、债务融资

当下,很多传统企业依然依靠商业银行贷款、债券融资、民间借贷等债务融资方式融资。债务融资是通过借钱的方式进行融资。债务人承担资金利息,到期后向债权人偿还本金。债务融资主要用于解决企业营运资金短缺的问题。创业者获得债务融资的方式包括以下几种。

(一) 商业银行贷款

商业银行贷款作为债务融资的主要形式,成本低,期限灵活,类型多样。主要有信用贷款和担保贷款两种形式。

1. 信用贷款

信用贷款指依据借款人的良好信誉发放的银行贷款,借款人不需要提供担保。银行发放信用贷款要对借款人进行严格审查、评估,确认其资信及还款能力。如果借款人信誉良好,在准备好各种材料的情况下,很快就能获得借款批准。

2. 担保贷款

担保贷款指根据借款合同或借款人约定,用借款人的财产或第三人财产为贷款保障,并在必要时由第三人承担连带还款责任的一种贷款。按担保方式不同分为:保证贷款、抵押贷款、质押贷款。

(1) 保证贷款。保证贷款是指借款方向银行提供符合法定条件的第三方保证人作为还款保证的借款。当借款方不能履约还款时,银行有权按照约定,要求保证人履行或承担清偿贷款连带责任。较适合创业者的担保贷款有:自然人担保贷款,专业担保公司担保贷款等。

(2) 抵押贷款。抵押贷款是指以借款人或第三人的财产作为抵押物发放的贷款。在抵押期间,借款人可以继续使用其用于抵押的财产。

(3) 质押贷款。质押贷款是指以借款人或第三人的动产或权利作为质押物发放的贷款。如汇票、支票、本票、债券、存款单、国库券、提货单、仓单、商标权、股票、商标专用权、专利权、著作权中的财产权、工业产权等。

除此之外,可供创业者选择的银行贷款方式还有托管担保贷款、买方贷款、项目开发贷款、出口创汇贷款、票据贴现贷款等。

(二) 非银行金融机构借款

非银行金融机构借款是指以发行股票和债券、接受信用委托、提供保险等形式筹集资金,并将所筹资金运用于长期性投资的金融机构。包括信托公司、企业集团财务公司、金融租赁公司、汽车金融公司、货币经纪公司、保险公司、境外非银行金融机构驻华代表处等机构。如保险公司推出的保单质押贷款,贷款最高限额不超过保单现金价值的 70%~80%，按同档次银行贷款利率计息。投保人只要缴付保险费满两年以上，且保险期已满两年即可申请。

（三）大学生创业贷款

国家和各级地方政府为鼓励大学生创业，制定了相应的创业优惠政策，推出了创业基金或创业担保基金。大学生创业者可妥善利用政府扶持政策，获取融资支持。

1. 贴息创业贷款

经国务院批准，对从事微利项目的创业企业的小额担保贷款在贷款期内由财政部门据实全额贴息，贴息最长不超过两年，延期不贴息。程序为：先到市人事局毕业办申领相关资料，然后到所在社区、街道审核，并报送本区担保机构。审验合格后，由当地经办银行按照贷款合同约定时间划转款项，在《高校毕业生自主创业证》上注明已办理贷款字样。

2. 大学生创业贷款

经国务院批准，国家专门设立了用于支持科技型中小企业技术创新的政府专项基金。该基金以贷款贴息、无偿资助、资本金投入等方式对科技型中小企业加以支持。符合条件的大学生可按要求申请。

（四）债券融资

债券融资是公司制企业通过向债权人发行债券，到期支付利息、偿还本金以筹集资金的一种融资方式。根据《中华人民共和国公司法》规定，只有符合相关规定的股份有限公司和有限责任公司才可以通过发行债券融资。进行债券融资后，债券持有人无权参与或干涉企业经营管理，但是有权按期收回本息，也可以自由转让债券。

（五）民间借贷

民间借贷是指自然人、法人和非法人组织之间进行资金融通的行为。现实生活中最常见的民间借贷多发生在关系良好的企业及亲朋好友之间，故又称"民间信用"。民间借贷一般采取利息面议、直接成交的方式进行，并大多以"借据"作为借贷依据。民间借贷具有操作程序简单、融资速度快、门槛较低、手续简便、贷款时效较高等特点。选择民间借贷需要注意以下事项：

1. 借贷事实要规范

由于"借据"较为简单、约定内容不完善，为防止发生争议，借款人最好订立正式的借款合同，详细规定借贷金额、用途、币种、利息、期限、还款方式和违约责任等内容，书面明确当事人的权利和义务，以避免任何可能发生的不良后果。

2. 约定合法利息

民间借贷，将利息计入本金按复利计息的，法律不予保护，且利率最高不得超过一年期贷款市场报价利率（LPR）的 4 倍。

3. 采取担保措施

在借贷关系中，对债务的履行确有保证意识表示，并签字确认的，才认定为保证人,承担保证责任。债权人在借款人不能偿还时,可以向担保人求偿。对未约定保证期间的,保证期间为主债务履行届满之日起6个月。

4．明确还款时间

《中华人民共和国民法典》规定:履行期限不明确的,债务人可以随时履行,债权人也可以随时请求履行,但应当给对方必要的准备时间。所以,民间借贷最好根据企业资金回笼状况约定一个较为合理的还款日期,以防约定不清陷入被动。

(六)商业信用

商业信用指企业在正常的经营活动和商品交易中,由于延期付款或预收货款所形成的企业间信贷关系,主要包括赊购、预收货款和商业汇票。企业在筹办期以及生产经营过程中,均可以通过商业信用筹集部分资金。如企业在购置设备或原材料、商品的过程中,可以通过延期付款的方式,在一定期间内免费使用供应商提供的部分资金。

商业信用的最大优势是方便、及时。但由于商业信用一般局限在企业之间或个人与企业之间进行,规模上有很大的局限性。

(七)票据贴现

票据贴现指票据持有人将商业票据转让给银行,取得扣除贴现利息后的资金。在我国,商业票据主要是指银行承兑汇票和商业承兑汇票。从企业收到票据开始到票据到期兑现,少则几十天,多则6个月。为解决期间的资金短缺问题,利用票据贴现进行融资,不仅手续简便,而且融资成本较低。票据贴现只需带上相应的票据到银行办理有关手续即可,一般在3个营业日内就能办妥。以中国工商银行为例,票据贴现业务操作程序见图7-1。

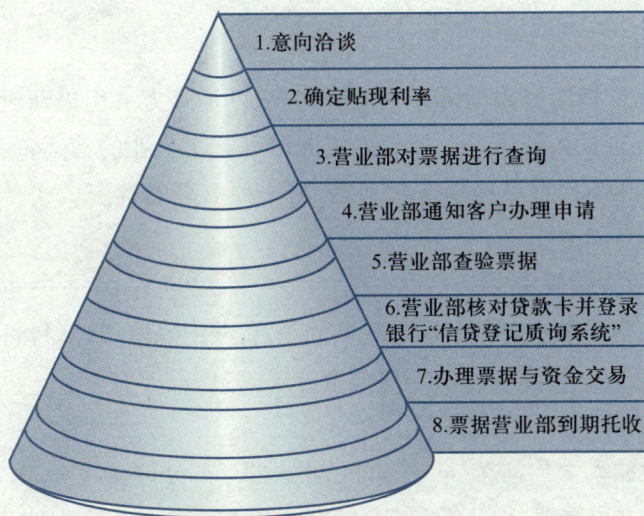

1.意向洽谈
2.确定贴现利率
3.营业部对票据进行查询
4.营业部通知客户办理申请
5.营业部查验票据
6.营业部核对贷款卡并登录银行"信贷登记质询系统"
7.办理票据与资金交易
8.票据营业部到期托收

图7-1 票据贴现业务操作程序

（八）融资租赁

融资租赁是指出租人（如租赁公司）根据承租人的请求及对供货商、租赁物的选择，按照承租人在与其利益相关的范围内所同意的条款，由租赁公司代为融资，向供货商购买租赁物，并租给承租人使用，承租人分期向出租人支付租金的融资方式。在租赁期内，租赁物的所有权属于出租人所有，承租人拥有使用权。企业通过融资租赁，可以获得出租人提供的机器设备，避免大规模的一次性投资，节约资金支出。当出现问题时，租赁公司可以回收、处理租赁物，对企业资信和担保的要求不高，所以非常适合中小企业融资。融资租赁作为长期贷款的一个替代品，是新创企业实现融资的有效手段。

融资租赁除采取直接租赁方式外，还可采用售后回租方式。当企业短期内缺乏资金时，把正在使用的固定资产出售给租赁公司变现，同时再以租赁方式将其租回使用。这样仅通过出售固定资产所有权，而使用权不变即可实现资金融通。

（九）典当融资

典当融资指借款人将有较高价值的物品质押在典当行，以物换钱融资。"急事告贷，典当最快"，典当融资主要解决救急资金。典当行目前已成为公民、中小企业获取小额融资、周转资金的好帮手。

典当融资的基本类型大致包括应急型典当、投资型典当和消费型典当。其中，投资型典当是指以生产或经营融资为目的的典当形式。一般利用手中闲置物资、设备等，从典当行押取一定量的资金，然后投到生产或经营中，将死物变成活钱，利用投融资的时间差获取收益。典当费率高于银行同期贷款利率。

二、权益融资

权益融资是指通过出让部分企业所有权，以增资方式引进新股东的融资方式。即股东直接投入资本金。股权融资既可以充实企业的营运资金，又可以用于企业的投资活动，且不需要支付利息，是一种双赢的筹资模式。权益融资方式通常包括以下几种。

（一）吸收直接投资

吸收直接投资是按照"共同投资、共同经营、共担风险、共享利润"的原则，直接吸收国家、法人、个人等资金的一种筹资方式。

1. 个人储蓄

准备创业的大学生，应较早地将自己收入的一部分储蓄起来，作为创业资金；由于大部分人并不阔绰，积蓄仅能维持初期的基本开销，所以个人储蓄只能是创业融资的短效途径。

2．亲友资助

当遇到资金困难时，最可能向自己伸出援助之手的是家人、亲戚和朋友。向身边的人借钱是十分方便且有效的途径。刚毕业的大学生，可以从父母、亲友那里取得部分创业资金。如果这些资金是亲友投入的，则算作权益融资，如果是亲友借款则需要按期还本付息，属于债务融资。国际金融公司（IFC）对北京、成都、顺德、温州4个地区的私营企业调查显示：我国的私营中小企业在初始创业阶段几乎完全依靠自筹资金，90%以上的初始资金都由主要的业主、创业团队成员及家庭提供，银行、其他金融机构贷款占比很小。

3．合伙人投资

创业者也可以通过转让部分股权的方式从合伙人那里筹措部分创业资金，创办合伙企业。

4．募股

创业者还可以通过私募股权的方式，从拥有闲置资金的投资者那里获得创业资金。募股具有降低企业负债比例，增强企业融资能力的优势，缺点是容易稀释创业者对企业的控制权，且募集得越多，分享企业利润的人也越多。

（二）利用留存收益

留存收益指企业存留在内部的盈利，它由两部分组成：一部分是企业按照国家法律规定提取的盈余公积，将当年实现的利润留存于企业，从而成为留存收益；另一部分是利润或股利分配后的剩余部分，这些留待以后年度进行分配，从而也构成留存收益。留存收益是企业内部形成的资金来源，无须支付融资成本，是最节约方便的融资方式。

（三）风险投资

风险投资（Venture Capital，简称VC），指通过对创业企业投资，在企业成功后分享利润的一种投资方式。

1．引入风险投资的优势

引入风险投资，相当于用别人的钱来创业，而且企业在风险投资商的帮助下能快速成长壮大。

（1）风险投资能使资本快速增值。风险投资商的工作就是发现那些有成功潜质的创业者，然后用自己的钱以股份的形式参与投资，帮助所投资的企业尽快成熟，取得上市资格，从而使资本增值，分享成功。风险投资是一种承担高风险、谋求高回报的资本形态。对于创业者来说，获得风险投资，不但可以解决资本短缺的问题，还可以得到风险投资商的专业帮助和指导，使资本快速增值。

（2）风险投资助力企业成长。风险投资商不仅投入资金，还可以向企业提供好的建议和相关专业、管理知识，帮助新公司快速健康发展。中国许多著名的创业公司就是靠风险投资支持获得成功的，如腾讯、京东、阿里巴巴、美团、海康威视、贝泰妮等。以贝泰妮为例，当时其产品仅在医院渠道销售，并一直处于亏损状态。但鉴于贝泰妮的产品口碑很好，红杉聚业向贝泰妮投资 2 500 万元，随后再追加投资 2 500 万元，既快速提升了贝泰妮的知名度及社会影响，也缩短了公司的上市时间。

【拨云见日】

知名风投助力 SHEIN 估值"突飞猛进"

SHEIN (希音) 作为一个主打快时尚性价比女装的跨境电商品牌，2022 年位列全球第五大独角兽企业。这源于公司每一轮融资都获得众多知名投资者青睐，经历 6 轮融资估值日益高涨：从 2013 年估值 2 500 万美元飙升至 2023 年的 650 亿美元。

2012 年，SHEIN 放弃原来的婚纱生意，通过收购一个域名为 Sheinside.com 的网站，专注于女装服饰的国内设计、生产，在欧美、中东等地区销售。进入中东市场当年，就实现销售额 4 000 万元。得到集富亚洲投资公司青睐，获得其 500 万美元 A 轮融资。2014 年 SHEIN 顺势收购当时其主要的竞争对手 ROMWE，并将供应链转移到广州，在欧美地区建立海外仓。2016 年，IDG 和景林投资投入 3 亿元 B 轮融资，公司估值为 15 亿元。依靠风险投资资金加持，公司收购 MakeMeChic 以巩固北美市场，2017 销售额超过百亿元。销售额的大幅增长吸引了更多风险投资，公司几乎以一年完成一轮融资的速度扩张：2018 年、2019 年、2020 年和 2022 年，SHEIN 分别完成 C 轮、D 轮、E 轮和 F 轮融资。2023 年，公司估值达 650 亿美元。众多知名风险投资商的加持，使 SHEIN 估值"突飞猛进"。

【启示】SHEIN 能在企业快速扩张的同时实现估值大幅提升，源于公司的快速盈利能力获得风险投资商的认可。知名风险投资商的助力不仅解决了公司的发展资金问题，而且扩大了社会影响，进而促进了公司发展。

2. 风险投资的程序

每家风险投资商都有自己关注和感兴趣的行业领域，也都有自己的投资规模和阶段，投资不同阶段的风险投资商对单个项目的投资规模差异很大。虽然各类风险投资的规模及风格各不相同，但就其流程而言，都始于风险投资商对创业计划书的筛选和投资交易的完成，终于风险资金的退出。具体可分为下列几项程序。

（1）初次筛选。风险投资商一般会先通过阅读创业计划书的摘要或执行总结来发现他们感兴趣的项目，有意向后才会花时间看完整的创业计划书。

（2）项目评估。风险投资商将感兴趣的创业计划书交给其投资小组进行初步评估，主要从技术、市场、管理团队和财务指标四个方面考量，其中特别关注的是管理团队,见表 7-1。

表 7-1 风险投资项目评估要素及一般权重分析表

评估要素	具体内容	一般权重
技术	领先程度,专利与自主知识产权,工艺水平,产业结构	18
市场	市场定位,市场潜力,竞争优势,行业背景	22
管理团队	团队背景,管理能力,管理程度,企业文化,协同效应	40
财务指标	模拟市盈率指标,净现值(NPV),内部报酬率(IRR),净资产收益率(ROE),动态投资回收期,销售利润率,财务状况和现金流量	20
合计		100

通过初步审议后,风险投资商会成立项目评估小组,对项目涉及的行业、技术、市场、财务和法律做进一步的全面评估。这时,风险投资商会要求申请风险投资的企业提供更全面的企业背景资料,如注册登记文件、企业章程、董事会和股东资料、董事会纪要、重要的业务合同、法律和财务方面的合同、详细财务报告、资产清单、知识产权方面的文件、管理团队的背景资料和员工情况、法律诉讼和保险方面的资料、政策法规等方面资料。

(3)项目谈判。如果风险投资商经审议认为项目前景看好,便可开始进行投资形式和估价方面的谈判。谈判内容包括:投资形式、资金使用、股权结构、股权转化价格、股权注册权限、其他股东的义务、上市、董事会组成、核心人员招募、财务状况披露、股份购买协议、交易达成的前提条件、排他性、交易费用等。

(4)交易完成。风险投资商与企业签署有关法律文件,如对企业的现有章程进行修改,则须报有关部门批准和备案,从初次筛选到交易完成通常需要 90~150 天。

(5)投资生效后的监管。投资生效后,风险投资商便拥有了创业企业的股份,并在其董事会中占有席位。多数风险投资人在董事会中扮演着咨询者的角色,就改善经营状况以获取更多利润提出建议,帮助企业物色新的管理人员(经理),定期与企业家接触以跟踪了解经营的进展情况,定期审查会计师事务所提交的财务分析报告。为加强对企业的控制,在合同中通常会加上可以更换管理人员和接受合并、并购的条款。如果企业陷入困境,风险投资人可能着手干预或完全接管。

(6)风险资金的退出。风险资金一般通过退出来实现资本增值。但能否成功退出,取决于投资企业的经营状况,最好的结局是公司股票上市,风险投资基金通过证券市场转让股权而收回资金,继续投向其他创业企业。

(四)天使投资

天使投资是指自由投资者或非正式机构出资协助具有巨大发展潜力的原创项

目或小型初创企业,对其进行一次性前期投资的投资形式。一般来说,获得实力雄厚的天使投资人的投资,企业未来再进行 A 轮融资、B 轮融资等也会顺利得多。

1. 天使投资的特点

相对风险投资,天使投资的金额较少,且通常只提供第一轮融资。天使投资对创业项目的审查大多是基于投资人的主观判断或喜好,带有强烈的感情色彩。如著名的天使投资人对搜狐的投资便是基于他对搜狐创始人本人的高度欣赏。另外,天使投资决策非常快,手续简便,短时期内资金就可以到位,且投资人一般不参与管理。原创项目或拥有某种专门技术或独特概念的小型初创企业,易受到天使投资青睐。

2. 获取天使投资的策略

天使投资人倾向于将钱投资于真诚执着、高风险、高回报的种子期企业。创业者只有做到扬长避短,不断完善自我,才能从多如牛毛的尝试者中脱颖而出,吸引到天使投资人关注的目光。

(1) 巧用口碑吸引天使投资。中小企业不能忽视自身的信用资质和良好口碑的培养,这些都是天使投资人十分看重的内容。因此,创业者要建立规范的行为模式、良好的企业声誉和社会影响,获得业内广泛肯定,提高商誉,增强对投资者的吸引力。

(2)"毛遂自荐"寻找天使投资。创业者要尽快使创业项目商业化,主动寻找天使投资人,毛遂自荐,说服其对自己进行投资。一般来说,国外的天使投资研究机构都出版有各类正式和非正式的风险投资机构的名录,里面收录有大量的天使投资人名单。而国内天使投资信息散见于各种行业组织,如行业协会、投资公司等,可以此作为寻求信息的载体。

(3) 主动参加天使投资人聚会。天使投资人通常都有"圈子文化",会常常聚会以交流投资心得、寻找投资项目和探索合作机会。创业者要积极参加有关活动,并勇于提交自己的创业计划书并进行项目展示。

(4) 晓之以理说服天使投资人。一般来说,天使投资人一天之内会考察很多项目,创业者需要采取有效策略设法说服他们。创业者要充分利用天使投资人更看重创业者的个人素质和品质,带有强烈感情色彩的特征,充分发挥自己的说服技巧和演讲能力,展示自己的职业素养、创业精神和个人魅力,晓之以理,动之以情,说服天使投资人对自己的企业进行投资。

(五) 私募股权投资

私募股权投资(Private Equity,PE),是通过私募形式对具有上市潜力的非上市企业进行权益性投资,最终通过上市、并购、出售持股等方式退出的投资方式。即私募股权投资者选择已产生稳定现金流的优秀、高成长性的上市前企业,注资获得一定比例的股份,推动公司发展后获益退出。

1. 私募股权投资类型

在中国从事私募股权投资的机构大致有三种:一是拥有多元化资金来源的专

门独立投资基金;二是大型多元化金融机构下设的直接投资基金、大学和机构、保险公司等;三是大型企业的投资基金,服务于其集团的发展战略和投资组合,如海尔以 12.8 亿美元竞购美国老牌家电美泰克(Maytag),收购过程中,以海尔为首的收购团队包括两家私募股权投资基金。不同的私募股权投资基金有不同的专业领域,企业进入成长期后,要想获得私募股权投资基金支持,需要先了解私募股权投资基金,从而进行精准选择。

2．私募股权投资流程

尽管私募股权投资基金的资金来源不同,其风险偏好、投资管理风格及特点也不相同,但其工作流程都大同小异,大致包括以下几方面。

(1)寻找项目。私募股权投资基金的每个投资项目经理均有其专业研究领域,他们通过对行业企业进行细致调查,发现好的项目进行投资。投资项目经理一般具有广阔的社会人际网络,如通过投资银行、会计师事务所和律师事务所等各类专业服务机构可能获得有价值的信息。但是,最直接的方式还是由项目方直接递交创业计划书。

(2)初步评估。投资项目经理认领项目后,会在较短时间内完成对项目的初步判断。通过了解注册资本及大致股权结构、所处行业的发展情况、主要产品竞争力或盈利模式特点、前一年度大致经营情况、初步融资意向和其他有助于判断项目投资价值的企业情况,以及与目标企业的客户、供货商甚至竞争对手进行沟通,参考其他公司的研究报告等,对行业趋势、投资对象的业务增长点等主要关注点形成深入的认识。

(3)尽职调查。投资项目经理通过聘请会计师事务所验证目标公司的财务数据、开展审计和检查公司的管理信息系统,以及对目标企业的技术、市场潜力、规模和管理队伍进行仔细评估,甚至与企业债权人、客户、以前的雇员等相关人员进行交谈,搞清目标公司的详细情况,包括目标公司的营运状况、法律状况及财务状况等,发现问题、发现价值、核实融资企业提供的信息、作出关于企业风险的结论。鼎晖投资在对药康生物做尽职调查时发现,企业创始人极度热爱自己的专业领域、有着广阔的愿景以及笃定的目标,团队有士气、学习能力强,故而联合国药控股在 A 轮就投资 1.6 亿元。

(4)设计投资方案。在前一阶段尽职调查形成的调研报告,投资方案建议书和会计师事务所提供的财务意见及审计报告的基础上,设计投资方案,规定估值定价、董事会席位、否决权和其他公司治理问题、退出策略、确定合同条款清单等内容。

(5)交易构造和管理。为降低风险,私募股权投资基金会对目标企业通过协议方式进行监管,即分期投资,每次投资以企业达到事先设定的目标为前提。不同的投资者一般选择不同的监管方式,包括报告制度、监控制度、参与重大决策和进行战略指导等,另外,私募股权投资基金还会利用其网络和渠道帮助企业进入新市场、寻找战略伙伴,以发挥协同效应和降低成本等方式来提高收益。

(6) 项目退出。私募股权投资的目的是获取高额收益,而退出渠道是否畅通是关系到私募股权投资是否成功的重要问题。因此,私募股权投资的退出策略早在筛选企业时就准备好了预案。

3. 引进私募股权投资的价值

如果说天使投资拼的是眼光,风险投资拼的是判断,那么私募股权投资拼的就是资源。由于专业的私募股权投资基金经验丰富、资源充沛,因此,成长期企业能否获得私募股权投资支持,对后续高速发展意义重大。

(1) 获得雄厚的发展资金。私募股权投资通过外部股权为企业注入资金,不仅可以使企业提高经济实力,提升竞争力,还可以降低负债率和财务风险。

(2) 改善企业股权结构,扩大企业影响。知名度高、声誉良好的私募股权投资注入,不仅可以改善企业股东的背景,助力企业实现产业资源整合,扩大企业影响,提升企业形象,还能吸引其他投资者跟进,获得新的发展机会,提高企业再融资能力。

(3) 提高企业管理水平。私募股权投资人参与企业董事会、策划追加投资和上市,帮助企业制定发展战略、经营决策和营销计划、监控财务业绩和经营状况,协助处理企业偶发性危机事件等一系列管理活动,有助于提升企业管理水平和整体实力。

(4) 加快企业上市步伐。中小型企业要上市,必须在上市前的一段时间内实现持续盈利,并保持较高的净利润和营业收入增长率。私募股权投资能帮助企业尽快满足上市条件。

(5) 完善企业治理。多数新创小微企业治理不科学,引入私募股权投资,不仅可以通过外部影响改善管理理念,而且可以尽快建立起与未来上市相匹配的财务制度、治理结构、法律框架和监管体系等。有助于企业创造更多的价值,实现快速发展。

任务三　筹资要有长远眼光——实施创业融资

【引导案例】　**上市背后的 9 轮融资**

安能物流是一家主要运送大型货物的快运公司,最初 95% 的业务来自直营客户,创业 2 年后安能物流放弃收益更好的直营模式,选择有利于扩张的加盟模式,使初见雏形的公司走上了艰难的转型之路。在全公司的努力下,加盟商大增,年货运量猛增,成为快运细分行业翘楚,得到投资商认可。2012 年获得 1 000 万元天使轮融资,2013 年获得红杉资本数千万美元的 A 轮投资。同年,经华平投资领投叠加红杉资本加投完成了 B 轮融资,次年,华平投资又追加 5 000 万美元完成 C 轮融资,得益于几轮融资,公司又将快递业务纳入业务版图,然而当年公司快递业务亏损超 12 亿元。经权衡之后公司放弃快递业务,继续主打快运业务。2015 年,安能物流获得凯雷集团领投、两家公司跟投的 10 亿元人民币 D 轮投资。2016 年,获得鼎晖投资的 1.5 亿美元 E 轮投资。之后,公司顺应时代发展,实施"数字化快运"战略,自主开发鲁班系统、TMS 系统、倚天系统等,实现分货、路线等数字化升级优化,获得了效率、市场规模、利润方面的良性发展。2020 年,安能物流年货运量 1 025 万吨,位列行业榜首,被称为"快运之王"。2020 年,大钲资本投资 3 亿美元,完成了 F 轮融资,2021 年获得 CPE 等多家机构 3 亿美元投资。同年又获得嘉实 1 250 万美元投资。经历 9 轮融资,公司才成功在香港联交所上市,从而进入新的发展阶段。

【项目思考】

　　安能物流为什么能在 10 年时间内获得 9 轮投资?这对安能物流的发展和最终成功上市发挥了什么作用?

【项目启示】

　　安能物流能在 10 年中获得 9 轮投资,除投资人看中其准确的发展战略和不断突破进取的精神外,还得益于其推行的数字化、绿色化物流网络契合了行业未来的发展重点。安能物流也因为获得了多轮投资,有实力对关键基础设施进行持续建设投入,逐步建立起遍布城镇乡村、日益完善的运输网络,从而成功上市,进入新的发展阶段。

【身边的创业导师】

　　大学生创业筹资应针对不同项目特点,选择不同类型的筹资方式及筹资策略。

　　一是绿色项目,在生活消费领域创业,可通过代销、贱买贵卖,或者收取服务费、代理费来赚取收益,商业模式简单,投资规模小,可采用自有资金解决,等形成稳定盈利后,再考虑使用包括小额担保贷款在内的债务融资。

　　二是蓝色项目,对于偏实体性运营的生活消费领域和服务业的项目或规模较大的网店,投资额有所提高,经营风险增加,可采用自有资金、家庭资金和志同道合的亲朋好友投资叠加的筹资方式启动。获得稳定利润后可采取银行贷款、商业信用、电商贷款等筹资方式。

　　三是橙色项目,对于移动互联网、游戏软件、移动支付等信息技术产业项目,投资额大,风险高,这类项目要寻找精通金融和互联网等知识的朋友组建创业团队,群策群力,设计商业模式、研发项目,并采用自有资金和朋友合伙投资,等略具雏形后,可考虑天使投资方式,等到商业模式成型并形成盈利后,可以采用股权筹资、风险投资获取大量资金,用于企业快速扩张发展。

四是红色项目,对于实体性高新技术企业,产品从单件试验、研发,到小批量试制,完成成果转化需要较大的资金投入,创业初期应尽量先用自有资金、政府科技扶持资金,在孵化器公司孵化。如果资金需求量巨大,可引入天使投资。实施阶段则需要寻求风险投资等方式,将产品投入生产。红色项目因为具有企业实体和产品实体,容易获得银行信贷,因此在正式运营、稳定盈利阶段可采用银行贷款、风险投资、发行股票等方式筹资。

（资料来源:大学生创业筹资的困境与对策研究.经济师.2015(8).)

【知识研修】

现实生活中的创业融资看似简单,实则相反,融资的过程往往艰难复杂,所以创业者对创业融资过程要精心筹划,慎重对待。

一、融资前准备

商场如战场,创业者要实现顺利融资就要从日常生活中的点滴做起,加强自身能力和知识储备,提高信用意识,并对融资失败做好充分的心理准备。端正融资心态,做好多渠道融资的打算,为创业融资奠定稳固的基石。

二、融资方案策划

（一）确定融资规模

创业融资不应胃口太大,要按一定周期融资,如每 12~18 个月融一次,而且每一轮融资最好都尽力做到成倍的溢价,每一次溢价都是投资人对公司价值的认可;在不断溢价的过程中,团队成员也能清楚地看到公司在成长,自己手里的股份在增值,能很好地起到凝聚团队和留住优秀人才的作用。确定融资规模通常有以下两种方法。

1．经验法

经验法指根据企业创新程度、自身规模大小、企业所处发展阶段和企业实力状况,先考虑风险投资及自有资金,再考虑其他外部融资,最后结合不同融资方式的特点,确定融资规模。初创企业因处于无产品、无设备、无市场、无前景的"四无"状态,融资规模更要适度、恰当。

2．财务分析法

财务分析法即根据企业财务报表来判断企业的财务状况与经营管理状况,进而合理地确定企业的融资规模。财务报表作为企业发展的晴雨表,投资者借此可以确定向企业提供多少资金,分析融资数额的可能性与可行性。

（二）计算融资成本

企业融资成本是筹集和使用资金而付出的代价，也叫财务成本，包括融资费用和资金使用费。融资费用是企业在融资过程中发生的各种费用，如发行股票、债券支付的印刷费、发行手续费、律师费、资信评估费、公证费、担保费、广告费等；资金使用费是指企业因使用资金而向其提供者支付的报酬，如股票融资向股东支付的股息，银行贷款支付的利息，租赁融资涉及的租金等。

除了财务成本外，还有机会成本。机会成本又叫隐性成本，是指把资金用于某种特定用途而放弃其他用途所损失的收益。如企业自有资金，使用时虽不支付本息，但如将自有资金用于其他投资，会获得投资收益，这部分收益就是自有资金的机会成本。

（三）确定融资期限

融资期限的长短取决于融资的用途、成本等因素。如果融资用作企业流动资金，根据流动资金周期短、所需补充数额小及占用时间短等特点，企业应选择短期融资；反之，如果因购置固定资产而融资，就要采用长期融资。短期融资形式主要有商业信用和短期贷款，长期融资的主要形式有长期贷款、租赁融资、发行股票、债券融资等。

（四）把握融资时机

融资时机是有利于创业企业融资的环境和时间。融资过早，浪费资金；融资过晚，融不到资金。要了解国内外经济和政治环境，当融资机会来临时，能利用环境和信息优势，结合自身现状，当机立断作出决策。

（五）掌握控股权

股权按控制程度分为两种：绝对控股和相对控股。绝对控股是指在股份上占绝对优势，即在 50% 以上；相对控股则是指在股份持有份额上低于 50%，但相对于其他股东而言是最大股东。

企业融资越多，分享利润的人也越多，且在一定程度上会影响企业生产经营的自主权和独立性，甚至企业的成效与愿景。通常通过每轮融资，公司的股权稀释比例都要扩大一些，但最好控制在一定比例以下，以保证公司的治理结构稳定。

（六）选择优越的融资方式

企业只有选择最适合的融资方式，才能产生最大的经济效益，最终提升自身的竞争力。一般而言，最适合的融资方式应考虑融资的风险程度、资金成本和企业的承受能力、盈余能力、对股权的控制影响，以及企业所处行业的竞争程度。

【创新素养】

一场"特立独行"的权益融资

著名的无人机科技公司大疆于 2018 年上演了一场独特的"竞价"权益融资，其根据大疆自己设定的一套竞价规则进行,采取"股权＋债权"相结合的方式,投资者须认购一定比例的"无息债"D类股才能获得B类股投资资格。该轮10亿美元权益融资,在首轮竞价结束后,收到近一百家投资机构的保证金与竞价认购申请,各家认购金额的总和已超出原计划的30倍。为筛选出合适的投资者,大疆经过第二轮竞价,最高5亿美元(单个投资机构投资额上限)的平均D类/B类股的认购比例为1.61:1。此后,大疆又开启了第三轮竞价,有投资者报出2:1比例的报价。

【启示】大疆这一轮"特立独行"的权益融资,引来了众多风险投资商的争抢,在凸显企业强势地位,大幅降低融资成本的同时,也为众多经营稳健、前景光明的创业公司做出了榜样。家有梧桐树,不愁金凤凰,创业企业一定要扎扎实实练好"内功",才能抢占话语权,通过融资方式的创新,以最低成本获得所需的资金。

三、签署融资合约

(一) 前期准备

企业融资过程是一个供需双方在互惠、互利、互信基础上反复磋商的博弈过程。项目融资规模越大,所需时间越长。一般情况下,在签署融资合约之后,应准备好以下工作。

1. 做好创业计划书

融资使用的创业计划书要内容简明,让人一目了然。

2. 做好接洽工作

创业者把创业计划书投给意向中的投资者后,如得到"约定时间面谈"的结果,就意味着进入沟通、谈判环节。此时,多数情况下投资方会索要更详细的信息,对此,就要根据投资方的要求或疑虑详细修改,或者组织团队深入市场调研,调整经营战略。之后,如果投资方表示对项目感兴趣,还要再次审阅融资方案。

3. 再次审阅创业计划书

这是正式面谈前的必备工作。通过充分了解、恰当补充,做到胸有成竹、了然于心。同时,利用多方渠道了解投资商,且重点了解其投资历史与投资走向。

4. 制作幻灯片

幻灯片要以直观、形象的形式展示企业的市场规模和增长潜力、企业定位、技术和产品现状与前景、营销策略、合作伙伴和竞争优势、管理团队、资金需求、盈利预测及企业形象,强化投资方对企业的印象。

幻灯片制作要做到以下几点:一是表达准确,避免歧义;二是内容凸显创业计划书要点;三是风格简洁,不宜华美;四是多使用数字、表格,适当使用图片和影音;五是每张幻灯片都展示主要信息。

（二）融资陈述与沟通

融资陈述与沟通主要是陈述企业基本情况和具体融资需求。这是建立互信的基础，双方在熟悉对方基本情况的基础上才能进入实质性谈判。陈述的关键是强调企业的特殊市场机会，以及管理团队有能力抓住该机会赚取利润。

（三）融资谈判

融资谈判是融资企业和投资方在充分沟通的基础上，对融资合作的具体模式、方式、金额、保障等所有问题进行切磋、商定的过程。一般要经历面对同一投资方的多轮谈判，或者不同投资方的不同谈判，才能最终以书面形式确定下来。为使融资谈判取得成功，谈判过程需要运用以下技巧：

1. 态度真诚

亲自面谈是态度真诚的首要体现，创业者最好亲自出面，也不要带律师，有时律师的多虑会阻碍谈判的顺利进行。在谈判过程中，创业者应始终友好、和善。冰冷的面容、不容置疑的语气、高高在上的言辞，其直接结果将会是不欢而散。

2. 互利双赢

企业为了获得投资，投资方则为获取投资收益。双方应该以共同创造价值为目标，通过对权利、责任和利益分配方法等条款的仔细斟酌，达到双赢的结果。

3. 维护权益

获取投资固然重要，但控股权一定要把握在自己手中。否则，就会被投资人"吃掉"，辛苦创建的企业会因此拱手让人。谈判时应保持自己的主动权和合作底线。

4. 突出优势

同行在同一时间想获取投资的现象非常普遍，为赢得投资方青睐，需要突出自己的竞争优势。如商业模式独具特色、产品市场成长率高、投资回报率高等。

5. 后发制人

谈判时究竟"想要多少钱"，一定要投资商首先提出。因为，后发制人比先发制人更能收到有利于自身的效果。要把重点放在企业的优势和投资人的收益上，只要投资方不问，就不要主动表示需要多少投资，这样能变被动为主动。

6. 谈话讲求技巧

谈判时，原则上投资人问什么答什么，不要额外解释，不要答非所问，更不要当面询问投资方的过往，不要急于知道谈判结果，要沉得住气，不要问"您觉得我们获得投资的机会有多大"之类的话。

谈判成功后要签署融资协议，以合同形式明晰融资原因，融资币种、金额及使用期限，融资方式，资金利率，还款方式，提前还款与延期还款细则，股权比例，经营管理权的分配与监控，承诺、保证与违约责任等条款。

项目测试

一、单项选择题

1. 考虑到创业前期可能出现的经营困难，一般对资金预算要有（　　）的宽裕期。

A. 1个月   B. 3个月至半年

C. 4个月   D. 12个月

2. 拥有必要的（　　）是启动创业的前提。

A. 政策信息   B. 管理方法

C. 创业资源   D. 科技投入

3. 天使投资一般带有较强的（　　）。若想获得天使投资，要在天使投资人感兴趣的事上下工夫。

A. 理性分析能力   B. 客观评价分析能力

C. 对创业团队的整体分析能力   D. 感情色彩

4. 创业者的融资方式主要分为（　　）和权益融资。

A. 债务融资   B. 风险投资

C. 股权融资   D. 天使投资

二、多项选择题

1. 资金短缺时找商业银行贷款是创业者首先想到的融资方式。新创企业由于缺乏信用积累，获得贷款一般需要提供担保。按担保方式不同分为（　　　　）。

A. 信托   B. 质押

C. 抵押   D. 保证

2. 民间借贷一般采取利息面议、直接成交的方式。该方式融资速度快，手续简便，贷款时效高。但要选择民间借贷，需要注意以下（　　　　）事项。

A. 显示强大实力   B. 支付高额利息

C. 明确还款时间   D. 借贷事实要规范

3. 吸收直接投资是按照"共同投资、共同经营、共担风险、共享利润"的原则，直接吸收创业资金的一种筹资方式。对初次创业者而言，常用的吸收直接投资的方式有（　　　　）。

A. 募股   B. 合伙人投资

C. 亲友资助   D. 个人储蓄

4. 风险投资商会将感兴趣的创业计划书提交给其投资小组进行初步评估，评估主要从（　　　　）等方面进行综合考量。

A. 财务指标   B. 管理团队

C．市场　　　　　　　　　　　　　　D．技术

三、思考题

1．企业常见的融资方式有哪些?

2．资金是创业最关键的因素吗?

3．权益融资的渠道和特点有哪些?

4．债务融资的渠道和特点有哪些?

5．风险投资与银行贷款的区别有哪些?

6．为什么初创企业的资金大部分来自个人资金?

7．天使投资与风险投资有什么区别?

8．为使自己在创业时能顺利地获得创业资金,在平时要注意打造哪些能力?

四、综合实训

小康打算开一家纯中国风格的手工布鞋坊,先建设计室和工作坊,等形成规模,再扩建成工厂。他粗算了一笔账:

首先是原材料投资。手工鞋款式众多,需要一间较大的仓库,放上几十个架子储放布料和辅料。此外,还得买麻线、棉线、尼龙线,成袋的夹板、锥子、顶针之类,预计投入30万元。

其次是设备投资。设计室需要购置计算机、正版的设计软件和图像软件,以及扫描仪、彩色打印机等;工作坊的照明设备、空调设备、消防设备、机械化辅助生产设备(如裁样机、上线机、切边机、锁眼机)等,即便是租用一部分,租金加购置费用也得20万元。

再次是人力投资。必须有一位优秀的设计师,月薪6 000元;基本劳动力先从就业市场招聘10名有经验的鞋厂下岗工人或退休工人,以女性为主,月薪2 000元,优者奖励;还需要一位销售经理,负责市场推广工作,月薪4 000元。

另外还有一些环节需要花钱。租用该地一套20平方米的临街店面,月租需要6 000元。还有水电、税金、医保、环保、人防、城管、培训、广告费用,以及若干临时的费用支出。

将同学按4~6人一组进行分组,每组派一人专门记录,完成以下实训。

(一) 分组讨论

1．小康的布鞋坊到底需要多少启动资金?

2．小康应怎样筹资才能解决资金困难?

(二) 实践提升

1．以组为单位组建虚拟创业团队,以解决生活中的难点、痛点问题为切入点,选择一个大家相对熟悉,且富有可操作性的事项作为创业项目,通过对相关企业融资方式、融资对象等的分析,研究本组的创业项目能赚取多少利润,需要融资多少金额。然后,据此选择合适的筹资渠道和方式。

2. 每组将确定的创业项目及选择的融资渠道和方式以 PPT 的形式在班级展示，全班同学从创业资金筹集渠道的可行性角度进行讨论，最后由全班同学选出 2 份较好的项目作为参照，由各组对各自项目做进一步完善。根据各组选择的项目筹资渠道可行性评定小组成绩。

项目八

精心呵护自己的企业——运营管理新创企业

【学习目标】

知识目标

了解营销管理的内涵及赢得顾客的方式

熟悉创业风险的类型及防范方法

掌握财务管理的内容及策略

能力目标

能够进行恰当的品牌定位并开展品牌建设工作

能够运用人力资源管理策略维持企业团队持续健康发展

素养目标

引导学生树立以人为本的经营理念和正确的社会责任观

树立以顾客为导向的正确营销理念，在服务社会中赢得市场

【思维导图】

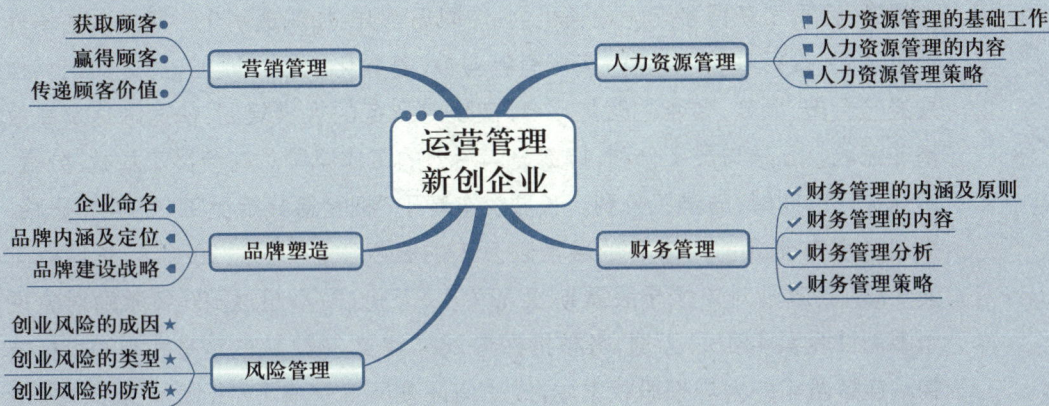

任务一　人才资源巧配置——人力资源管理

【引导案例】　人才"活水"激荡企业迸发活力

　　大凡引领行业发展的企业,都高度重视人力资源的开发利用。长城汽车近些年的快速发展,得益于"创新"。长城汽车的"创新"标签,不仅体现在通过创新不断推出爆品和保持技术的先进性上,最主要的是人才管理的创新。长城汽车十分重视发挥人的价值,坚持"不拘一格、各尽其才"的用人策略,创新人才发展机制,在持续推进科技人才"万人计划"的基础上,推出全球人才"活水计划",向更加开放、高效、活跃、富有吸引力的企业形态靠拢。

　　全球人才"活水计划"加强了员工的内部流动,形成了人才"活水"。其主要内容:一是实施"强制轮岗制度"。长城人都要轮岗,尤其是年轻干部,要经过供应链端、营销岗位,甚至是生产车间、加工厂等最艰苦、最有挑战的地方锻炼,才能进入管理层。轮岗制、交叉任职,丰富了各级干部的管理经验,提升了站位与格局,强化了协作意识和全局意识,构建起一支勇于作战、敢于作战、战之能胜的全球化管理人才梯队。许多精英团队甚至被派到离家万里的异国他乡,从巴西工厂的签约交接到欧洲总部的建立,再到泰国首个海外体验中心的火爆,无论员工身处全球哪个角落,都能出色完成任务。二是创新干部管理机制,打破资历壁垒,大胆起用新人,一批"90后"走到舞台中央,为长城汽车输入活力和新动能。三是持续迭代,畅通分专业、分层级的技术人才发展通道,并从体系建设、等级评定等维度理顺机制,促进精深型专业人才发展、复合型人才综合能力提升,让员工获得多元化成长机会,使职场晋升、加薪透明化。四是人才培养传承赋能,推行项目制运作,实施有针对性、差异化的人才赋能,打造知识和作战经验会聚、共享、传承的赋能平台,实现对业务的规模复制、快速触达及高效精准赋能。五是与员工分利,打造充满活力的工作氛围。在给员工放权、分责、锻炼提升的同时,与员工分利。长城汽车基于"把利益分给员工"的独特思路,推出了汽车业界前所未有的覆盖超万人的股权激励计划。2021年,长城汽车向8 784名激励对象授予股票期权39 710.1万份,向不超过586名激励对象授予限制性股票4 318.4万股,考核指标与2021年至2023年的销量和利润目标挂钩。连续两年的大规模股权激励,成功使许多员工变成了"合伙人"。人才"活水计划"推动了企业与员工的共赢发展,为长城汽车走向世界储备了丰富的人才资源。

【项目思考】

　　在一些企业领导攥紧钱、权不放时,为什么长城汽车却反其道而行之? 长城汽车的"活水计划"又是基于何种思考而提出的? 能给企业带来哪些好处? 长城汽

车的人力资源管理策略有哪些独到之处？

【项目启示】

真正调动员工的积极性,通过每个人自发的行动让整个企业充满积极向上的活力、保持可持续性发展的动力,比产品管理、技术开发更重要。"活水计划"看似强制轮岗,但背后的底层逻辑却是以用户为中心的,面对庞大的汽车整车链条,如果领导及管理人员处于"盲人摸象"状态,就会忽略用户所想所需,时间一久就会失去市场,"活水计划"给员工放权、分责、分利益,让员工从内心深处产生责任感和使命感,全体员工围绕市场"动起来",与企业发展脉络连在一起,形成利益共同体,产生了极高的价值创造能力。

【身边的创业导师】

创业者是运用经济资源和人力资源的恰当组合来实现他们的商业梦想的。新企业的成功在很大程度上取决于它所拥有的人力资源。企业要注重从内外部广泛挖掘人才,并遵循科学的原则和方法来管理好人力资源。

人力资源管理要充分调动员工的积极性,开发员工的潜力,以提高劳动生产率。新创企业规模小,组织机构精干,企业的人、财、物,产、供、销,机构设置,生产方式,经营形式,利益分配,规章制度以及人员使用都简洁高效。企业员工数量少,工作效率高,反应灵敏,决策集中高效,执行快速有力。但当企业发展到一定规模后,如果没有合适的人才来实施变革,将制约企业的发展和成长,这时人才反而会成为企业发展最大的瓶颈。新创企业在用人机制上,要未雨绸缪,采取措施吸引优秀人才加盟,并尽力为员工成长提供帮助。

动画: 人员激励
要适当

【知识研修】

人力资源是企业的第一资源,没有高素质的员工,就没有企业的创新活动。注重企业人力资源管理,是维系企业持续成长的基础性工作。

一、人力资源管理的基础工作

企业初创时期规模小,分工不明确,有任务,大家通力合作完成。长此以往,会导致员工定位模糊,个体角色认知迷茫。因此,在企业组织设计中,必须通过工作分析与工作设计来确定员工的分工与协调,对员工进行正确定位,并在实际工作中不断加以调整以适应变化。

（一）工作分析与工作设计

1. 工作分析

工作分析是从业务开展（包含技术、生产、营销等）以及整体运营层面来对职位进行分析,说明每个职位应该承担的工作,以及需要成立哪些机构或部门、安排怎样的人来做、需要配备多少人,等等。工作分析的结果通常形成工作说明书与工作描述。

(1) 工作说明书。工作说明书对每个职务应当做些什么工作做出限定,其事项包括:职务名称与代号、承担此职务的员工数、所属部门名称及直属主管姓名、待遇情况及所处级别、职务概要(包括工作性质、范围和目的等)、职务开展情况(包括工作的具体内容、对象、方法和步骤,每项工作所花费的时间及所要达到的标准,工作的环境条件与疲劳程度,等等。)

(2) 工作描述。工作描述是指某个职务适合配备什么资格或条件的人员来担任,其事项包括:任该职务应接受的教育程度及工作经验;任职者应拥有的生理状况、个性、行为特征、智商程度和技能等。

2. 工作设计

工作设计指将若干工作任务组合起来构成一项完整的工作,使员工能够感受到工作内在的激励,从而使员工更加努力地工作。现实中,有些工作是常规性、经常重复的,另一些工作则是非常规性的;有些要求大量变化的多样化技能,另一些只要求范围狭窄的技能;有些工作限定员工遵循非常严格的程序,另一些则对员工如何开展工作给予充分的自由;有些工作以一组员工按团队的方式进行可取得更好的效果,另一些工作让个人单独作业效果更好。为此,在进行工作设计时不仅要考虑工作分析所规定的任务与资格,同时要考虑到人的需要和潜能,使每个职位都能在适当的时候配备适当数量和素质的人员,确保任务目标的完成。

(二)制定人力资源制度

公司无论大小,关键性的制度设计必不可少。基础性的人力资源制度包括:① 基本的薪酬分配制度,这是利益分配的基础和依据,也是激励员工成长的保障;② 考勤制度,这是公平分配和制度贯彻的手段,考勤制度的设计要体现不同岗位性质的差异;③ 人员招聘制度,要能规范员工进入的工作程序,也要能反应招聘工作本身的灵活性;④ 奖惩制度,应体现多元化的思想,使奖惩能发挥切实的激励作用。这些制度的具体内容以及如何设计与企业规模、行业属性、企业发展阶段、社会环境以及战略定位等因素相关,在制定时一定要结合企业实际。

二、人力资源管理的内容

(一)高管人员管理

高管人员管理主要分为招聘和考核两方面。

1. 高管人员招聘管理

人才是创业公司里最大的投资,为真正使招聘的高管起到"一个萝卜顶一个坑"的作用,创业公司招人可分三步走,一是要把适合公司发展的能人招进来;二是要以事试人,就是在实践中检验高管的能力和与公司的匹配度;三是留人走人,将适合的人留下,不适合的礼送。

为有利于团队精神和凝聚力的塑造,创业公司招人可通过创业团队实施,要动员创业团队成员去挖人,每个人都要推荐一个比自己强的人,这样公司的人才队伍会越来越优化。

2. 高管人员考核管理

创业公司的高管人员培养是一个大浪淘沙的过程,需要通过实践的检验和团队磨合,把优秀人才留下,让他们发光发热,为公司创造辉煌。创业公司要时刻保持团队的战斗力,公司应定期做业绩测评,实施末位淘汰。末位淘汰一定要理由充分,且符合法律规定,能使公司持续健康发展。

【拨云见日】

创新性运用"末位淘汰制"激发企业内在活力

小李在某大型企业工作,积累了一定经验与资金后辞职创业,发展顺风顺水,仅5年时间就发展成一家规模型企业。但随之而来的"企业病"也日渐突出,老人摆资格、人浮于事、效率低下,干部能上不能下,员工能进不能出,成本居高不下,竞争力降低,市场占有率萎缩。为防止企业持续走下坡路,小李决定对人力资源管理制度进行改革。在参考国内外众多知名企业的成功做法后,小李引入"末位淘汰制",试图通过"末位淘汰"的强势管理,让人才能上能下,给干部加压,激发其积极性,改变企业现状。

制度推行第一年,效果非常明显。一批平日表现不好的老员工离开管理层,有想法又有办法的新员工进入管理层,企业面貌发生很大变化,市场表现有了很大起色。但进入第三年,该制度的弊端开始出现,有件事让人大跌眼镜:小王进公司3年来,由于技术实力强,提出的多项好建议使公司降低成本200余万元,小李为重点培养他,安排他做了技术科副科长,但升职后第一年绩效考评时小王的名字竟然出现在"淘汰名单"中。经过调查发现,一些被淘汰的干部,评价结果与工作成效不相符:一是有些工作积极的人,干活多,出错就多;二是有些坚持原则的人,得罪人多。这两类人受评分拖累,反而属于末位淘汰人员。

为此,小李对末位淘汰制进行了改进,一是增加考核标准的弹性。绩效考核标准根据外部环境变化对应调整。二是考虑公司资源支持因素,凡是组织结构不合理、流程不科学、资源不充分造成的绩效降低,年终据实调整。三是新提拔干部留出两年保护期。四是降低人际互评占比,提高业绩及重大事项业绩比重。五是设置缓冲期，初评应末位淘汰的管理人员要么在90天之内提高自身技能；要么通过平行调岗过渡，一年后视考评情况决定是否离开管理岗。调整后提高了绩效考核体系的科学性、合理性及公平性，公司发展又进入快车道。

【启示】末位淘汰虽然看似残酷，但若运用得当却是提高组织活力的有效方法。企业发展到一定阶段后，如果不能与时俱进地将优秀的人才纳入管理团队，不适合的人员及时淘汰，时间一长公司混日子的人就会越来越多，公司经营管理生态就会恶化，最后导致公司被淘汰出局。但引进大公司的先进管理制度，需要根据企业实际情况进行创新性地改进，否则会因为水土不服给公司造成更大伤害。

（二）普通员工管理

创业公司要把人作为最重要的资源，信任员工、尊重员工、依靠员工，围绕着充分利用和开发人力资源而开展管理活动，激发员工的活力和创新精神，在实现人的全面和谐发展的同时，使企业目标和员工发展目标达到一致。

创业者要清楚了解员工的工作动力来自哪里，用什么管理手段激励他们，才能尽可能地调动员工在不同时间、场合下的积极性，提高工作效率。创业公司普通职员人力资源管理涵盖如下内容。如图8-1所示。

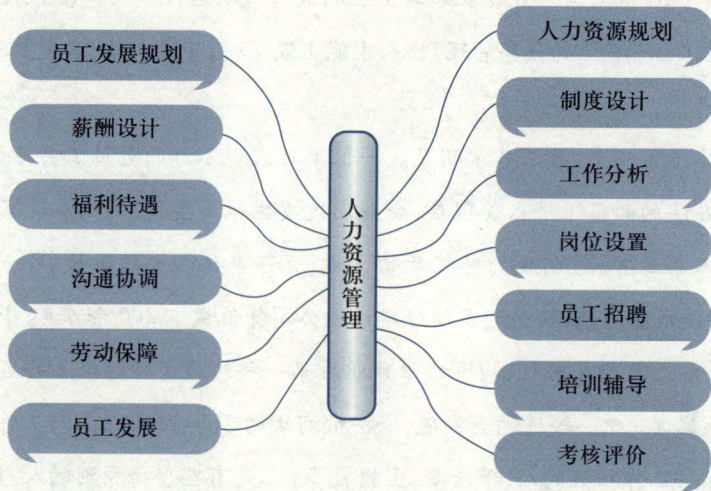

图8-1　人力资源管理的内容

新创企业可根据所处发展阶段，重点参照表8-1所示的人力资源管理侧重点进行管理。

表 8-1　新创企业不同阶段普通职员人力资源管理侧重点

阶段	招聘管理	考核管理	薪酬管理	培训管理
起步	有经验最好	操作流程	低工资	操作标准
成长	直接工作经验	熟练程度	偏低工资 个别中高	工作技能
壮大	相关经验	工作质量	行业中等报酬	项目管理
壮大	个人素质	学习能力	行业中等报酬	人员素质
成熟	个人潜力	综合能力	竞争力薪酬	战略管理 组织管理

三、人力资源管理策略

创业初期企业员工很容易流失。为保障企业的快速成长，就要雇用并留住有能力的员工。为此，在人力资源管理上要掌握以下策略：

（一）增强对人才的吸引力

要在企业投入不足的情况下获得企业所需人才，一是要以远期收入吸引人才，如投资入股、股票期权等。对早期招进来的精英人才，利用股份吸引、激励是最好的手段。对后来团队的精英可采用"期权"留人，期权虽是股权，但需要经过一段时间才能转化为正式股权，期间激励人才为公司奋斗。二是重视对在职员工的职业生涯规划，为员工提供更为丰富的工作内容、较大的发展机会与成长空间、较短的上升周期，使员工的发展和企业成长有机结合，让员工的自身发展追求与企业发展目标联系在一起，实现个人与企业的共同成长。三是明确企业发展方向，给员工提供学习技术与提升能力的机会，鼓励员工通过学习得以进步，提高员工未来发展的安全感。

（二）强化对员工的情感投入

企业要注重对员工的情感投入，发挥创业者的人格魅力、创造力和影响力，创造融洽、和谐的气氛，用感情留人，为生活增添新的价值。具体措施：一是直接沟通，密切团队成员之间的联系，使公司所有员工紧紧围绕公司的发展方向和目标努力；二是提供社交机会，鼓励团队成员参与社交活动，增强团队成员之间的黏性；三是使工作成为乐趣，营造高效工作的快乐团队。

（三）充分尊重利用人才

根据人才才能和特长，实行人岗匹配，安排适当的管理岗位，设置技术职务，使人才受到认可和信任；创造条件帮助他们攻克关键问题、解决难题，让他们有机会去实现自己的价值；对取得重大贡献的突出人才给予表彰奖励，薪酬分配要尽量以贡献大小为依据，有效拉开收入差距，切实鼓励优秀员工脱颖而出。

（四）以内部营销提高员工满意度

内部营销是通过创造满足员工需要的工作来吸引、发展、激励和留住高质量的员工。企业要秉承将员工当顾客的哲学，培育以人为本、有利于内部营销的企业文化，将激励、培训、沟通、适当授权、减少地位差异等手段结合起来，以获得员工的忠诚度、满意度和对管理层的信任。

（五）构建分享企业成功的文化

新创企业工资低，为使员工充分发挥自己的才能，积极主动进行技术创新，必须构建分享企业成功的企业文化。加强对企业管理者的成就、社会声誉等方面的精神激励，促使管理者珍视声誉，不断进取。对核心技术人员要制定专门的激励政策，加大激励的力度，并将物质激励、精神激励与企业发展成就有机结合，最大限度地调动他们的创新积极性。实行人力资本股权化运营，形成制度激励与管理激励完整的企业激励体系和运作机制。

（六）用柔性手段强化业绩管理

才华横溢的人才往往富有个性，对高新技术企业，要根据知识型员工具有工作创造性、劳动过程难以监控、劳动成果难以衡量、追求个人成就等特点，运用组织的共同价值观和经营理念，依靠共同的信念和良好的沟通进行柔性管理，为员工创造一种宽松的柔性管理环境和气氛。在业绩管理上实施人本管理，让员工参与集体决策及管理过程，注重员工的个人成长，考评标准要科学、可操作性强，考评与自评相结合。使员工在完成组织目标的同时实现自我价值。

任务二　资财管理要精细——财务管理

【引导案例】　华为向财务管理要生产力

华为作为世界级标杆企业，其成功的原因除了我们熟知的奋斗者精神、股权激励以及重视研发等策略外，严格的财务管理可谓功不可没。华为规定各地办事处都要严格执行"收支两条线"制度，销售人员只打单不收钱，财务收支由总部直接控制。随着华为的发展，财务管理越来越规范，越来越严格。这种制度看似刻板，但正是这种律己律人的制度减少了无谓的内部摩擦和无效作业，降低了企业内部成本。

华为的财务管理是与业务工作联动的全方位综合管理。一是加强合作，减少无效开发。为使产品快速响应市场，对于所需产品部件先做分析，对于业界已经做得很专业的成熟成果，通过外部协作完成，减少无效开发。二是在满足客户要求的情况下，追求设计精简，通过工艺技术创新，提高产品的可靠性，降低成本。

三是优化软件设计,降低成本,通过软件优化,提升硬件处理能力,降低硬件成本。四是提升直通率,降低制造成本,通过关注可制造性,提高直通率,减少工序和仪器、仪表、夹具等准备费用。五是模块化设计,降低运输成本,优化产品设计,使产品支持模块化运输,达到节约运输的成本目标。六是归一化和延迟制造,降低存货成本,将覆盖电信运营商、企业以及消费者三个领域的众多产品进行归一化管理,降低库存,加快周转。七是产品设计优化,降低、优化服务环节成本,采用从安装调测到维护、到问题处理、到升级的全方位考量,优化设计,降低服务成本。

【项目思考】

任正非为什么提出业务人员要懂财务,财务人员要懂业务? 华为的财务管理在哪些方面体现了这一理念的重要性? 华为的财务管理对你有何启示?

【项目启示】

任正非提出的"业务人员要懂财务,财务人员要懂业务,形成强固的混凝土体系"理念非常重要,特别是对高新技术企业。只有财务与业务融合,才能使广大业务人员透过财务数据挖掘背后的业务原因,指出问题,找出对策,落实责任,进行考核。从而使人人都能感受到财务管理的重要。

【身边的创业导师】

现金流吃紧是新创企业的共性问题,保障现金流通畅是新创企业财务管理的首要任务。创业者要具有较强的财务信息获取和处理能力,能敏锐地洞察环境变动中所产生的商机和挑战,形成有价值的创意。创业开始前,创业者要准确测算需要多少资金,付诸创业行动时,资金怎么花出效率等问题,这都需要很好的财务管理。

在企业初期发展过程中,很多创业者在财务运行方面面临筹资困难、投资风险大,以及财务管理不规范等问题,要注意保持对支出的跟踪和对现金流的监控。"有钱无计划,花钱如流水"不是创业者的品格。创业者要有基本的财务知识,懂得如何融资理财,具备资金的时间价值观和机会成本意识。

创业活动的结果如何,最终都会从企业的经营成果中体现出来,通过会计核算,对原始数据进行收集、传递、分类、登记、归纳、总结、储存,将其处理成有用的管理信息;然后对企业的财务活动进行分析,对未来的财务活动及其结果做出预测,并从创业财务数据的反映中判断创业活动决策是否正确、经营是否合理、风险是否可控等。

财务管理目标是在特定的理财环境中,以最少的投入,获得最大的产出。科学系统的财务管理,有助于提高企业资金使用效率、降低成本,有效指导企业的生产计划和决策,调动各利益主体的积极性。

【知识研修】

创业是对创业者综合素质的考验,创业者除了要有找准创业机会的眼光外,还要有基本的企业管理能力,特别是财务管理能力。小米597页的招股书中,纯财务资料就占了1/3,如果将与数字相关的内容一并统计进去,2/3的内容和企业经营数据有关,即与财务相关。所以不懂财务,不会进行数据分析,就难以成为所在行业的佼佼者。

一、财务管理的内涵及原则

(一)财务管理的内涵

财务管理是围绕企业发展的整体目标,对资本的融通(筹资)、资产的购置(投资)、经营中的现金流量(营运资金),以及利润分配进行管理。

(二)财务管理的原则

1. 价值最大化原则

价值最大化是指通过财务上的合理配置,采取最优的财务政策,充分利用资金的时间价值和风险与报酬的关系,以保证企业长期稳定发展为目标,不断增加企业财富。价值最大化是企业财务管理的终极目标。

2. 货币的时间价值原则

货币的时间价值原则指货币经历一段时间的投资和再投资所增加的价值。货币具有时间价值是指一定数量的货币资金在不同时点有不同的价值。货币只要被作为资本投入生产流通就应考虑其时间价值。财务管理中的应付账款管理、存货周期管理、应收账款周期管理等,都是货币时间价值在财务管理中的具体运用。

3. 风险收益均衡原则

收益与风险具有高度相关性,收益越高,相应要承担的风险就越大。为做到收益风险均衡,企业在进行投资决策时必须认真分析各种可能因素,对投资决策进行可行性分析,充分权衡不同投资项目及其对应的风险与收益。

4. 资金合理配置原则

企业在生产经营活动中要充分合理、有效地配置资金,以实现经济效益最大化。具体的流动资产和固定资产的构成比例、有形资产和无形资产的构成比例、货币资产和非货币资产的构成比例、债权和股权的构成比例、长期投资和短期投资的构成比例、各种资产内部的结构比例等,都应遵循资金合理配置原则。

5. 收支平衡原则

收支平衡是对企业财务管理的基本要求。资金不足,企业的生产经营会出现中断;资金过剩,会造成闲置和浪费。为了做到收支平衡,企业既要积极经营、扩大销路、确保资金链流畅，又要节约成本、避免不必要的开支。

6. 利益关系协调原则

企业作为经济组织，与外部有着密切的联系，如与企业所有者、经营者、债权人、债务人、国家税务机关、消费者、企业内部各部门和职工等之间的利益关系等。只有将这些关系处理好，才会有一个和谐、稳定的发展环境，才能最终实现企业价值最大化。

二、财务管理的内容

企业财务管理的对象就是企业的财务活动，包括以下几方面。

（一）资金管理

资金管理包括筹资管理、投资管理、资金使用管理三个方面。

1. 筹资管理

新创企业要通过财务管理，在缺乏知名度、底子薄、难以获得银行信用又无法获取足够的股权资本的条件下，尽可能筹措到生产经营所必需的资金。

（1）准确预测资金需求量。为避免因资金过少或过多所产生的弊端，要在综合考虑企业生产经营规模、投资需求、发展目标等方面资金需求的基础上，对资金需求量做出正确的预测，然后据此确定筹措资金的总额。

（2）合理控制资金成本。企业无论采取何种渠道和方式筹资，都会发生资金成本。资金成本是企业为筹集和使用资金而付出的代价。包括资金筹集费和资金占用费两部分。资金筹集费通常在筹集资金时一次性发生，如股票发行手续费、律师费、资信评估费、公证费、担保费、广告费等，这部分费用在计算资金成本时可作为筹资金额的一项扣除。资金占用费经常发生，如发行股票和债券，须支付股利和债券利息；银行贷款除需要还本外，还需要付息等。同一筹资项目因资金来源不同，资金成本也不同，即便资金来源相同，因筹资方式不一样，资金成本也会不同。因此，为有效运用资金，要选择合理的筹资渠道和方式，尽可能地将筹资成本降到最低，以减少企业负担。

此外，管理者还要经常预测影响企业筹资的各种因素，把握合适的筹资机会，以作出正确的筹资决策。

2. 投资管理

投资管理是企业为谋求发展而增加资金总量、扩大经营规模的管理活动。企业通过有效的投资，既能够扩大规模，又能够有效利用资金使其充分运转。投资管理的基本要求是建立严密的管理秩序，以减少风险，提高效益。

3. 资金使用管理

资金使用包括两个方面：一方面是占用（在固定资产）和耗费（在流动资产），另一方面是对外投资。从财务角度看，营运资金是流动资产与流动负债关系的总和。流动资产管理要求加快现金、存货和应收账款的周转速度，

尽量减少资金占用,降低资金占用成本;流动负债管理要求利用商业信用解决资金短期周转困难,同时适时向银行借款,利用财务杠杆,提高权益资本报酬率。

(二) 收入管理

收入由主营业务收入和其他收入构成。收入管理要求确保各项收入的记录及时、准确;各类企业的各种应收款项的督促催交、及时回笼;收款发票及时准备、发票存根留档保管等。

(三) 支出管理

企业该交的税要交,员工工资要按时付,房租、水电、办公费等一分也不能少,这些都是支出。所谓支出是企业生产经营活动中为了获得或增加企业收入而实际发生的各种各样的开支以及在正常生产经营活动以外的支出和损失。包括购置固定资产、购买原材料、生产加工产品、支付各种费用、预付账款、管理费用、财务费用、销售费用等支出。

企业应本着精打细算、勤俭节约、有利工作的原则控制费用开支。一切合同及经费支出,都要严格按照规定程序审批。

(四) 现金管理

现金是企业流动性最强的资产。现金管理的目的是保证现金的安全、完整,加速现金周转,提高使用效率。

现金流是新创企业的命脉,保障稳定的现金流是创业企业生存管理的根本。新创企业可以通过增加应付账款、减少应收账款、控制成本开支、盘活流动资产和广开资金来源等多种措施来获得额外的短期资金,提高现金流。

(五) 利润分配管理

利润是企业销售产品的收入扣除成本和税金以后的余额。利润分配是指将企业经营净利润,按国家财务制度规定的分配形式和分配顺序进行分配。企业创建之初就应建立明确的分配方案,使得利润分配方案能够真正成为企业成长的动力,而不是阻碍企业发展的障碍。

三、财务管理分析

财务交易记录和会计核算等操作性服务只是企业最浅层的财务管理职能。企业理财、资金管理、税务管理、内部控制、投资者关系等属于中间层的管理性服务。战略规划、经营预算和预测、绩效报告和分析、成本管理、投资项目评估等才是最高层次的咨询性服务职能。企业初创时期的财务往往局限在最基本的操作性服务层面。为使财务管理赋能企业快速发展,要充分利用资产负债表、利润表和现金流量表这三张报表所反映的企业资产和负债结构状况、盈利或亏损、现金的来源和去向等情况,透析企业的经营现状,发挥财务的管理性服务和决策咨询性服务职能。

（一）资产负债表分析

资产负债表是反映企业某一特定日期资产、负债和权益状况的主要会计报表。企业经营是一个从现金到现金的循环，即用投入的本金加上债务杠杆，通过资产的周转，创造利润和现金。这个过程静态地体现在资产负债表上，就是左边列示资产，包括流动资产及非流动资产，表示企业有多少现金、多少存货、多少债权、多少固定资产等，代表企业所拥有的未来用以创造更多利润和现金的全部资源。而右边列示负债和所有者权益，反映了企业资产的来源，即资产是来源于股东的投入，还是债权人的债务；负债显示了企业负债总额及其结构，表明企业未来需要用多少资产或劳务清偿债务以及清偿时间，即流动负债有多少、长期负债有多少等；所有者权益反映了企业所拥有的权益，据此可以判断资本保值、增值的情况以及对负债的保障程度。根据"资产＝负债＋所有者权益"这一会计等式，资产负债表左方的资产总额等于右方的负债和所有者权益的总额。如 J 公司是一家从事钢材贸易的公司，其在某一年度末的资产负债状况如表 8-2 所示。

资产负债表除展示了企业资产、负债及所有者权益的来龙去脉等经营状况信息外，还为企业提供了财务分析的基本资料。

利用资产负债表可以清晰地分析企业各类资产、负债项目的明细构成，以及重要项目在总资产中的比重。流动负债是短期内公司必须要偿还的债务，如果货币资金占比很高，表示有稳健的现金流；反之，意味着没有足够的现金，或者可以迅速变现的资产，如出现大量流动负债，就易发生流动性危机。

衡量企业短期偿债能力，可考量现金、速动资产（货币资金、应收账款、应收票据等）、流动资产与流动负债的比例关系。将流动资产与流动负债进行比较，可计算出流动比率；将速动资产与流动负债进行比较，可计算出速动比率；将现金与现金等价物之和与流动负债比较，可计算出现金比率。这些比率越低，提示企业的短期偿债风险越高。资产负债率（负债总额／资产总额）、权益乘数（资产总额／股东权益总额）、利息保障倍数（利润总额与利息费用之和／利息费用），则是衡量长期偿债能力的指标。其中，资产负债率、权益乘数侧重本金偿还能力，而利息保障倍数则关注公司的获利能力能否满足利息支付的要求。从以上指标中，创业者可以了解企业的变现能力、偿债能力和资金周转能力，及时作出科学决策。

（二）利润表分析

利润表是总括反映企业在一定时期（年度、季度或月份）内经营成果的财务报表，用以反映企业一定时期内盈利（或亏损）的实际情况。仍以 J 公司为例，其同一年度的利润表如表 8-3 所示。

表 8-2 J 公司年度资产负债表（简表）

编制单位：J 公司

20×年12月31日

单位：元

资产	行次	期末余额	期初余额	负债和所有者权益	行次	期末余额	期初余额
货币资金		508 950.42	749 056.58	短期借款		5 431 010.45	2 563 578.06
应收账款		3 093 198.05	1 110 231.45	应付账款		1 685 356.36	1 058 178.54
存货		2 561 028.72	610 978.68	……		……	……
……		……	……	流动负债合计		7 691 070.68	4 063 480.76
流动资产合计		9 000 251.11	5 092 727.71	长期借款		0	0
固定资产		253 356.95	7 895.61	……		……	……
……		……	……	非流动负债合计		0	0
非流动资产合计		296 356.95	8 998.61	负债合计		7 691 070.68	4 063 480.76
				实收资本		1 000 000.00	1 000 000.00
				未分配利润		605 537.38	38 245.56
				所有者权益（或股东权益）合计		1 605 537.38	1 038 245.56
资产总计		9 296 608.06	5 101 726.32	负债和所有者权益总计		9 296 608.06	5 101 726.32

表 8-3　J 公司年度利润表(简表)

编报单位:J 公司		20××年12月	单位:元
项目	行次	本年金额	上年金额
一、营业收入		36 942 407.11	2 682 226.31
减:营业成本		35 516 940.35	2 553 616.01
税金及附加		43 283.83	3 325.97
销售费用		365 445.77	0
管理费用		437 584.63	86 434.7
财务费用		4 978.23	358.06
其中:利息费用		−184.09	0
加:投资收益(净损失以"−"号填列)		0	0
其他收益			
二、营业利润(亏损以"−"号填列)		574 174.30	38 491.57
加:营业外收入		0	0
减:营业外支出		0	0
三、利润总额(亏损以"−"号填列)		574 174.30	38 491.57
减:所得税费用		6 882.48	246.01
四、净利润(净损失以"−"号填列)		567 291.82	38 245.56
……		……	……

　　首先,创业者要通过计算各部分收益在利润总额中的比重,搞清楚企业利润的主要来源,要特别重视营业收入,如果营业收入的占比过低,就意味着经营状况出了问题,要找出原因。其次,要关注利润转换为现金的能力,如利润何时能变现、变现带来的现金流有没有可持续性。如果发现有问题,要及时找出发生问题的原因,并关注应收账款的坏账情况。再次,要通过分析销售毛利率,衡量企业盈利能力,毛利率高说明企业在供应链关系中有较好的定价能力,或者是较好的行业壁垒,能有效屏蔽竞争者进入。如果是处于成长中的创业公司,还要关注净资产收益率(净利润／平均股东权益)、总资产报酬率(利润总额与利息费用之和／平均总资产)、总资产收益率(净利润／平均资产总额),这三个指标在衡量利润的同时,还考虑了所投入资本的获利能力,是投资人较为关心的指标。如果企业销售政策发生变化,还要关注销售现金比率(经营活动现金流量净额／营业收入),该指标能衡量主营业务回款情况。

　　在实际经营中,还要注意区分收入与现金流之间的区别。如某公司销售视频会员年卡,某月卖卡收到 600 万元。当月支出 100 万元。那么,公司本月收入是 50万元,本月支出是 100 万元,月度亏损 50 万元。为什么会这样计算? 因为视频会员年卡需要分 12 个月交付。所以,本月公司"收到"的 600 万元现金中,只有 50万元(600 万元／12 月)属于销售收入。其余的 550 万元虽到账,但不是收入,而属于负债类科目(预收账款)。如果因为意外原因,后面 11 个月公司无法提供服务,这些钱是要偿还的。公司每提供 1 个月的服务,这些钱中才能有 50 万元归公司。一年后这 600 万元才全部变成公司收入。

（三）现金流量表分析

现金流量表是反映企业在一个固定期间内的经营活动、投资活动和筹资活动对现金及现金等价物增减变动的财务报表。即现金是如何进入公司以及如何流出公司的。它揭示了企业的偿债能力和变现能力,反映企业在短期内是否有足够的现金去应付日常开销。仍以J公司为例,其同一年度现金流量如表8-4所示。

表8-4　J公司年度现金流量表

编报单位:J公司　　　　　　　　20××年12月　　　　　　　　单位:元

项目	本期金额	上期金额
一、经营活动产生的现金流量		
……		
经营活动现金流入小计	44 746 433.09	6 166 366.07
……		
经营活动现金流出小计	44 676 539.30	6 407 809.49
经营活动产生的现金流量净额	69 893.79	−241 443.42
二、投资活动产生的现金流量		
……		
投资活动现金流入小计	0	0
……		
投资活动现金流出小计	310 000.00	9 500.00
投资活动产生的现金流量净额	−310 000.00	−9 500.00
三、筹资活动产生的现金流量		
……		
筹资活动现金流入小计	0	0
……		
筹资活动现金流出小计	0	0
筹资活动产生的现金流量净额	0	0
四、汇率变动对现金及现金等价物的影响		
五、现金及现金等价物净增加额		
加:期初现金及现金等价物余额		
六、期末现金及现金等价物余额		

创业公司在经营过程中收到的合同款、银行借款、股权融资、客户押金、储值等都是现金流入,属于正向现金流。相反,公司购买原材料,支付房租、水电、网费、工资、奖金、福利、津贴、银行利息,帮助客户垫资等,都是现金流出,属于负向现金流。总的来说,企业的各类现金流入与流出活动可用图8-2来概括。

现金流量表显示了企业经营、投资、融资三项经济活动的净额。通过将三者进行组合,不仅可以初步判断公司所处的阶段,以及需要关注的风险,而且可以发现经营活动产生的现金流入与收入的匹配关系,即正常经营状态下,收入与经营活动产生的现金流入应该是匹配的。如果产生负现金流,而利润表又显示盈利的话,可能说明应收账款里面有水分。

公司要维系,就要使现金流为正。一旦为负值,就要提高警惕。如公司正负现金流每月相差 50 万元,而公司账面只有 100 万元,就意味着如果不做重大改变,两个月后,公司就面临倒闭。即使两个月后,公司接到一个高利润项目,只要购置 400 万元物料,就能带来 1 000 万元的销售收入,也会因为没钱进货而抱憾。

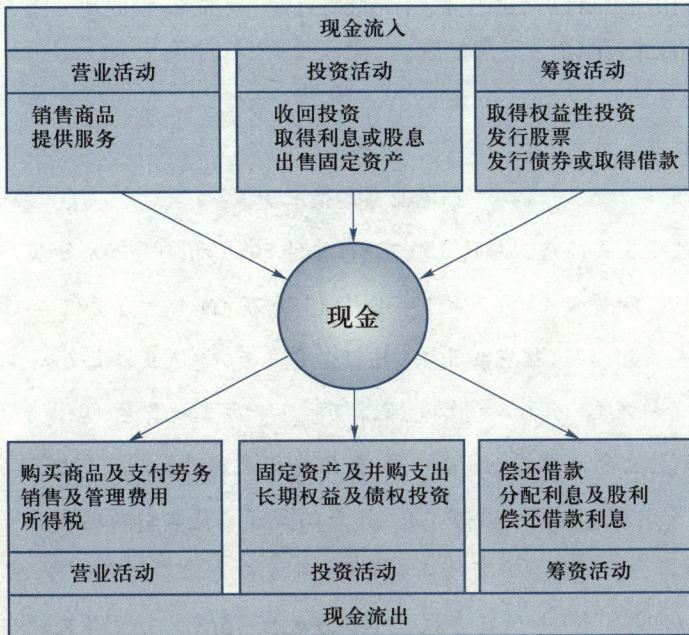

图 8-2　现金流入与流出示意图

企业营利能力取决于效益和效率两个因素,其中,效益取决于销售一件产品能赚多少钱,而效率则取决于能卖多少件产品。财务管理主要聚焦于企业整体运营效率的分析,可通过净营运资金周转率、应收账款周转率和存货周转率等指标进行分析评价。

净营运资金周转率(周转次数)= 销售收入 / 净营运资金平均占用额

应收账款周转率 = 当期销售净收入 / 平均应收账款余额

存货周转率 = 营业成本 / 平均存货余额

净营运资金是流动资产与流动负债的差额,是企业在业务经营中不断周转使用的资金。该资金越充裕,企业对短期债务的偿付能力越强,但获利能力则会降低。净营运资金周转次数越多,说明资金运营效率越高。应收账款周转率越高,说明资金收回越快。反之,则表示营运资金过多留滞在应收账款上,影响正常资金周转及偿债能力。存货周转率反映了企业的销售能力以及产品竞争力,该指标只有高于行业企业平均值,企业盈利能力才有优势。在毛利大于 0 的情况下,应收账款周转率和存货周转率越高,获利越多;反之,若毛利小于 0,应收账款周转率和存货周转率越高,亏损越多。

创业者要通过识读现金流量表,搞清楚净收益与现金余额的关系,预测未来现金流量,评价企业取得和运用现金的能力,确定企业支付利息、股利及到期债务的能力,而且要明确企业生产性资产组合的变化情况,及早采取措施,防患于未然。

每一位创业者都要学会辩证地看待资产负债表、利润表和现金流量表。这三张财务报表相当于自己企业的健康体检报告。一般来说,企业现金流为正、利润为正、资产增值,才表明企业发展健康。

【拨云见日】

一笔业务读懂三大表

A. 通过贷款买门店。房价150万元,首付50万元,100万元贷款。此时,资产负债表可表达为:资产(150万元)=负债(100万元)+所有者权益(50万元)。

B. 正式经营门店,把它租出去,月租金2.2万元,缴税0.2万元。此时,利润表可表达为:利润(2万元)=收入(2.2万元)-成本税费等(0.2万元)。

C. 2万元现金到账后,则资产负债表就可表达为:资产(152万元)=负债(100万元)+所有者权益(52万元)。资产的2万元是收到的现金,权益的2万元是赚到的利润。如果现金2万元尚未到账,则资产负债表可表述为:资产(152万元)=负债(100万元)+所有者权益(52万元)。资产2万元是应收现金,权益2万元是赚到的利润。这里应收现金虽然尚未到账,但在法律上已经属于你,所以放进资产中。

D. 接下来还贷款,为简单起见,不考虑利息,每月还0.5万元。则资产负债表可表达为:资产(151.5万元)=负债(99.5万元)+所有者权益(52万元)。资产减少0.5万元是因为你拿现金去还债了,同时负债也减少了。

【启示】所有的经济业务都可以在资产负债表、利润表和现金流量表中反映出来。因此,识读三大表并不难,理解了资产、负债、所有者权益、收入、成本、利润六个会计要素之间的关系就能看懂报表。

四、财务管理策略

资金是企业的生命线,财务管理部门要充分运用财务管理策略,强化资金运用管理。与其他管理部门密切配合,为管理部门提供及时、真实、准确与完整的信息。

(一)构建科学的资金管理体制

为追求投资效益最大化,避免盲目投资造成的资金浪费,要通过建立科学的资金管理体制,在实现对资金统一管理、集中调度、有偿使用、降低筹资风险、保持良好融资信誉的基础上,科学测定企业的最佳资金结构,加大对资金运筹的调控力度,自觉运用货币时间价值和风险价值,参与企业投资项目的测算论证。

（二）加强成本控制管理

企业成本决定了企业盈利能力和竞争能力。财务部门要运用量本利分析法测定成本最低、利润最大的产销量,减少无效或低效劳动;各个管理部门之间要齐心协力,把技术进步、成本控制和经济效益有机结合起来,以实现对各项成本的有效管理与控制。

案例: 春秋航空400亿元市值一半靠节俭

任务三 为顾客创造价值——营销管理

【引导案例】 将小众品牌做"大"

Vesta 作为一家归属于咕叽（北京）科技有限公司的睡眠科技公司,仅成立一年,就获得了三轮共计数千万元的风险投资。

Vesta 能获得风投青睐,源于其发现了人们对睡眠质量不断提升的需求,并迅速将睡眠市场确定为其经营领域。为打造市场需要的轻量睡眠品,Vesta 利用团队之前打造机器人产品的逻辑和方法,根据用户的需求和痛点,选用与之匹配的最适合的材料、技术和产品设计,打造新材料、新事物、新品牌"三新"产品,真正解决用户痛点。

Vesta 开发了羽绒被、枕头、睡眠面膜、寝具等多种产品。通过设计创新,羽绒被可在夏季和冬季自我调节温度,内部采用丝绸材料,带来最大的舒适感,而被面则采用竹纤维材料,为消费者提供最佳体验。Vesta 在北美推出第一款热量恒控被,售价 299 美元起,上市当月预售额就超过了 30 万美元;推出第二款产品复合密度枕,当月销售额 110 万美元。Vesta 直接面向消费者,去除中间商,为消费者提供透明的价格。他们将 10% 的利润返还给负责采购和制作丝绸的匠人,形成回馈社会的可持续性范式。

此外,Vesta 注重"绿色环保",选择竹纤维、丝绸和云母等天然材料,包装用可重复使用和回收的麻布制成,可用于其他家居功能,如简单的储物篮等。

【项目思考】

Vesta 为什么会选择在睡眠家居领域创业? Vesta 是怎样为顾客创造价值的? 本案例蕴含了哪些营销策略? 对你有何启示?

【项目启示】

人的一生中,睡眠占据将近 1/3 的时间,睡眠质量决定着生活质量。面对睡眠经济这个未被充分开发的创业新蓝海,只有选择正确的产品及营销创新模式,为用户创造价值,才能使用户为企业创造价值。

彼得·德鲁克说过：商业的目的不在于"创造产品"，而在于"创造顾客"。创业者要走进市场去看、听、问，去感受，要努力将自己的产品或服务推销给顾客。如产品存在先天性的缺点时，不妨将缺点转化成对消费者有益的好处，浓缩成一个卖点，如实告诉消费者。果汁饮料出现沉淀是无法逃避的事实，"农夫果园"则拿来作为宣传口号，"喝前摇一摇"。摇一摇暗指饮料由水果榨制而成，从而把缺点当成了卖点，最终令消费者难忘。后来"果粒橙"直接把沉淀物放大，让人感觉"更有货"，再次证实缺点转化卖点的成功。

互联网技术的持续创新，推动了消费者习惯和营销理论与实践的改变。百度、小米、美团、优步等企业基本都是通过线上高效低成本地获取客户，线下销售团队完成市场培育、客户服务、购买合同签订等重要工作。而社交媒体的兴起也为企业与消费者的互动和反馈创造了条件，单纯通过广告来拉动消费，已经难以成功。因此，一定要立足互动型营销。要充分利用互联网技术，让市场调研从模糊变得精准，让营销过程更具智能化、程序化，且互动效果可衡量。

另外，要善于策划大型的社会新闻营销，以快速引起社会关注。为此，一要结合社会热点，给自己"贴标签"；二要借助大平台获取曝光率，三要通过社会化媒体渠道进行散播。这是社会新闻营销的精髓。

【知识研修】

在激烈的市场竞争中，不同的营销策略会有不同的市场效应。谁的营销能力强，谁的营销管理水平高，谁善于抓住顾客，谁就能比竞争者更胜一筹。

一、获取顾客

动画：成功营销
助推产业升级

新企业创建初期的首要问题是如何生存下去。创业者要牢记顾客是营业额与利润的来源，要知道顾客在哪里，要能清晰描述出顾客的需求，创新产品与服务要突出如何增加顾客的利益，如何提升顾客对产品及服务质量的满意度。管理大师彼得·德鲁克建议经常思考以下问题：谁是我们的顾客？顾客在哪里？顾客在买什么？顾客考虑的价值是什么？顾客尚未被满足的需求是什么？

要获得成功，就要深入了解市场，重视企业与顾客的关系，并且能够提出有效提升顾客价值的方案。华为的成功就在于将以客户为中心作为企业的核心价值观。客户关系经营是华为战略营销的第一台发动机，客户服务策略则是华为战略营销的第二台发动机，两台发动机同频共振，支撑着华为在全球市场开疆拓土。

二、赢得顾客

购买新创企业的产品或服务,顾客要面临一定风险。一旦企业倒闭,顾客应享有的服务就会中断。为解决在资源匮乏的情况下,顾客获取产品或服务的难题,创业者可针对顾客迫切的需要提供迅速的回报,而不是做出承诺。

(一)特殊激励与优惠

创业者可以通过向顾客提供特殊的激励,克服顾客不愿迈出第一步的心理障碍。顾客的认同比赚钱更重要,一位顾客的后面是更多的顾客,只有为顾客提供更多富有个性化的增值服务,企业才能逐渐发展壮大。

(二)设计卖点

卖点就是产品满足目标客户的需求点。卖点绝不只是吸引客户的口号,而是一种强有力的商业承诺,必须经得起市场考验。如果快递公司打出"隔日送达"的卖点,自身却没有实力做到,就会砸掉自己的招牌。另外,企业还可以结合自身的文化、品牌和愿景等设计富有创新和吸引力的精美故事,这也是很好的卖点。

【拨云见日】

讲好产品故事

"讲好产品故事"对创业者而言是一项重要的能力。新时代创业者要借助品牌IP、个人IP、故事、影视或地域特点、历史名人等文化元素去赋能产品,讲好产品故事,提升产品的文化交易价值。品牌IP是依托卡通或虚拟人物作为符号,以故事内容作为情感链接,与客户建立社交互动,产生粉丝效应。个人IP是依托创始人作为价值观和企业文化的载体,输出内容,产生粉丝经济效应,赢得顾客。

【启示】故事是比广告更好的营销工具。将愿景、价值观和企业文化设计成引人注目的故事,将想法与情感相结合,产品和品牌就有了灵魂,客户及合作方也会更容易接受创业者的观点。

(三)市场细分

消费者有不同的消费欲望和需求,这些不同的欲望和需求会形成不同的消费理念和层次。不同的消费理念和层次形成的不同的消费群体就是目标市场。势单力薄的中小创业者要学会"打蛇打七寸",善于通过市场细分找到自己的目标市场,根据细分的目标市场配置资源,即立足于巨头们兼顾不到的细分领域,深度发掘市场机会,获取竞争优势。小而美、细而优是创业者的制胜之道。如体育用品行业的潮流运动或智能运动等。

在评价市场定位时,应考虑目标市场是否与企业形象相吻合;目标市场是否与企业所拥有的资源相匹配;目标市场是否有潜在的效益。

三、传递顾客价值

创业者在赢得顾客之后,就要有效运用各种营销策略及时把价值传递给顾客。产品策略、包装策略、价格策略、分销渠道策略和整合促销策略是比较常见的传递方式。

(一) 产品策略

产品包括核心产品和附属产品。核心产品是指产品或服务的本质内容,而附属产品则是指与核心产品或服务外围相关的一些附加产品或服务。如某计算机公司以生产销售个人计算机(核心产品)为主,但同时也提供故障检测和维修、零件更换等在线及电话服务(附属产品)。

产品策略是企业为了在激烈的市场竞争中获得优势,在生产、销售产品时所运用的一系列措施和手段,包括产品定位、产品组合策略、产品差异化策略、新产品开发策略、品牌策略,以及产品的生命周期运用策略等。为防止创业者过度关注产品,而忽视顾客的价值主张,可以让顾客参与到产品设计中来。为此,新创企业要为顾客提供产品生产共享平台,并动员鼓励顾客参与价值创造。

(二) 包装策略

产品包装是对生产的产品装箱、装盒、装袋、包裹、捆扎的活动。包装是为保持产品干净卫生、赏心悦目而给产品裹上的"衣装"。常用的包装策略有类似包装、等级包装、异类包装、配套包装、复用包装、附赠包装、更新包装等。产品在包装上要将颜色、形状、线条、材料等元素综合考虑在一起,这样不仅能吸引消费者眼球,而且还会凸显企业的内涵和信息。包装策略要注意以下几点:

(1) 包装要与商品价值相匹配。如名贵首饰放在廉价的塑料盒里会拉低商品的价值。

(2) 包装要体现商品的特点和风格。如饮料包装要以鲜明的色彩和逼真的造型体现饮料原料并且产生液体的效果,让消费者产生要举杯而饮的冲动。

(3) 包装要适合消费者的审美情趣、生活习惯和风土人情。女士化妆品包装要精致、优雅,儿童玩具包装要符合儿童对鲜艳色彩和多种造型的喜好。

(4) 包装要符合法律规定。包装既要具备一定的视觉吸引力,又不能污染环境、浪费资源。

(三) 价格策略

价格策略是企业根据各种因素变化对商品的影响而采取的定价策略。定价过高形不成竞争优势,过低会影响收益。因此,合理定价显得非常重要。

1. 比较导向

比较导向即比照替代商品价格进行定价。市场中 90% 的商品都存在替代品,以替代品价格为基础,通过把自己产品的品牌知名度、服务、产品性能等与替代品进行综合比较,最终确定适宜的定价。

2．价值导向

价值导向即根据企业为顾客所能创造的价值或顾客认可的价值进行定价。如劳斯莱斯汽车等，如果按成本加上销售利润推算，其售价也许会低一半，但这样做其销量不仅不会提升，反而会下降，因为这类车的价值不仅是车本身的性能、真皮座椅、高档音响或外观设计，而是其拥有者的身份、地位的价值。

3．因素导向

因素导向指考虑影响价格的市场需求、竞争对手、季节、政策法规等各方面的因素来定价。如普通的苹果卖5元一个，但若把苹果拿到高档的大酒店，榨成苹果汁，能卖20元。

4．战略导向

战略导向即根据企业产品的市场战略定位确定价格。如将商品价格定得很高，以区别于中、低端市场，产生价值感与稀缺效应。

5．波动导向

波动导向指对不同品类产品采用不同价格的定价策略。但价格波动不可波及产品线中的其他产品。如定位低端的饭店，特推出了几款优质高价菜品，如不做明显区分，混在其他菜品中，就会使顾客产生这家饭店的菜很贵的错觉，从而影响饭店整体定位。

6．差别导向

差别导向指同一产品针对不同顾客、不同市场、不同时段制定不同价格的策略。包括顾客差别定价策略、产品差别定价策略、产品部位差别定价策略和销售时段差别定价策略。如航空公司为实现利润最大化，根据对乘客出行时间、可选航班情况以及心理价格等信息进行合理预测，为出行者提供多重不同时段、不同价格水平的舱位选项。

除此之外，还有心理定价策略，即根据客户心理感知定价。包括尾数定价、整数定价、习惯定价和威望定价等策略。定价不能简单地认定是高好还是低好，关键是看它是否能被消费者所接受。消费者可以接受，价格再高也是合理的；消费者不能接受，价格再低也无济于事。

（四）分销渠道策略

分销渠道是指某种产品或服务在从生产者向消费者转移的过程中，取得这种产品和服务的所有权或帮助所有权转移的企业和个人。常见的分销渠道包括：

1．网上销售渠道

网上销售指企业通过电子商务网站将产品销售给中间商或最终用户。这种方式便捷、成本也较低。在互联网时代，越来越多的企业采取了网上销售方式。

2．直接销售渠道

直接销售渠道指由生产商通过推销员、直销员、直营店、专卖店、会议营销等直接销售形式,将产品直接销售给最终客户。

3. 间接销售渠道

间接销售渠道指通过国家或地区分支机构、区域代理商、批发商、零售商、加盟商、专业超市、百货超市等中间商来间接销售的形式。

影响分销渠道设计的因素有很多。企业、产品、顾客、中间商、环境等都会对分销渠道的选择产生一定的影响。要将这些因素综合考虑。

(五)整合促销策略

微课:巧用网络营销手段

促销是将有关本企业及产品的信息通过各种方式传递给消费者和用户,促进其了解、信赖企业产品、激发其购买欲望,并促使其实现最终购买的行为。促销因其主动性、冲击力、灵活性而具备强大的宣传力量。

促销的基本手段有广告促销、公关促销、人员推销、营业推广和企业客户关怀等,企业应整合各种促销手段,在不同时期,针对不同产品,采用适宜的策略。

1. 广告促销

广告促销是指以广告展示产品信息的方式让消费者了解产品从而促进购买的一种方式。广告促销具有大众化、表现性和渗透性强的特点。

(1)广告促销手段。创业者要在做好广告预算的基础上,准确把握消费者脉搏根据企业和产品特点,选择网络、电视、广播、报纸、杂志、路牌、显示屏、宣传册及传单等合适的广告媒体。

(2)广告促销策略。为提升广告投放效率,实现效益最大化,广告促销要采用以下策略:

① 盯住目标人群及其关注时间。广告应放置在目标顾客的目光可能被吸引的地方,才能产生应有的效果,要在正确的时间做正确的广告。如机械地强调广告要在电视黄金时间段投放,但广告内容、载体及投放时间与目标人群不符,那么广告投入就等于打了水漂。

长城汽车在成立三十周年的特殊节点上,与电影《我和我的家乡》达成官方战略合作关系,通过跨界合作,以汽车类独家合作伙伴的身份,让哈弗 H6、WEYVV6、欧拉 iQ 等热销车型在影片中逐一亮相,与主人公一起,感受家乡的变迁,讲述一件件难忘而温暖的家乡故事,也实现了与年轻消费群体的契合。

② 简单才有效。即要以最简单的方式投放最简单的广告。"简单"是指一定要有一个简单的记忆点。如 20 秒的广告时间放一则广告,就不如直接将 5 秒的广告放上四次,简单的内容重复四次,消费者的记忆点就被强化了四次,比一次广告的效果要好得多。

③ 风格统一,切中要害。广告的目的是销售产品,而不是过分追求美感或哗众取宠。要切中市场暂时的热点与关注点,让消费者能记住产品本身。

④ 传播媒体多元化。要突出广告投放的组合效应,形成传播矩阵。如同一产品的传播既可以选择电视广告、纸媒广告,又可以选择网络软文、网络广告等。

⑤ 避免雷同又不失风格。广告的第一目的一定是要吸引人,既要学习其他广告的优秀创意,又要以新的面貌出现,引起消费者的注意。

2．公关促销

公关促销是指企业利用公共关系的维护和宣传展示品牌形象,把企业的经营目标、经营理念等传递给社会公众,扩大企业的知名度、信誉度、美誉度,从而促进产品销售。

3．人员推销

推销人员和消费者面对面地直接交流,通过当场体验产品或服务更能产生直观的效果和魅力。人员推销的主动性很强,销售效果直接、显著。比较适合创新性强、性能复杂的产品。

寰泰能源股份有限公司主营清洁能源,作为一家重资产公司,企业一创立,公司创始人即亲力亲为地进行跨国营销,开启"空中飞人"模式,到全球各地去跑业务、做营销、开拓市场,一年累计飞行 26 万公里。公司创建当年就与国外合作伙伴成立合资公司,为其做精做强"一带一路"市场,做好"双碳"战略文章打下了基础。

4．营业推广

营业推广是指能够迅速刺激需求、鼓励购买的各种促销形式。营业推广是通过向顾客提供一定的优惠、让利等措施,刺激消费者产生需求,进而发生购买行为。

5．企业客户关怀

对于企业客户而言,要获取并维持好客户关系,还需要进行客户分类,搜集客户信息,建立客户档案,实施有针对性的分类维护和营销。

(1)进行客户分类。常用的企业客户分类方法如表 8-5 所示。

表 8-5　企业客户分类方法表

分类标志	客户类型	分类标志	客户类型	分类标志	客户类型	分类标志	客户类型
按客户性质分类	政府机构	按交易过程分类	经常性客户	按交易时间分类	老客户	按交易数量和地位分类	主力客户
	特殊公司		曾有交易客户		新客户		一般客户
	普通客户		即将交易客户		潜在客户		零散客户

(2)搜集客户信息。主要搜集以下内容:客户基本信息,包括客户名称、地址、电话、法人代表、管理者及其个人性格、兴趣、爱好、家庭、学历、年龄、能力等;客户特征,包括与本公司交易时间、经营范围、服务区域、销售能力、发展潜力、企业文化、公司政策、企业规模、经营特点等;客户交易状况,包括管理者和业务人员素质、与竞争对手的关系、合作关系等;交易现状,包括销售业绩、销售活动现状、优势与

劣势、声誉、信用状况及交易条件等。

（3）建立客户档案。先对准客户信息进行鉴别，剔除不合格客户，形成一张准客户名单，然后灵活运用客户资料，找出重点客户，进行动态跟踪，详尽分析，随时掌握客户交易频次、数量、时间节点、进度、交易成本等，然后根据交易状况实施分类分级管理，有针对性地确定访问频率、时间和方式，发现并改进销售过程中存在的问题，增加客户黏性，发掘购买潜力，扩大销售。

任务四　品牌建设铸灵魂——品牌塑造

【引导案例】　华为成功的品牌塑造策略

华为作为一家通信设备供应商，从创建开始，就坚守技术创新路线，行为风格非常内敛，传播方式也比较沉稳。但从涉足手机这一通信设备消费终端开始，华为就积极调整策略，快速响应用户需求，将核心技术与营销相结合，讲好华为故事，成功塑造出世界知名品牌。

一是自有核心技术创新。长期以来华为 mate 系列和 P 系列能畅销不衰，并牢牢占据高端手机市场，技术实力是核心。华为设计了全球首个三摄、四摄、五摄组合手机，增加了镜头之间的协同感；手机运行速度更快；加入方舟编译器；开发开放性鸿蒙系统等。

二是营销策略创新。华为的 mate 系列和 P 系列刚推出时，虽然技术先进但是品牌影响度不够。为实现优质优价，华为在营销上采用逆向思维，通过优先布局欧洲市场，达到为中国市场赋能的效果。既促进全球用户认同，在世界打响中国民族品牌，又提高品牌影响力，促进国内用户认知度提升。

三是企业精神赋能。卓越的企业领袖能赋予产品品牌一种领先的精神气质。任正非作为华为的创始人，一向较为"低调"，在遭受美国无端打压后，任正非主动走向前台，积极为华为发声，频繁接受国内外各大主流媒体采访，参加国际论坛，访问大学等，不仅在国际上获得了更多的理解和道义上的支持，而且形成了一种积极有效的品牌传播方式。

【项目思考】

一向埋头技术研发、低调沉稳的华为，为什么在进军手机市场后调整了经营策略？华为是如何切入高端市场并将华为打造成世界知名品牌的？华为的成功对你有何启示？

　　只有独具个性和特色的品牌形象才能吸引公众,进而通过鲜明的对比,在众多品牌中脱颖而出。华为在紧跟时代步伐,通过持续迭代更新,不断用新材料、新技术、新设计等新元素赋予产品新形象,增加品牌时尚感的同时,坚持艰苦奋斗,打造了自身优秀的民族企业形象,成为世界知名品牌。

【身边的创业导师】

　　品牌是一种文化,是企业综合实力的象征。当品牌成为企业经营最活跃的元素时,企业品牌价值就会呈几何级数增长,成为企业最具市场竞争力的"武器"。可以说,品牌是企业的灵魂,是企业的重要资产,是节约企业市场活动费用的有效手段,也是提升企业产品溢价的源泉,是取得市场竞争优势的法宝。

　　恰当的名称是企业创建成功品牌的关键。企业的品牌需要并值得花钱、花时间、花心血去浇灌和培育,这也是创业中最重要的一笔投资。与品牌直接关联的公司名称,体现着创业者的创造力和个性、远见和抱负、世界观和价值观、品位和情趣。而在互联网时代,公司域名与公司名称一样重要。因此,公司名、域名、品牌最好三位一体,这样花一份钱就可以同时推广品牌、网站和公司。

　　互联网的影响为品牌塑造带来了新的机遇,电子商务、社交网站的发展和普及,大大缩短了品牌与消费者的距离。通过线上互动,企业能迅速了解消费者需求,快速响应市场。只要善于在互联网上"播种",品牌便有可能借助网络的力量以惊人的速度快速崛起。

【知识研修】

一、企业命名

　　"名不正则言不顺,言不顺则事不成。"企业的名字是财富的密码,它代表着一个企业的创立。创业者一定要为企业起一个有创意的名字,要做到构思独特、上口响亮、简洁明了,易读、易记、易上口,让人耳目一新、过目不忘,切忌大而空、隐晦、雷同、落俗套。如海底捞、外婆家、仙踪林、一茶一坐、呷哺呷哺,等等,这些餐饮公司名称简洁顺口、小而美,能找到一传十、十传百的引爆点,在品牌营销上先声夺人。

几个著名的公司标志

1. 腾讯网

腾讯网的球形标志以 QQ 企鹅为中心,向外扩散成不断运转的世界,喻示着腾讯网以用户价值和需求为核心的不断发展。环绕 QQ 企鹅的三种颜色代表腾讯网为用户提供的三个创新层面:绿色,表示通过学习型创新,为用户提供日新月异的产品;黄色,表示通过整合创新,为用户提供多元化互联网服务;红色,表示通过战略创新,为用户提供创意无限的生活方式。

2. 百度

百度的公司名称源于我国宋朝词人辛弃疾所写《青玉案》中的词句"众里寻他千百度",象征着百度对中文信息检索技术的执着追求。其标志像"熊掌"脚印,代表百度公司一步一个脚印地踏实前进,"脚印"中间的"du"(度)象征百度公司做事有"度"量,"脚印"下面像倒着的"心",寓意用心服务。

3. 小米

小米公司标志"MI"既是 Mobile Internet(移动互联网)的首字母组合,也是"米"的拼音字母,而将其标志进行 180° 倒转后,像一个近似"心"的汉字,只是少了一点,意即"让用户省一点心"。

【启示】好的公司标志简约但不简单,能突出公司的愿景,富有创意,充满生命力,给人以丰富的想象,留下美好的印象,带给创业者持久的自信和毅力。创业者一定要给企业起个好名字,设计一个亮丽的 Logo。

二、品牌内涵及定位

品牌是一个名称、标志、词句、符号、设计或它们的组合,用来确认销售者的商品或劳务,以便与竞争者有所区别。品牌是能给拥有者带来溢价、产生增值的一种无形的资产。

(一)品牌的内涵

品牌的核心价值来源于产品的生产经营理念,也来源于企业对客户的深层把握。品牌内涵的构成要素很多,至少包括价值、文化、个性、体验、利益和属性六个方面的内容,其中,利益和属性属于功能定位层面的品牌内涵,文化、个性、体验属于特性识别层面的品牌内涵,价值属于价值定位层面的品牌内涵,见图 8-3。

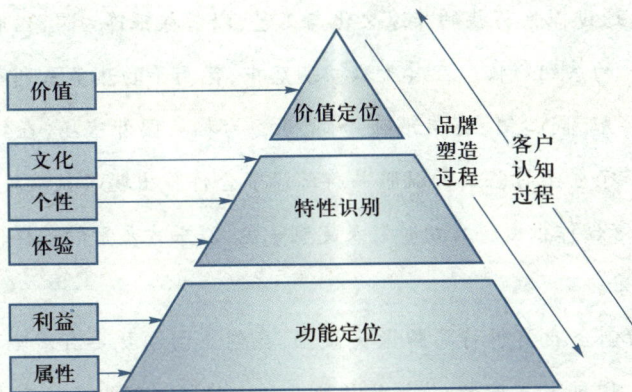

图 8-3　品牌内涵

企业品牌需要长期而且理性的品牌建设、延伸和扩展。企业一旦塑造成知名品牌就获取了定价权,形成领先优势。

（二）品牌定位

品牌定位就是给品牌确定一个适当的市场位置,如品牌的档次、特征、个性、目标人群等。品牌定位是品牌推广的关键,品牌定位一旦明确,商品定价、销售渠道、品牌广告创意、商品色彩和包装、市场推广策略都要与品牌定位相一致,这样才能凸显品牌张力。品牌定位既不要过低,也不要过高,更不要出现定位混乱。

在进行准确的品牌定位后,进行品牌推广时还需要顺势而行,有时也需要造势而行。无论是同仁堂还是六必居,都有着精心打造的品牌故事。消费者在购买这些品牌的时候,已经不是单纯考虑价格和便利性了,而是认同这个品牌所讲述的故事以及这个品牌背后的文化和价值观。

【拨云见日】

"中国风"品牌定位成就花西子

花西子以"东方彩妆,以花养妆"为品牌宣传语,传承东方美学,成立仅短短几年时间,就从新锐品牌发展成国货"顶流"。

花西子将品牌定位于中国风,品牌名称中的"花"代表"以花养妆","西子"取自苏东坡诗句"欲把西湖比西子,淡妆浓抹总相宜"。花西子品牌宣传语中的"东方"和"花"体现出鲜明的中国风,花西子的标志、海报素材、产品样式也都具有中国风特色,让人一眼就能从名字、颜色、样式看出这是纯粹的国货品牌。花西子还创造性地将浮雕、小轩窗、中国传统色、苗银、洛神赋、牡丹、妆奁很多中国元素应用到品牌和产品上,突出其"东方彩妆"身份。在口红中复制了花露胭脂的古方,在眉笔中采用了螺子黛的眉料,外加不含激素的花和植物配方,彰显"以花养妆"的定位。在营销上,围绕中国传统元素,以古风为概念展开。花西子曾携手人民日报《非一般非遗》栏目,通过探索苗族的非遗文化与工艺,以苗族银饰为灵感,联合共创了名为"苗族印象"的系列彩妆。在其天猫旗舰店中,花西子的热卖系列都体现了中华传统元素,如浮雕、同心锁、苗族银饰、陶瓷等。为拓展国外市场,在纽约时装周期间,花西子与首个登上时装周的汉服品牌三泽梦合作推出联名款汉服,与中国新锐服装设计师杨露合作推出联名款时装及定制手包,以东方元素的多样化魅力展示了东方女性的风采。

【启示】新创企业要想将品牌做大做强,在创业初期就要有清晰的品牌定位。追求天然成分、国风审美兴起,是化妆品行业的大趋势。花西子从创立初期就把品牌定位于中国风,说明他们对中国彩妆市场有深刻的认知和了解,其产品开发及营销策划恰当地反映了其品牌定位及价值主张。正确的品牌定位助力花西子驶向了彩妆"蓝海"。

三、品牌建设战略

(一) 明确战略愿景

战略愿景的核心是要解决"未来我们要成为什么""未来我们要达到什么目标"的问题。企业要制定一个科学而清晰的战略愿景。

世界知名品牌大多都能清晰地传达一种改变人类生活方式的力量与自信。要成为世界级品牌,就是要树立改变人类生活方式和生活品质的理想。只要深入生活,就能发掘出改变生活品质的绝招。

(二) 持久坚持

品牌的内涵和气质需要时间来慢慢沉淀,所以,建立和提升品牌价值应该有长远的眼光和打算,不能只盯在眼前利益上,要舍得投入人力、物力和财力,长期坚持。我国的一个著名牙膏品牌,以清凉的味道和属性赢得了市场,但由于后来突出其他属性,导致其市场丢失。企业本想通过调整品牌形象博取更多人的喜好,结果适得其反。

(三) 功能整合

品牌包括企业品牌和产品品牌,对消费品企业而言,企业品牌与产品品牌既有区别,又有联系。消费者是先感知到产品才进而从产品了解企业。只有产品品牌被认知,才能使企业品牌被认知。因此,企业在进行品牌塑造时不能脱离产品,需要保持这两者的整体协调性。

(四) 创造个性化

激烈的市场竞争导致产品同质化越来越严重,个性化才能形成竞争优势。企业品牌建设要结合自身优势设计,做到构思巧妙、简洁明快、寓意深刻、避免雷同,创造和渲染企业及产品的个性化特色,以产品自身独特的卖点为依据,从心理、精神、情感或观念方面与同类产品有所区别。

（五）规范经营

企业要规范经营行为，合法经营、合法竞争，不能通过偷税漏税、偷工减料来获得不正当的利益，而应树立良好声誉，在消费者面前展现出良好的外在形象，使消费者对其品牌产生良好的印象。

（六）巧用社会事件营销

社会事件具有强有力的新闻传播价值，使得它能够成为企业品牌塑造的重要工具。企业在其发展过程中会多次遇到各类社会事件，要随时以高度的主动性和责任感，将对这些社会事件的处理转化成企业美誉度塑造的良好机会。

任务五　预防转嫁统安排——风险管理

【引导案例】　滴灌通的风险控制机制

面对餐饮、零售、百货连锁、实体店、小超市、洗车、修车、健身房等生命周期较短的小微企业融资难题，小微企业投资平台滴灌通给出了一种"非股非债"的新解决方案——"阶段性递减的股权"，即将小店未来一段时期的现金流折现，以联营的形式每天从小店的收入当中，按双方约定的比例拿回属于自己的部分，直到收回全部投资及收益。然而，面对千店、万店规模的投资，滴灌通又如何应对？

滴灌通在模式设计上做了风险控制。滴灌通模式的信用互动机制蕴含着较强的风险控制能力。一是先"滴"后"灌"，察觉不对，及时停止；符合预期，再逐步增加投资。加大投资后，任意一个品牌的任何一个时点不会同时出现大的风险。二是完善准入机制，滴灌通能起到为品牌商信用背书的作用，与滴灌通合作，可以大大提升品牌的信用度，有利于品牌商做大做强。因此，品牌商会珍惜与滴灌通的合作关系。这为滴灌通精选重信誉、具备完善管控系统的优秀品牌商，共同出资开设门店，共同分享门店收入创造了条件。同时，滴灌通跟着行业"赢家"走，将自己的 ARM 系统和品牌商的管理系统对接，可以实现对门店收入和现金的有效管控。三是分散投资，滴灌通模式是分散投资，在行业和地域上极度分散，即使遇到个别品牌商故意欺诈，对滴灌通的整体影响也非常有限。

【项目思考】

滴灌通为什么会选择做小微实体企业的金融赋能者？滴灌通的先"滴"后"灌"思路，主要是基于何种考虑？滴灌通的风险控制机制对你有何启示？

滴灌通的模式设计既可以助力解决小微企业融资难问题,又可以助力品牌企业解决资金、选址和店长招聘等问题,让品牌商集中精力解决品牌建设、供应链管理、团队建设等核心问题,促进小微实体经济健康发展。

【身边的创业导师】

创业过程充满决策风险、市场风险、资金风险、技术风险、管理风险、物流风险等各种风险,风险伴随着创业的全过程。风险与机遇并存,创业者要练就承担并挑战风险的勇气,要有降低乃至规避风险的能力。

回报与风险的相关性,使得在高风险领域创业一旦成功,即能获得惊人回报。但创业者如缺乏风险控制能力,在没有做好心理准备的情况下,遇到一点危机,就容易半途而废、中途夭折。

为回避风险或控制风险,创业者要对风险采取积极的态度,时时关注市场变化,对可能出现的市场风险、政策风险、产品风险、交易风险、经营风险、资金风险、技术风险等要做到未雨绸缪,对每一个不确定因素可能带来的风险进行多层次、全方位的分析研究,拟定一套乃至几套应对方案,如进行多元化经营,使不同项目、不同商品的旺季和淡季、高利和低利在时间上或数量上进行合理搭配;或进行风险组合,采取筹资、经营、贸易、结算等多元化措施,使各种风险因子在运作过程中产生一种互补效应;或进行风险转移,通过保险、联营、担保、契约等形式将风险横向转移,转嫁给他人,等等。这样,才能把风险锁定在可控的区间范围内,不致造成灾难性损失。

"决策要慢,动作要快。"重大决策如果没有反面意见,说明论证不充分。创业者要理性决策,善于借用外脑,多听反面意见。要灵活运用预防经营风险的"八字秘诀",即分析、评估、预防、转嫁。

【知识研修】

创业离不开机会和机遇,但机遇总是与风险并存。

一、创业风险的成因

成功的企业家多具备克服恐惧和控制风险的能力。风险是一种不确定的可能性。它包含两个要素:一是结果的"不确定性",二是失败或亏损的"可能性"。创业的每一个环节都具有不确定性,即从项目选择、资金筹措、团队组建、产品生产、市场开拓到事业发展壮大等,每一步都可能存在风险。创业过程作为将某一构想或技术转化为具体产品或服务的过程,受以下因素的影响。

（一）资源的稀缺性

创业者拥有的创业资源（如资金、劳动力、原材料、设备等）有限。在绝大多数情况下,创业者永远不可能拥有所需的全部资源。如果创业者无法弥补相应的资源缺口,则在创业过程中将处处被动、运转困难,甚至失败。

（二）管理能力的有限性

创业者可能基于某种"奇妙"创意、某种新技术,或是新商业模式创业。若缺乏创业活动必备的基本素质和经营管理才能,将难以驾驭创业全过程。一些大学生创业者,由于缺乏在相关企业的工作、实践经历,又对创业的期望值很高,当创业计划付诸实践时,才发现自身不具备管理能力,这样风险更大。

（三）创业机遇的复杂性

创业机遇复杂多样,最初往往基于一个特定的科学突破或技术突破得到认证,但要想将预想的产品真正转化为商品,还需要具备有效的性能,低廉的生产成本、使用成本和较高的质量,而一旦把握不准,后果难以设想。

（四）创业环境的不确定性

创业环境特别是消费者、资源供应者、竞争者等微观环境因素变数多,使创业充满各种潜在危机。

（五）管理团队的互信性

创业过程中,存在两种不同类型的人:一是技术专家,二是管理者（包括投资者）。这两种人思维方式不同,对创业的预期、信息来源和表达方式也不相同。如果两种人之间存在严重的信息不对称或缺乏互信,不能进行有效的交流,那么将容易产生合作危机,带来风险。

二、创业风险的类型

（一）按风险来源分类

按风险来源分类,创业风险可以分为主观创业风险和客观创业风险。主观创业风险是指在创业过程中,由于创业者的身体与心理素质等主观方面的因素导致主观认知与客观现实出现偏差,造成创业失败的可能性。客观创业风险是指在创业过程中,由于客观因素导致创业失败的可能性,如市场变动、政策变化、竞争对手的竞争、创业资金缺乏等。主观创业风险与客观创业风险相互作用,相互影响。创业者要时刻清醒,富有定力,防止二者叠加。

（二）按风险的内容分类

按创业风险的内容分类,创业风险可以分为技术风险、市场风险、财务风险、政治风险、行业风险、管理风险、生产风险、环境风险和政策风险。

1. 技术风险

技术风险指由于技术方面的因素及其变化的不确定性而导致创业失败的可能

性。如由于技术上成功的不确定性、技术效果的不确定性、配套技术的不确定性、技术发展前景的不确定性、技术的可替代性等风险，导致创业者投入巨资购买的昂贵技术设备难以正常使用，无法发挥效益。

2．市场风险

市场风险指由于市场情况的不确定性导致损失的可能性。如市场突变、消费者购买力下降、遭遇反倾销、反垄断指控等。

3．财务风险

财务风险指在经营过程中，由于财务状况变动所产生的风险。如投资不能按期到位、产品成本提高、销售价格降低、通货膨胀等风险。另外，还要防止那些毫无经验却四处招揽加盟者以收取加盟费为目的的商家，以及那些以卖设备为主的招商者，防止资金被骗。财务风险的大小与筹资数额的多少和投资收益率的高低密切相关。

4．政治风险

政治风险指由于战争、国际关系变化或有关国家政权更迭而导致创业企业蒙受损失的可能性。

5．行业风险

行业风险指由于不同行业所处的发展阶段、经济特性、进入或退出壁垒差异而导致损失的可能性。各个行业情况不同，投资者在选择前必须加强了解，全面掌握行业的"阴暗面"和"光明面"，遵循"生意不懂不做"的基本规则。

6．管理风险

管理风险是指因企业管理不善产生的风险。如由于管理层的综合素质、团队稳定性、决策、激励体制不当及组织管理等问题，带来股东撤资、精英人才流失、产品质量问题、产品或服务不符合市场需求等风险。此外，企业组织体系及体制风险也属于管理风险。

7．生产风险

生产风险指企业提供的产品或服务从小批试制到大批量生产带来的风险。

8．环境风险

环境风险指由于自然环境因素变化使投资者蒙受损失的可能性。如地震、洪水、台风等自然灾害造成的自然风险；再如火灾、交通事故、环境污染、战争、瘟疫、社会动荡、国际关系紧张造成的社会危机风险等。

9．政策风险

政策风险指由于宏观经济政策发生大幅度波动或调整而产生的风险。如税率、利率或汇率变动，国家和地区有关政策变化等导致的风险。

三、创业风险的防范

（一）创业风险的防范方法

风险处理是指通过采取措施，使因风险导致的损失降到最小。常用方法有：

1．回避风险

回避风险指对所有可能发生的风险尽可能地规避，以直接消除风险损失。该方法简单、易行、全面及彻底，能将风险的概率保持为零，从而保证项目的安全运行。通常用于损失程度大、发生频率高的风险。

2．转移风险

转移风险指为避免承担风险损失，有意识地将损失转嫁给其他主体承担。转移风险有非保险转移和保险转移两种形式。其中保险转移是指向保险公司缴纳保险费，并同时将风险转移给保险人。

3．损失控制

损失控制指在风险发生时或在损失发生后，为减少损失程度所采取的各种措施，如在损失发生后采取自救措施可以避免损失的扩大。

4．自留风险

自留风险指企业自己承担风险发生的损失，该法主要应用于风险发生频率低和风险损失程度小的风险处理。

（二）创业风险的防范内容

创业者应采取合理而积极的防范措施，把风险控制在能接受的范围内。

1．技术风险的防范

为应对技术风险，除要加大研发投入，缩短研发周期外，还要加强市场研究，迅速获得现有与潜在市场的产品信息，引领所在领域产品的潮流，并开展与研发机构的研究合作，快速完成技术更新。另外，要注意申请技术专利保护，防止技术的扩散给企业带来的损失。

（1）模仿创新。模仿创新指在成功的技术基础上，投入少量资金，模仿该项技术，并对其进行补充、改良、提高和完善。如腾讯早期模仿 ICQ 等。通过模仿，不仅可以明晰一个新兴公司的定位，而且在企业愿景、内部凝聚力、融资等方面都有巨大作用。模仿创新虽然创新性不高，但却可以节省大量的开发费用，提高成功率，缩短从技术到市场的时间，从而大大降低技术风险。

（2）组建研发联合体。为避免自主技术创新带来的风险大、时间长、复杂性高，单个企业难以承受的风险，可通过组建技术开发联合体，将两个以上的国内外法人组织成联合体致力于某一技术或产品的研发，实现优势互补、风险共担、利益共享。通过转嫁风险，获得自主创新的技术，形成核心竞争力。

2．市场风险的防范

企业要针对目标市场要求，客观地评估自身项目的市场预期和企业价值，根据外部环境因素，有效地整合利用自身资源，通过制定最佳市场营销组合策略，最大限度地缓解市场风险。

（1）树立市场导向的营销理念。在瞬息万变、竞争激烈的市场中生存，必须树立正确的市场营销理念。很多快速取得成功的快消产品企业，虽然没有多么先进的技术，也没有开发出具有开创性的新产品，但他们拥有正确的营销理念和最好的营销策略。因此，要以市场为导向，从顾客角度出发，统筹进行产品规划、价格制定、渠道选择、促销策略，各部门配合，响应市场需求，实现产品与市场的完美结合。

【创新素养】

华为风险管理制度力挽狂澜

在多年前还是"风淡云轻"的季节，任正非就做出了极限生存的假设："如果有一天，美国的芯片技术不可获得，华为怎么办？"答案是要想在未来获得生存发展的空间，就必须构造自己的"诺亚方舟"，于是华为最神秘的部门"2012实验室"成立。2019年，中美贸易摩擦升级，美国商务部一纸禁令将华为及其70家附属公司列入出口管制实体名单，供应商迫于压力相继断供，供应链断裂，华为马上启用备用供应链，"备胎计划"浮出水面，力挽狂澜。

【启示】华为"备胎计划"作为应对突发危机的秘密武器，是任正非为应对挑战早就定下的风险防范策略。华为通过建立完善的风险管理制度，预判公司可能遇到的各种风险，并动用各种资源提前将这种风险尽可能避免或降低。这种巨额投入平时看多余，但当风险来临时则能力挽狂澜，任正非的居安思危思维和风险管理制度挽救了华为。

（2）生产适销对路的产品。加快新产品研发的速度是预防产品风险的重要途径。企业要根据市场需求和企业目标，扩大产品组合的宽度、增加产品线的深度并加强产品组合的关联程度，增加产品的差异性，适应不同顾客的需求，从而提高企业在某一地区或某一行业的声誉，降低投资风险。

3. 财务风险的防范

（1）确定合理的债务结构。综合资金成本率最低、股东投资利润率最高的资本结构是企业最优的资本结构，也是财务风险最小的资本结构。企业要合理设计资本结构比例关系，通过对不同来源、不同时期、不同层次的各种资本要素的有机协调，达到降低财务风险的目的。

（2）加强预算控制。创业企业融资能力较弱，容易发生不能支付到期债务的现金流量风险。对此可以通过编制现金预算，合理调度资金，加快资金周转，加强收支管理，避免由于盲目发展而陷入资金不足的困境。

（3）保持资金流动性。资金流动性是企业的生命线。新创企业必须注意降低固定资产所占比重，加速存货周转、缩短应收账款周转期，以保持良好的资金流动性。

（4）恰当实施风险转嫁。通过风险转嫁规避风险是降低风险的一条重要策略。如投保财产险,可以转嫁投资意外事件风险;赊购商品可以转嫁筹资风险;以租赁代替购买设备可以转嫁投资风险;寻求政府支持,可以化解信用危机。

4. 管理风险的防范

要通过建立完善的管理制度和科学的决策程序,降低管理风险。

(1) 建立完善的法人治理结构。企业走向正轨后,要及时按照现代企业制度的要求,建立完善的法人治理结构。切实解决好经营者特别是中高层管理人员的利益分配问题,引导他们致力于企业利益最大化,并把决策风险和操作风险降到最低程度,减少经营者的短期行为,有效遏制企业的"内部人控制"现象。

(2) 完善内部控制制度。要通过建立健全严密的内部控制系统、科学的授权制度和岗位分离制度,全面渗透到投资决策、执行、监督、反馈等各个环节,对掌握企业内幕信息的人员实行严格的批准程序和监督处罚措施。要建立健全各种规章制度,特别是合同管理、财务管理、知识产权保护等。在平时的业务交往中要认真签订、审查各类合同,加强对合同履行过程中的监督。

(3) 提高管理者素质。有这样一句话:"如果你正直,这比什么都重要;如果你不善良,什么也都不重要了!"企业中高层管理人员要选用善良、正直、坦荡的人,要坚持德才兼备的用人标准,在人员甄选过程中,品德和才能都应该列入考核内容,同时还应加强员工的职业道德教育和专业技术培训。

(4) 严防商业机密外泄。项目的保密问题对于创业者来说至关重要,涉及保密的项目有财务、供应商和典型客户信息等。在技术或发明还没有获得专利保护前,必须采取有效的保密措施。当把商业计划的一部分信息提供给投资方时,一定要与投资方签订保密协议,并保证在未经允许的情况下不得使用或泄露机密。同时在涉密材料上打上"机密"字样。这样,一旦当事人违反了保密协议,创业者就可以利用法律手段保护自己。严防无意中给自己留下致命圈套。

在创业过程中,机遇与风险并存。风险控制应采取分类重点控制和阶段性控制相结合的方式,同时要进行风险的整体监控,建立风险监控体系,使风险的控制措施更趋系统化。

项目测试

一、单项选择题

1. 向保险公司购买保险作为一种风险处理方式,其实质是( )。

A. 回避风险   B. 损失控制

C. 风险自留   D. 转移风险

2. 为提高人力资源效能,基础性的人力资源管理制度必不可少,特别是事关激励员工的( )。

A．培训制度　　　　　　　　　　　　　B．档案制度

C．考勤制度　　　　　　　　　　　　　D．分配制度

3．新创公司财务管理要稳健，创业初期可以没有利润，但不能没有（　　　）。

A．会计　　　　　　　　　　　　　　　B．总会计师

C．银行贷款　　　　　　　　　　　　　D．现金流

4．品牌定位就是给品牌确定一个适当的（　　　）位置。

A．感觉　　　　　　　　　　　　　　　B．市场

C．定价　　　　　　　　　　　　　　　D．文化

二、多项选择题

1．工作分析是从业务开展以及整体运营层面来对职位进行分析，说明每个职位应该承担的工作，以及需要成立哪些机构或部门、安排怎样的人来做、需要配备多少人，等等。工作分析的结果通常形成（　　　　　）。

A．工作设计　　　　　　　　　　　　　B．产品设计

C．工作描述　　　　　　　　　　　　　D．工作说明书

2．财务管理应遵循的原则包括（　　　　　）。

A．收支平衡原则　　　　　　　　　　　B．风险收益均衡原则

C．货币的时间价值原则　　　　　　　　D．价值最大化原则

3．创业者在传递顾客价值时常用的营销策略包括（　　　　　）。

A．包装策略　　　　　　　　　　　　　B．产品策略

C．分销渠道策略　　　　　　　　　　　D．价格策略

4．上海南京路上的品牌化妆品专卖店，其目标顾客是（　　　　　）。

A．附近居民　　　　　　　　　　　　　B．逛街休闲客

C．男性　　　　　　　　　　　　　　　D．女性

E．收入偏低的人　　　　　　　　　　　F．收入较高的人

5．品牌建设战略包括（　　　　　）等方面。

A．持久坚持　　　　　　　　　　　　　B．创造个性化

C．功能整合　　　　　　　　　　　　　D．明确战略愿景

三、思考题

1．如何正确管理创业企业高管和普通员工？

2．如何分析并利用现金流量表？

3．如何利用三张财务报表分析财务状况？

4．新创企业为什么从创建开始就要注意塑造品牌？

5．企业应如何进行品牌建设？

6．创业风险的防范策略有哪些？

四、综合实训

一家只有 7 人的小微企业,专门生产一种小商品——哨子。可就是这种小商品,一年竟创造了几千万元的利润。原来,这家企业的产品研发特别专业。他们请了 100 多名专家专门研究哨子,他们生产的哨子有上千种,最贵的哨子卖到 2 万美元一个。在世界杯足球赛上,所有裁判用的哨子都出自该企业。

更令人称奇的是,该企业有给警察生产的专用哨子,还有给动物生产的无声哨子——世界著名的马戏团大多使用该厂生产的无声哨子,哨子简直让他们给做绝了。

将同学按 4 ~ 6 人一组进行分组,每组派一人专门记录,然后完成以下实训:

(一) 分组讨论

1. 一个不起眼的哨子,为什么能创造这么大的利润? 从营销层面看,该企业采用了哪些策略?

2. 从效益层面看,该企业竞争对手较少,他们如何回避了市场风险?

(二) 实践提升

1. 以组为单位,每组选择一家生产品种相对单一、小组成员对产品特性又较熟悉且感兴趣的企业,通过网络搜集其详细的背景资料,分析该企业经营管理现状、采用的营销策略,找出其优势与劣势,并对其进行评价。然后进行个人发言和小组讨论分析,汇总形成新的目标市场策划分析方案。

2. 每组将写好的目标市场策划分析方案以 PPT 形式在班级展示,全班同学从营销管理的角度进行讨论,最后由全班同学选出 2 份较好的方案作为参照,由各组进行后续修改。根据各组目标市场策划分析方案的优劣评定小组成绩。

参考文献

［1］由建勋.管理学［M］.北京:高等教育出版社,2021.

［2］由建勋.大学生职业发展与就业指导［M］.2版.北京:高等教育出版社,2022.

［3］由建勋.现代企业管理［M］.4版.北京:高等教育出版社,2019.

［4］丁旭,莫晔.创新创业教程［M］.2版.北京:清华大学出版社,2019.

［5］吴满琳.大学生创新创业基础［M］.北京:高等教育出版社,2020.

［6］李家华.创新创业教育［M］.北京:高等教育出版社,2021.

［7］魏国江,林孔团,方蔚琼.大学生创新创业基础［M］.北京:清华大学出版社,2019.

［8］张玉利,薛红志,陈寒松,等.创业管理［M］.5版.北京:机械工业出版社,2020.

［9］李伟,王雪,范思振,等.创新创业教程［M］.2版.北京:清华大学出版社,2019.

郑重声明

高等教育出版社依法对本书享有专有出版权。任何未经许可的复制、销售行为均违反《中华人民共和国著作权法》，其行为人将承担相应的民事责任和行政责任；构成犯罪的，将被依法追究刑事责任。为了维护市场秩序，保护读者的合法权益，避免读者误用盗版书造成不良后果，我社将配合行政执法部门和司法机关对违法犯罪的单位和个人进行严厉打击。社会各界人士如发现上述侵权行为，希望及时举报，我社将奖励举报有功人员。

反盗版举报电话　（010）58581999　58582371
反盗版举报邮箱　dd@hep.com.cn
通信地址　北京市西城区德外大街4号　高等教育出版社法律事务部
邮政编码　100120

读者意见反馈

为收集对教材的意见建议，进一步完善教材编写并做好服务工作，读者可将对本教材的意见建议通过如下渠道反馈至我社。

咨询电话　400-810-0598
反馈邮箱　gjdzfwb@pub.hep.cn
通信地址　北京市朝阳区惠新东街4号富盛大厦1座
　　　　　高等教育出版社总编辑办公室
邮政编码　100029

防伪查询说明

用户购书后刮开封底防伪涂层，使用手机微信等软件扫描二维码，会跳转至防伪查询网页，获得所购图书详细信息。

防伪客服电话　（010）58582300

网络增值服务使用说明

授课教师如需获取本书配套教辅资源，请登录"高等教育出版社产品信息检索系统"（http://xuanshu.hep.com.cn/），搜索本书并下载资源。首次使用本系统的用户，请先注册并进行教师资格认证。

高教社高职经管基础、创新创业教育研讨交流QQ群：570779413